Robbi,

Boy Lornsen (1922–1995), gebürtiger Inselfriese aus Keitum/Sylt, lebte seit 1980 wieder in seinem Großelternhaus. Während des Zweiten Weltkriegs war er Flieger und Funker. Nach dem Krieg studierte er Bildhauerei an der Landeskunstschule in Hannover und wurde später Steinbildhauermeister. Sein erstes Buch, ›Robbi, Tobbi und das Fliewatüüt‹, erschien 1967 und kam 1968 auf die Auswahlliste zum Deutschen Jugendliteraturpreis. Für sein Gesamtwerk erhielt Boy Lornsen den Friedrich-Bödecker-Preis.

Boy Lornsen

Robbi, Tobbi und das Fliewatüüt

Mit Zeichnungen von F. J. Tripp

Deutscher Taschenbuch Verlag

Bearbeitete Neuausgabe
In neuer Rechtschreibung
Januar 2007
1982 Deutscher Taschenbuch Verlag GmbH & Co. KG,
München
www.dtvjunior.de

Umschlagkonzept: Balk & Brumshagen
Umschlagbild: Markus Grolik
Gesetzt aus der Bebop 11/14'
Gesamtherstellung: Kösel, Krugzell
Gedruckt auf säurefreiem, chlorfrei gebleichtem Papier
Printed in Germany · ISBN 978-3-423-71271-2

INHALT

Tobias Findteisen,
genannt Tobbi,
der Erfinder des
Fliewatüüts

Die Geschichte wird technisch. Ich kann's nicht ändern. Aber so technisch, dass keiner sie verstehen kann, wird die Geschichte nun auch wieder nicht.

Wenn ihr etwas von Technik versteht – gut! Falls ihr aber nichts von Technik versteht – auch gut! Ihr werdet das im Verlauf der Geschichte schon lernen.

Damit wir keine Zeit verlieren, will ich euch die Hauptpersonen gleich jetzt vorstellen:

Zuerst Tobias Findteisen. Er ist der Kopilot. Ich weiß, normalerweise beginnt man mit dem Chefpiloten. Aber ich mache das absichtlich nicht, weil Tobias der Erfinder des Fliewatüüts ist. Und Erfinder stellt man immer zuerst vor. Übrigens – alle Leute nennen ihn nur »Tobbi«. Weil's so gut klingt. Tobbi besucht die dritte Klasse der Volksschule und macht seine Sache dort sehr ordentlich. Bloß beim Gedichteaufsagen ist er keine Leuchte. Doch das wirft einen Erfinder nicht gleich um. Da ist anderes wichtiger: Ein Erfinder braucht gute Ideen. Und die fallen Tobbi massenweise ein. Außerdem ist er sehr höflich, eine Angewohnheit, die ihm später gute Dienste leistet.

Der Chefpilot heißt »Robbi«. Robbi ist ein Roboter – allerdings nur ein kleiner. Er besucht zurzeit die dritte Klasse der Robotschule. Natürlich möchte er in die vierte Klasse versetzt werden; aber vorher muss er die knifflige Roboter-Prüfungsaufgabe lösen, die seine Lehrer ihm

Die dritte Hauptperson: das Fliewatüüt

aufgegeben haben. Robbi trägt keinen Familiennamen; das ist bei den Robotern nicht üblich. Dafür hat er eine »Familien-Nr.«: Rob 344-66/IIIa. Die römische »Drei« gleich hinter dem schrägen Strich bedeutet: Robbi ist ein Schüler der dritten Robotklasse. Mit klein »a« bezeichnet man dort nur die besonders guten Schüler. Er kann fliegen wie ein Kunstflieger; er rechnet die schwersten Rechenaufgaben aus, noch ehe man bis drei zählen kann, und außerdem kennt er noch einige tolle Robotertricks.

Die dritte Hauptperson ist das Fliewatüüt, obgleich es eigentlich keine Person ist. Ein Fliewatüüt ist eine erstklassige Erfindung. Und eine erstklassige Erfindung verdient auch einen besonderen Namen:

1. Ein Fliewatüüt kann fliegen wie ein Hubschrauber, deshalb »Flie«.
2. Es kann wie eine Ente auf dem Wasser schwimmen, deshalb »wa«.
3. Es kann aber auch auf der Straße fahren, genau wie ein Auto, nur sehr viel langsamer. Autos »tüüten« sehr häufig, deshalb »tüüt«.

Nimmt man diese drei Eigenschaften zusammen, bekommt man eben ein Flie-wa-tüüt. Und aus »Flie-wa-tüüt« wird einfach »Fliewatüüt«. Das war's. Halt! Noch ein paar Worte über Erfinder, aber nur ein paar Worte.

Man unterscheidet große, kleine, gute und schlechte Erfinder. Für schlechte Erfinder interessiert sich niemand. Daher müssen sich solche Leute schleunigst nach einem anderen Beruf umsehen. Also bleiben noch die guten, großen und die guten, kleinen Erfinder übrig. Und mit denen ist es ganz einfach.

Die großen Erfinder sind schon erwachsen. Daher erfinden sie auch meistens nur große Dinge: große Fernsehtürme, große Überseedampfer, Brücken und Düsenflugzeuge und viele andere große Dinge mehr, die ich hier nicht alle aufzählen will.

Die kleinen Erfinder sind noch nicht erwachsen. Deshalb erfinden sie trotzdem: kleine Fernsehtürme, kleine Überseedampfer, Brücken und Düsenflugzeuge und – kleine Fliewatüüts.

Erfinder bleibt eben Erfinder – ganz egal, ob er groß oder klein ist. Hauptsache: Seine Erfindungen taugen etwas!

Und nun kann die Geschichte losgehen.

ERSTES KAPITEL

Man hört technische Einzelheiten über das Fliewatüüt und nimmt Einsicht in die Konstruktionszeichnung. Außerdem erfährt man, dass Tütermoor keine besonders günstige Gegend für Erfinder ist, dass Tante Paula technisch nicht mehr so ganz auf der Höhe ist, und warum Tobbi Himbeersaft als Treibstoff wählt.

Tütermoor war keine besonders günstige Gegend für Erfinder. So viel stand fest!

Tobbi wohnte aber nur vorübergehend dort. Seine Eltern waren vor fünf Tagen ganz überraschend nach Kanada gereist – wegen einer Erbschaft oder so. Und da Sommerferien waren, hatte Tante Paula ihn kurzerhand zu sich nach Tütermoor geholt. Erstens war Tobbi ihr einziger Neffe und zweitens konnte sie ihn gut leiden.

Tobbis richtiges Zuhause war in einer Großstadt. Dort befand sich die Wohnung seiner Eltern und in der Stadt wimmelte es nur so von technischen Dingen: Straßenbahnen, Autos, U-Bahnen und Fabriken. Kein Wunder, dass ein kleiner Erfinder sich in einer großen Stadt wohlfühlte.

Aber in Tütermoor gefiel es Tobbi gar nicht schlecht. Natürlich war Tütermoor nicht mit einer Großstadt zu vergleichen. Nicht einmal mit einer Kleinstadt.

Tütermoor war ein Dorf, und zwar ein ungewöhnlich kleines. Es lag ganz in der Nähe von ...

Ach, es ist völlig unwichtig, wo Tütermoor genau lag. Wichtig ist nur, dass es dort saftige Wiesen, herrliche Obstgärten und einen vergoldeten Wetterhahn gab. Außerdem: eine Schule mit achtzehn Schulkindern, Enten, Gänse, Hühner, Kühe, Schweine, Hunde und Katzen, einige Pferde, sieben fette und zwei magere Ochsen und drei Mäusefamilien mit Kindern, Enkeln und Urenkeln.

Die Milch in Tütermoor kam direkt von den Kühen und nicht etwa aus dem Milchgeschäft. Jeden Morgen stand eine dicke Sahneschicht obenauf, eine Sahneschicht – so dick wie ein Männerdaumen! Die Kuchen rochen dort nach reiner Butter; die Frauen wussten noch genau, wie ein Bratapfel geschmort werden musste, und es gab vor allen Dingen viel häufiger hitzefrei als anderswo.

Auch die Sache mit dem Wetter war in der Gegend von Tütermoor sehr praktisch und vernünftig geregelt: Im Sommer schien die Sonne jeden Tag; im Winter fror oder schneite es und es regnete immer nur dann, wenn der Regen auch dringend gebraucht wurde. Also genau, wie sich das gehörte!

Deshalb wurden die Tütermoorer Mohrrüben doppelt so lang und die Kohlköpfe sogar dreimal so dick wie in jeder anderen Gegend. Spatzen gab es fast viermal so viele, wie es Einwohner gab, und mindestens die Hälfte aller Spatzen wohnte in Tante Paulas altem Efeu.

Nur Technik gab es nicht in Tütermoor. Man kam ohne Technik aus. Merkwürdig! So was ist außergewöhnlich selten.

Ach so! Etwas gab es allerdings in Tütermoor, das mit Technik zu tun hatte: das elektrische Licht und die Motorspritze der Freiwilligen Feuerwehr. Darauf konnten selbst die Tütermoorer nicht verzichten. Das heißt, die Feuerwehrspritze bekam nur die Feuerwehr zu sehen. Sie stand sauber eingefettet im Feuerwehrgeräteschuppen. Und dort blieb sie auch. Weil's in Tütermoor eben nie brannte!

An Tante Paula war nichts auszusetzen – jedenfalls nicht viel. Sie war eine prima Tante. Eine bessere hätte Tobbi sich nicht wünschen können. Ihr Apfelkuchen zerging auf der Zunge, mit ihrem fabelhaften Himbeersaft war sie durchaus nicht geizig. Vertraute man ihr ein Geheimnis an, dann posaunte sie es nicht gleich in der ganzen Gegend herum. Sie konnte schweigen, und das können nur die wenigsten Tanten.

Nur vor einem Schnupfen hatte Tante Paula einen gewaltigen Respekt. Selbst dann, wenn es nur ein kleiner Schnupfen war.

Das war auch der Grund, weshalb Tobbi jetzt in seinem Bett lag.

Vor vier Tagen, als sie aus der Stadt abreisten, hatte Tante Paula gesagt: »Du wirst sehen, mein Junge, bei uns in Tütermoor ist die Luft besser. Und einen Schnupfen bekommst du dort nie.«

Das mit der guten Luft stimmte. Das mit dem Schnupfen stimmte aber nicht! Da musste Tante Paula wohl irgendein Fehler unterlaufen sein: Das Erste, was Tobbi in Tütermoor bekam, war ein – Schnupfen. Nach genau vier Tagen, nämlich heute!

»Nun schlägt's dreizehn! Wie kann's bloß angehen?«, brummte Tante Paula und stopfte Tobbi ins Bett.

Und weil Tobbi daran nichts ändern konnte, tat er das, was alle Erfinder tun, wenn sie mit einem Schnupfen im Bett liegen: Er beschäftigte sich mit seiner Erfindung.

Die Pläne für das Fliewatüüt waren fix und fertig, schon seit vierzehn Tagen. Aber sie mussten noch einmal überprüft werden. Das tut jeder gute Erfinder, bevor er mit dem Bau beginnt. Tobbi holte also die Konstruktionspläne aus der Nachttischschublade, denn er hatte sie selbstverständlich mit nach Tütermoor genommen. Eine Überprüfung konnte er auch im Bett erledigen. Er stopfte sich ein Kissen in den Rücken, stellte die Knie hoch und lehnte den Zeichenblock dagegen. Bleistift, Buntstifte und Radiergummi legte er griffbereit auf die Nachttischplatte – falls irgendeine Änderung nötig werden sollte.

Als Nächstes bildeten sich die berühmten »Erfinderdenkfalten« auf seiner Stirn. Das sind besondere Falten, die nur auf Erfinderstirnen vorkommen. Und auch da nur bei den guten Erfindern. Sie verlaufen waagerecht – nicht senkrecht! Außerdem sehen sie noch besonders pfiffig aus und sind besonders schön geschwungen. Etwa wie ein ausgebreiteter Möwenflügel.

Und dann machte sich Tobbi an die Arbeit.

Der Rumpf des Fliewatüüts sah aus wie ein Hühnerei, das hinten ein wenig zugespitzt war. Das war sehr windschnittig und windschnittige Rümpfe sind besonders günstig. Man nennt es auch »stromlinienförmig«. Das Fliewatüüt war zweisitzig. Die beiden Piloten saßen in einer Öffnung im vorderen Drittel des Rumpfes. Die Öffnung hatte vorn eine gebogene Windschutzscheibe und hinten ein Klappverdeck, genau wie bei einem Kabriolett, falls es unterwegs einmal regnen sollte. Rechts und links von den Sitzen waren die wasserdichten Türen zum Ein- und Aussteigen.

Wasserdicht mussten sie sein, weil das Fliewatüüt ja auch ein Schwimmfahrzeug war. Der Rumpf sollte blau, vielleicht aber auch feuerrot angemalt werden. Die Farbe stand noch nicht so genau fest.

»Der Rumpf ist in Ordnung. Daran brauche ich nichts zu ändern«, murmelte Tobbi vor sich hin. Er wollte gerade mit der Inneneinrichtung beginnen – da kam Tante Paula durch die Tür. Mit einem Tablett, auf dem eine Tasse Kamillentee stand. Er dampfte noch.

»Wie steht's mit einer Tasse Kamillentee?«, erkundigte sich Tante Paula und fügte noch hinzu: »Soll gut sein gegen Schnupfen.«

»Schlecht steht's«, antwortete Tobbi. Er mochte keinen Kamillentee.

»Du magst ihn also nicht?«

»Ganz und gar nicht!«, bestätigte Tobbi wahrheitsgemäß.

Er schwindelte nur in dringenden Notfällen, und dies war noch kein dringender Notfall. Außerdem wusste er, dass man Leute, die Kamillentee mögen, leicht an den Fingern beider Hände aufzählen kann.

»Hab ich mir fast gedacht – ich mag ihn nämlich auch nicht!«, gab Tante Paula offen zu. »Aber tu mir den Gefallen und trink wenigstens diese eine Tasse aus«, bat sie.

»Zukünftig werden wir es mit heißem Himbeersaft versuchen. Ich glaube, der eignet sich auch ganz gut.«

Tobbi tat ihr den Gefallen und trank seinen Kamillentee ohne Mucks aus. Das war eine Leistung.

»Was malst du da?«, Tante Paula schielte auf Tobbis Zeichenblock.

»Ich male nicht – ich erfinde!«, stellte Tobbi sofort richtig. Diese Dinge durfte man nicht durcheinanderbringen.

»Und was erfindest du? Ich will natürlich nicht neugierig sein …«

»Ein Fliewatüüt.«

»Was für'n Tüüt …?«, fragte Tante Paula verblüfft. Sie wusste noch nichts von Tobbis Erfindung.

»Ein Flie! – wa! – tüüt!«, buchstabierte Tobbi langsam.

Tante Paula rieb sich nachdenklich ihre große Nase und machte ein Gesicht, als hätte Tobbi ihr erzählt, Bäcker Paulsens alter, lahmer Kater würde seit Neuestem Rollschuh laufen.

»Ein Fliewatüüt …«, murmelte sie. »Nun wird der Pfannkuchen aber in der Pfanne verrückt!« Das sagt man in Tütermoor immer, wenn man besonders verwundert ist. Und Tante Paula war sogar ganz besonders verwundert!

»Ja, gibt's denn so was überhaupt?«, wollte sie wissen.

»Eben nicht! Deshalb habe ich es ja gerade erfunden!«, erklärte Tobbi.

»Soso … hm, hm …«, brummte Tante Paula. Sie konnte sich immer noch nichts unter einem Fliewatüüt vorstellen.

Tobbi sah ein, dass er die Sache genauer erklären musste.

»Also – pass mal gut auf, Tante Paula«, sagte er nun. »Das mit dem Fliewatüüt ist nämlich so: Ein Fliewatüüt kann fliegen wie ein Hubschrauber, auf dem Wasser schwimmen wie eine Ente und ... kommst du da mit, ich meine, verstehst du das, Tante Paula? Es ist natürlich sehr technisch.«

»Nee! Nee – da komme ich nicht ganz mit. Du musst wissen, ich bin technisch nicht mehr so ganz auf der Höhe!«, gab Tante Paula ehrlich zu.

»Na ja, schließlich kann nicht jeder ein Erfinder sein!«, tröstete Tobbi sie.

»Eben!«, sagte Tante Paula. »Deshalb halte ich mich auch lieber an Kartoffelpuffer, rote Grütze, Frikadellen und solche einfachen Sachen. Davon versteh ich etwas. Bis nachher also!«

Tante Paula machte, dass sie in ihre Küche kam, und Tobbi steckte die Nase wieder in seinen Konstruktionsplan.

Innen war das Fliewatüüt sehr praktisch eingerichtet. Darauf hatte Tobbi ganz besonders geachtet. Für den Pilotenstand waren zwei Steuersessel und auch zwei Steuerungen vorgesehen. Dann brauchte man nicht erst die Plätze zu wechseln, wenn man sich mal beim Steuern abwechseln wollte. Gleich hinter den Sitzen blieb noch ein kleiner Platz frei für die Ausrüstung. Dann kam der Motor; er saß ganz hinten in der Schwanzspitze. Und mehr ging auch nicht in das Fliewatüüt hinein.

Der Motor war nur sehr, sehr klein. Was sollte ein kleines Fliewatüüt auch mit einem großen Motor anfangen? Der wäre viel zu schwer gewesen, denn ein Flugzeug, das fliegen sollte, musste leicht sein. Der Motor konnte umgekuppelt werden: auf den vierflügeligen Propeller, auf die winzige Dampferschraube, damit sich das Fliewatüüt auch im Wasser vorwärtsbewegen konnte, und auf die beiden vorderen Räder. Der Propeller war oben – genau wie bei einem Hubschrauber. Die Propellerwelle steckte in einem kräftigen Rohr, das immer gut geölt werden musste. Die Dampferschraube ging hinter dem Spornrad schräg nach unten. Das Fliewatüüt hatte drei Räder: zwei vorne, etwa unter den Türen, und ein etwas kleineres hinten, das Spornrad.

Es gab drei Bedienungshebel. Und damit man sie nicht miteinander verwechseln konnte, hatte jeder von ihnen einen andersfarbigen Knopf: einen roten, einen blauen und einen gelben. Der rotköpfige war der Gashebel. Man brauchte ihn am häufigsten, deshalb hatte er den auffälligen, feuerroten Knopf. Mit dem blauen Hebel konnte man den Fliewatüüt-Motor umkuppeln auf: Luftantrieb – Wasserantrieb – Landantrieb. Und der Hebel mit dem gelben Knopf hatte einen ganz besonderen Zweck: Mit ihm ließen sich die vier Flügel der Luftschraube V-förmig nach hinten zusammen- und wieder auseinanderfalten. Das hatte Tobbi sich extra so ausgedacht, weil man sich auf der Landstraße gar zu leicht den Propeller an den Bäumen verbiegen konnte.

Es war eben alles, wie es sein sollte. Tobbi hatte jede Einzelheit ganz genau nachgeprüft und ihm war nichts aufgefallen, was geändert werden musste.

Nun nahm er sich die Liste mit den Ausrüstungsgegenständen vor. Sie sah so aus:

1. Eine hölzerne Kiste (für Proviant und Werkzeug).
2. Ein Rettungsring (gelb angemalt).
3. Ein Anker (möglichst aus Eisen).
4. Taue und Leinen (Wäscheleinen und so was).
5. Eine Luftpumpe (vom Fahrrad).

6. Flickzeug (aus der Fahrradtasche).
7. Werkzeug.
8. Verschiedene Sachen.

Was er unter »verschiedene Sachen« hinschreiben sollte, wusste Tobbi noch nicht. Aber manches fiel einem ja erst im letzten Augenblick ein.

Doch nun gab es noch etwas ungeheuer Wichtiges: die Sache mit dem Treibstoff! Daran hatte Tobbi lange herumgeknobelt. Benzin und Dieselöl konnte man zwar kaufen, aber dazu gehörte Geld und Geld war bei Tobbi besonders knapp. In seiner Sparbüchse war kaum der Boden bedeckt. Dazu kam, dass er sie nicht allein öffnen durfte. Aus diesen Gründen hatte Tobbi sich für Himbeersaft entschieden. Himbeersaft konnte er notfalls auch ohne Geld beschaffen. Tante Paula ließ bestimmt mit sich reden. Sie hatte den ganzen Keller voll Himbeersaft und sie war eine erstklassige Tante, auch wenn sie nichts von Technik verstand.

Tobbi legte den Zeichenblock an die Seite und streckte seine Beine lang aus. Sie drohten langsam einzuschlafen. Er war sehr mit sich zufrieden, das war ein angenehmes Gefühl für einen Erfinder.

»Naa, wie geht's dem Fliewatüüt?«, erkundigte sich Tante Paula und balancierte mit einem vollen Tablett durch die Tür. Dieses Mal war es das Abendbrot und ein Glas Himbeersaft. Heiß! Sie hatte ihr Versprechen nicht vergessen. Das tat sie nie.

»Bestens! Es ist so gut wie fertig!«, antwortete Tobbi und machte sich über die Mettwurstbrote her, denn er hatte Hunger. Die Sache mit dem Himbeersafttreibstoff hatte bis nach dem Essen Zeit.

Tante Paula saß auf der Bettkante und freute sich, dass es Tobbi so gut schmeckte.

Tobbi spülte den letzten Bissen mit dem letzten Schluck Himbeersaft hinunter und dann sagte er: »Du, Tante Paula, ich muss dich jetzt etwas ganz Wichtiges fragen – es ist wegen des Himbeersafts ...«

»Möchtest du noch ein Glas?«

»Nein, lieber nicht. Du verstehst mich falsch. Es ist wegen des Treibstoffs. Ich meine ... ich wollte sagen, das Fliewatüüt – es muss mit Himbeersaft angetrieben werden. Der Motor natürlich!«

Nun war es heraus!

»Himbeersaft ...?« Tante Paula verzog keine Miene. »Ist das nicht ein wenig ungewöhnlich?«

»Ja, das schon. Aber es geht nicht anders.«

Tobbi erklärte ihr nun ganz genau, warum es ausgerechnet Himbeersaft sein musste. Und ganz zum Schluss rückte er dann mit seiner wichtigen Frage heraus:

»Tante Paula! Du gibst mir doch den Himbeersaft? Bitte, bitte! Es ist so ungeheuer wichtig. Ich brauche ihn auch noch nicht gleich. Aber bald, wenn das Fliewatüüt gebaut ist. Bitte!«

»Hm – es ist wichtig ... Ich seh's ein. Gut! Du sollst deinen Himbeersaft bekommen. Aber unter einer Bedingung ...« Hier machte Tante Paula eine Pause und schaute Tobbi bedeutungsvoll an.

»Und welche Bedingung ist das?«, fragte Tobbi gespannt.

»Dass ich nicht mitzufliegen brauche! Nicht dass ich Angst hätte! Na ja, vielleicht ein ganz klein wenig, aber ich glaube – ich bin nicht mehr flugtauglich. Weißt du, man wird eben alt.«

»Da mach dir keine Sorgen! Du kannst sowieso nicht mitfliegen.« Tobbi kicherte. »Du passt nämlich gar nicht durch die wasserdichte Tür! Sie ist zu klein.«

»So ...? Das beruhigt mich aber sehr!«, murmelte Tante Paula, nahm das Tablett in die Hand, gab Tobbi einen Tantenkuss auf die Wange und zog die Vorhänge zu.

»Gute Nacht! Und schlaf gut!«

»Gute Nacht, Tante Paula!«

Tobbi konnte sich beruhigt schlafen legen. Er hatte alles erledigt, was er erledigen wollte. Aber eben vor dem Einschlafen fiel ihm doch noch etwas ein:

Wen sollte er später in seinem Fliewatüüt mitnehmen? Und wer würde ihm das Fliegen beibringen? Wer bloß?

Aber noch war es ja nicht so weit ...

ZWEITES KAPITEL

Um Mitternacht oder kurz danach geschehen merkwürdige Dinge: Eine Stubenuhr macht Mätzchen. Tobbi bekommt Besuch, von dem selbst Tante Paula nicht unbedingt etwas zu wissen braucht. Von einer »Robotschule« hört man nicht alle Tage, von einer kniffligen Roboter-Prüfungsaufgabe noch viel seltener ...

Mitternacht in Tütermoor!

Elfmal sagte die Standuhr in Tante Paulas guter Stube: »Ping!« Dann holte sie tief Luft und schrie ganz laut: »Päng!« Und dann war es genau Mitternacht! Auf ihre Zeitangaben konnte man sich verlassen. Aber es hörte sich total verrückt an.

Ja, solche Mätzchen leistete sich Tante Paulas alte Standuhr häufig, doch nur dann, wenn sie auch ganz sicher war, dass ihr niemand dabei zuhörte.

Sonst spukte es eigentlich nirgends in Tütermoor. Auch nicht um Mitternacht. Gewiss, Oma Klövekorns allerschönster, silberner Teelöffel verschwand unter geheimnisvollen Umständen. Aber das hatte nichts mit Spuk zu tun. Den hatte Carla, die schwarz-weiße Elster, stibitzt und unter einem Komposthaufen versteckt. Sie schwärmte nämlich für glitzernde Dinge und sammelte sie. Das war auch nicht um Mitternacht gewesen, sondern am hellen Nachmittag, als Oma Klövekorn gerade ein Nickerchen hielt.

Trotzdem!

Jetzt aber geschah eine schier unglaubliche Geschichte in Tütermoor, und das ausgerechnet in Tante Paulas geruhsamem Strohdachhaus.

Klipp ... klipp ... klipp ...

Was war das? Ein tropfender Wasserhahn vielleicht? Nein, es waren Schritte!

Tante Paulas Schritte waren es aber nicht. Sie schlurfte immer auf Filzpantoffeln umher. Und Männertritte waren es auch nicht. Die klangen viel dumpfer.

Es waren ganz absonderliche Schritte, die man sonst nie zu hören bekam – »Plätteisenschritte«! Ja, »Plätteisenschritte« war der richtige Ausdruck dafür. Sie klangen ganz genau so, als hätte jemand seine Schuhe gegen ein Paar eiserne Plätteisen ausgetauscht.

Klipp ... klipp ... klipp ...

Der Plätteisenmann wanderte klirrend um Tante Paulas Haus. Einmal rundherum. Und es hörte sich an, als suche er etwas oder als habe er es nicht besonders eilig.

Vor Tante Paulas Schlafzimmerfenster blieb er stehen ... nein – er ging weiter. Tante Paula schien er also nicht zu suchen.

Jetzt stand er vor Tobbis Fenster. Nicht nur das – er klopfte auch noch an die Fensterscheibe! Aber nicht besonders laut. Sonderbar ...

Tobbi hörte das Klopfen nicht. Er schlief. Seinen Kopf hatte er zur Wand hingedreht. Ab und zu prustete er, weil sein linkes Nasenloch verstopft war. Das kam vom Schnupfen.

Es klopfte zum zweiten Mal. Sehr viel lauter.

Und jetzt wurde Tobbi wach. Das heißt, er wurde nur beinahe wach. Er richtete sich in seinem Bett auf und murmelte schlaftrunken: »Hat's da nicht eben geklopft ...?«

Er brauchte nicht lange darüber nachzudenken: Es klopfte zum dritten Mal. Noch lauter! Die Fensterscheibe klirrte.

Tobbi war hellwach. Wenn es an die Scheibe klopfte, dann musste jemand draußen stehen. Von allein klopfte es nicht. Und weil Tobbi kein Angsthase war, sprang er aus dem Bett und rannte an das Fenster, um nachzuschauen. Aber draußen war es stockfinster. Er konnte nichts entdecken. Hatte sich jemand einen Spaß erlaubt? Er löste die altmodischen Haken und öffnete das Fenster einen Spaltbreit – aber wirklich nur einen Spaltbreit.

»Hallo! Hallo, ist da wer?«, rief er in das Dunkel.

»Ja. Ein Roboter.« Die Stimme, die das sagte, klang sehr freundlich, aber ein klein wenig blechern. Gleichzeitig leuchteten zwei Lichter auf: ein rotes und ein grünes. Es sah unheimlich aus.

Päng! Tobbi klappte schnell das Fenster wieder zu. Ein Roboter! Zwei farbige Lichter in der Nacht! Bei solch seltsamen Vorkommnissen können selbst einem Erfinder die Knie weich werden.

Es klopfte noch einmal. Aber so leise und zart, als würde nur mit dem Fingernagel angeklopft. Tobbi überlegte: Wenn es wirklich ein Roboter war, der dort draußen stand, so hatte er bestimmt keine bösen Absichten. Sonst hätte er wohl die Fensterscheibe zertrümmert und nicht bloß geklopft. Tobbi machte also das Fenster wieder auf.

»Hallo, du! Bist du wirklich ein Roboter?«

»Ganz gewiss. Klick! – Allerdings bin ich nur ein kleiner Roboter«, war die Antwort.

»Ehrenwort?«, Tobbi wollte sichergehen.

»Ehrenwort!«, bestätigte die Stimme, die zu den farbigen Augen gehörte. Das Ehrenwort genügte Tobbi. Er machte das Fenster weit auf.

»Willst du zu mir?«, erkundigte er sich.

»Ja, wenn du Tobbi, der Erfinder, bist«, erklärte der kleine Roboter.

»Bin ich!«

»Fein! Ich habe dich gesucht, weil ich ein paar wichtige technische Dinge mit dir besprechen muss. Sie sind auch sehr wichtig für dich!«, sagte der Roboter bedeutungsvoll.

»Etwas Technisches? Prima! Einen Moment, ich bin gleich wieder da!«

Für technische Dinge war Tobbi immer zu haben, selbst mitten in der Nacht.

Nun knipste er schnell die Nachttischlampe an, klaubte seine Kleider vom Stuhl und warf sie kurzerhand aufs Bett. Den leeren Stuhl schob er vor das Fenster, beugte sich hinaus und sagte:

»So! Jetzt kannst du ins Zimmer klettern. Hier sind wir ungestört.«

»Gern!«, sagte der kleine Roboter. »Vorausgesetzt, dass ich es überhaupt schaffe. Im Klettern sind wir Roboter nämlich ziemliche Nieten.«

»Du wirst es schon schaffen! Ich helfe dir«, ermunterte Tobbi ihn.

Natürlich schafften sie es zu zweit; denn der Roboter hatte etwas übertrieben – so ungelenkig war er gar nicht. Tobbi schloss ganz schnell das Fenster und zog vorsichtshalber auch die Vorhänge wieder zu. Es brauchte niemand zu merken, dass er Roboterbesuch hatte.

Und sieben Minuten nach Mitternacht – fast auf die Sekunde genau – standen sich Tobias Findteisen und ein kleiner Roboter gegenüber.

Der Roboter machte eine eckige, aber sehr schneidige Verbeugung und stellte sich vor: »Ich heiße Robbi, Rob dreihundertvierundvierzig Strich sechsundsechzig Schrägstrich drei a, Roboter der dritten Robotklasse.«

Obwohl Tobbi nur einen Schlafanzug anhatte und auf nackten Füßen dastand, wollte er sich natürlich nicht vor einem höflichen, kleinen Roboter blamieren. Also zauberte er ebenfalls eine Verbeugung hin und nannte seinen Namen. »Und ich heiße Tobias Findteisen. Aber alle nennen mich nur Tobbi. Ich bin Erfinder. Dritte Volksschulklasse.«

Nun gaben sie sich gegenseitig die Hand und musterten sich eine ganze Weile, ohne ein Wort.

Der kleine Roboter hatte keine Ähnlichkeit mit irgendeinem Menschen. Trotzdem sah er nicht unheimlich aus. Er sah sogar ausgesprochen sauber und adrett aus. Er war nicht groß. Vielleicht einen Fingerbreit kleiner als Tobbi, der nicht ganz bis an den Lichtschalter reichte. Robbi schien ein sehr fröhlicher Roboter zu sein, denn er blinzelte Tobbi vergnügt mit dem roten Roboterauge zu. Das grüne Auge hatte er gerade zugekniffen. Dabei lachte er über sein viereckiges Robotergesicht. Sein Kopf war wirklich beinahe viereckig und saß auf drei übereinanderliegenden, wulstartigen Ringen. Schließlich brauchte auch ein Roboter einen Hals! Auf dem Kopf, dort, wo bei den meisten Menschen zuerst die Glatze anfängt, schaukelte bei Robbi eine zierliche Antenne hin und her. Sie war vielleicht eine kleine Idee dicker als eine Fahrradspeiche und endete oben in einer Kugel von Erbsengröße. Die Roboterohren sahen besonders nett aus: Sie standen weit ab, waren fast kreisrund und ohne Ohrläppchen und sie hatten in der Mitte ein kleines Loch – genau wie ein Telefonhörer. Dort, wo sonst die Knöpfe an den Jacken sitzen, trug der Roboter eine ganze Reihe von bunten Drucktasten. Es waren die gleichen wie bei einem Radioapparat, nur dass sie dort weiß sind. Von unten angefangen waren es sieben Tasten: eine goldene, zwei blaue, zwei grüne und zwei rote. Rechts und links von dieser Tastenreihe befanden sich vier taschenähnliche Klappen mit je einem runden, weißen Knopf in der Mitte. Robbis Arme und Beine hatten kugelige Gelenke. Sie saßen an den gleichen Stellen, wo sie auch bei den Menschen sind. Nur an seinem rechten Arm fehlte das Ellenbogengelenk. Überhaupt hatte der ganze Arm viel Ähnlichkeit mit einem dieser langen, ausziehbaren Fernrohre, die man »Teleskop« nennt. Der Roboter hatte an jeder Hand nur drei Finger, aber das waren besonders starke Greiffinger. Seine Handteller waren runde Scheiben, die genau wie seine Ohren ein kleines rundes Loch in der Mitte aufwiesen. Die Roboterfüße sahen ziemlich plump aus, fast wie die besonders schweren Plätteisen. Ja, und dann trug der kleine Roboter noch ein kleines, schwarzes Schild auf der linken Brustseite, auf welchem in zierlicher, silberner Schrift zu lesen stand:

ROB 344-66 / III a

Tobbi war eine Kleinigkeit größer als der Roboter ohne Antenne. Er war sehr gelenkig und besonders seine Armmuskeln fühlten sich schon ganz hart an, wenn er den Arm krumm machte. Tobbi hatte ein fröhliches Gesicht, einen Mund, der gern lachte, einen hellblonden Bürstenhaarschnitt und eine Nase, auf der sich viele Sommersprossen angesiedelt hatten. Wegen seiner Bürstenhaare nannten ihn seine Klassenkameraden häufig »Distel«.

»Entschuldigung«, brach Tobbi als Erster das Schweigen, »ich glaube, ich habe dich lange angestarrt, Robbi. Aber du bist der erste Roboter, den ich in meinem Leben sehe. Wenn das die Tütermoorer wüssten!«

Der kleine Roboter wackelte vergnügt mit der Antenne.

»Die Tütermoorer wissen es nicht. Sie schlafen. Alle Fenster sind dunkel«, meinte er. »Und was das Anstarren anbetrifft, das verstehe ich sehr gut. Schließlich will man wissen, mit wem man es zu tun hat. Du bist übrigens auch der erste Erfinder, mit dem ich persönlich spreche.«

»Wirklich?«

»Ja. Deshalb bin ich ja gerade zu dir gekommen. Ich hätte gern einige Dinge mit dir besprochen. Aber dazu brauche ich etwas Zeit.« Robbi schaute sich suchend um. »Kann ich mich irgendwo hinsetzen?«

»Komm zu mir auf die Bettkante«, schlug Tobbi vor.

»Lieber nicht!«, lehnte Robbi ab. »Ich bin immer ein wenig ölig.«

»Dann nehmen wir eben den Stuhl. Den können wir wieder abwischen.«

Tobbi holte den Stuhl vom Fenster und rückte ihn seinem Gast höflich zurecht.

Als der Roboter Platz nahm, quietschte es laut.

»Ich glaube, bei dir hat's gequietscht«, sagte Tobbi verwundert.

»Stimmt. Wieder dieses verflixte, linke Kniegelenk!«, knurrte Robbi und schaute missbilligend auf sein linkes Roboterbein. »Es braucht mal wieder ein paar Tropfen Öl. Übrigens – quietschende Gelenke sind eine weit verbreitete Roboterkrankheit. So wie bei euch der Schnupfen.«

Er drückte auf den rechten, unteren weißen Knopf. Eine Klappe sprang auf. Robbi zog eine kleine Ölkanne hervor und träufelte geschickt ein paar Tropfen Öl auf das quietschende Gelenk. Dann schlenkerte er sein Bein hin und her, damit sich das Öl gut verteilte.

»Das reicht schon«, bemerkte er.

Tobbi hatte den ganzen Vorgang staunend verfolgt.

»Du schleppst wohl ein ganzes Werkzeuglager mit dir herum?«, fragte er neugierig.

»Nur die Roboter-Standardausrüstung«, klärte Robbi ihn bereitwillig auf. »Allerdings ist vom kleinsten Schraubenzieher bis zum größten Hammer und zum Spezialbohrer alles dabei.«

»Dann habt ihr wohl auch Werkunterricht in eurer Robotschule?«, forschte Tobbi weiter.

»Natürlich haben wir Werkunterricht! Von der ersten Klasse an. Bei uns heißt das ›Mechanik‹. Am Schluss der zweiten Klasse müssen wir in diesem Fach schon unsere Prüfung gemacht haben. Ich erzähl's dir gelegentlich mal ausführlicher. Zuerst müssen wir die wichtigsten Dinge besprechen.« Der kleine Roboter richtete sich auf und blickte Tobbi gerade in die Augen. Dann sagte er langsam und deutlich: »Dein Fliewatüüt steht draußen auf der Wiese hinter dem Obstgarten!«

»Wa-wa-was? Meine Erfindung? Du weißt davon?« Tobbi glaubte, er hätte nicht richtig gehört.

»Ich sage dir, das Fliewatüüt steht auf der Wiese!«, wiederholte der Roboter noch einmal nachdrücklich.

»Aber wie ist denn das möglich? Ich ... ich ...« Tobbi sprang von der Bettkante hoch.

Robbi stand ebenfalls auf und drückte den aufgeregten Tobbi wieder auf seinen Sitz zurück.

»Ich weiß, das hört sich an, als wollte ich dich verkohlen. Aber es stimmt. Du kannst dich bald davon überzeugen. Aber zunächst möchte ich dir alles erklären. Deshalb musst du mir jetzt gut zuhören.«

Dem guten Tobbi wirbelte der Kopf. Selbst ein Erfinder braucht geraume Zeit, um solche unglaublichen Neuigkeiten richtig zu begreifen.

»Mein Fliewatüüt ... auf der Wiese ... Nun wird der Pfannkuchen in der Pfanne verrückt!«, murmelte Tobbi kopfschüttelnd vor sich hin. Unwillkürlich sagte er dasselbe wie Tante Paula, wenn sie verwundert war. Und weil Robbi erstaunt mit dem roten Roboterauge blinzelte, erklärte er es ihm.

»Das muss ich mir merken!« Robbi wackelte anerkennend mit der Antenne. Er streckte die Beine lang aus und rückte ein paar Mal auf dem Stuhl hin und her, bis er bequem saß. Dann begann er mit seinem Bericht. Und es wurde die tollste Geschichte, die Tobbi je in seinem Leben gehört hatte.

»Ich bin ein Roboter aus der dritten Robotklasse.« Robbi tippte auf das schwarze Schildchen an seiner linken Brustseite. »In unserer Robotschule schreiben wir nicht diese lästigen Klassenarbeiten, wie ihr es macht. Wir müssen in jedem Jahr eine Prüfung ablegen: die große Roboterprüfung. Und die hat es in sich, kann ich dir verraten! Klick! Die Prüfung besteht aus einem theoretischen und einem praktischen Teil. Das ist immer so. Meinen praktischen Teil habe ich schon erledigt. Ich erhielt die Aufgabe, eine gute Erfindung nachzubauen. Wir Roboter können nämlich selber nichts erfinden, musst du wissen. Da ich mir eine Erfindung auswählen konnte, habe ich mir dein Fliewatüüt ausgesucht. Und dann habe ich es haargenau nach deinem Plan gebaut ...«

»Aber woher hattest du denn meinen Konstruktionsplan?«, unterbrach Tobbi ihn.

Der Roboter wurde sehr verlegen.

»Ja, hm ... klick ...«, sagte er zögernd. »Den habe ich mir – klick – sozusagen heimlich ausgeliehen. Ich habe ihn eines Nachts fotografiert, als du zu Hause in deinem Bett fest schliefst. Ich weiß, das ist – klick – nicht ganz richtig, ich hätte dich zuerst um deine Erlaubnis bitten sollen. Aber deine Eltern saßen im Zimmer nebenan, da hatte ich Angst, dich zu wecken. Und die Zeit drängte. Aber glaube bitte nicht, dass ich dir deine Erfindung stehlen wollte! Ich wäre in jedem Fall zu dir gekommen, um alles zu erklären. Du bist mir doch hoffentlich nicht böse?« Der kleine Roboter schaute Tobbi besorgt ins Gesicht.

»Nein, ganz bestimmt nicht!«, beruhigte Tobbi ihn. »Hast du deine Prüfung bestanden?«

»Mit ›sehr gut‹ sogar. Und mein Lehrer hat deine Erfindung übrigens sehr gelobt. Darauf kannst du dir etwas einbilden – der ist sonst ziemlich knauserig mit dem Lob.«

»Danke«, sagte Tobbi und wurde ganz rot vor Stolz. »Und ich gratuliere dir auch.«

»Die theoretische Prüfung ist allerdings schwierig«, fuhr Robbi mit seinem Bericht fort. »Es sind lauter knifflige Fragen. Wenn es wenigstens Rechenaufgaben wären! Aber nein! Mir haben sie eine besonders hundsgemeine Prüfungsaufgabe aufgebrummt, die ich nicht allein lösen kann.«

»Wenn ich dir dabei helfen kann ... Ich tu's gern«, versicherte Tobbi. »Knifflige Fragen sind für einen Erfinder genau das Richtige.«

»Das nehme ich gern an«, sagte der kleine Roboter erleichtert. »Ich wollte dich gerade darum bitten. In meinem Aufgabenstreifen steht extra vermerkt, dass wir uns einen menschlichen Freund suchen dürfen. Sogar rot unterstrichen! Aber es muss jemand aus der dritten Klasse sein, und das kommt bei dir prima hin.«

»Sag mal, habt ihr Roboter richtig Schule?«, erkundigte sich Tobbi gespannt. »Ich meine mit Lehrern, Schulbänken, Wandtafeln?«

»Mit allem Klimbim!«, bestätigte Robbi. »Bloß Wandtafeln haben wir nicht. Bei uns geht alles elektrisch. Unsere Lehrer heißen auch nicht ›Lehrer‹ oder ›Studienrat‹ – sondern ›Elektronengehirn‹ und ›Computer‹. Und was bei euch ein Rektor ist, ist bei uns der ›Chefcomputer‹. Aber sonst kommt alles so ziemlich auf dasselbe heraus. Das heißt, unsere Schulbänke sehen anders aus. Es sind Pulte mit vielen Leitungsdrähten, Kabeln, Kontakten, Schnüren, Sicherungen, farbigen Lampen, magischen Augen, Kopfhörern, Mikrofonen und solchem Krimskrams. Wir sitzen dahinter auf drehbaren Stühlen.«

»Macht ihr denn auch mal Blödsinn während der Stunde? Streut ihr Niespulver? Oder werft ihr mit Papierkugeln?«

»Na, was hast du denn gedacht! Klick! Glaubst du, wir wären alle Musterroboter? Aber Niespulver wirkt bei uns nicht. Weißt du, wir machen mehr technischen Quatsch.« Robbis Roboteraugen funkelten vor Vergnügen, als er berichtete: Erst kürzlich haben wir am Schaltpult unseres alten Mathematik-Computers ein paar Drähte umgepolt und außerdem haben wir noch einen Wackelkontakt in den Klassenlautsprecher eingebaut. Ich kann dir sagen, da war was los! Klick! Erst hat er geschnarrt, dann gepiept und schließlich gestottert. Plötzlich hat es geknistert und geknackt wie im Radio, wenn Gewitter ist. Ja, und dann knallte die Hauptsicherung der Schule durch! Der Unterricht in sämtlichen Klassen musste unterbrochen werden. Unser Mathematik-Computer war auf ›hundert‹. Der Chef-Computer kam an und hat uns fürchterlich ausgeschimpft. Natürlich mussten wir alles selbst reparieren.«

»Hat man euch eine Strafarbeit angedreht?«

»Und ob! Der alte ›Elektronenknacker‹ verdonnerte uns sofort zu zwanzig tiefen Kniebeugen und dabei mussten wir gleichzeitig achtzig saftige Rechenaufgaben lösen.«

»Was? Achtzig Rechenaufgaben? Und das während der Kniebeugen?«, fuhr es Tobbi heraus.

»Achtzig schwere Rechenaufgaben sind für einen guten Roboter kein Problem«, erklärte Robbi. »Aber Kniebeugen sind bei uns gefürchtet, sie strapazieren unsere Gelenke so sehr. Genau wie das Treppensteigen. Und das wissen unsere Computer sehr wohl.«

»Bei mir ist es umgekehrt«, meinte Tobbi. »Zwanzig Kniebeugen würde ich leicht schaffen. Wahrscheinlich noch mehr. Aber achtzig Rechenaufgaben dabei? Nee – nicht eine einzige!«

Der Roboter hatte inzwischen auf den linken, oberen Knopf gedrückt und einen hellroten Papierstreifen hervorgeholt, der zu einer Rolle aufgewickelt und mit einem Gummiband gesichert war.

»Hier ist meine Roboter-Prüfungsaufgabe. Am besten, du liest sie dir gleich selber mal durch.«

Tobbi nahm die merkwürdige Rolle in die Hand und streifte das rote Gummi ab.

»Nanu?«, sagte er erstaunt. »Auf deinem Aufgabenstreifen sind ja lauter kleine Löcher?« Tobbi runzelte die Stirn. »Tut mir leid, aber das kann ich nicht entziffern.«

Der kleine Roboter tippte sich an die Stirn.

»Natürlich kannst du das nicht lesen! Ich habe die Rollen verwechselt.« Er griff nochmals in sein Fach, holte eine neue Rolle hervor und überzeugte sich, dass sie mit Schriftzeichen bedeckt war. »Hier – das kannst du bestimmt lesen. Ich habe meine Roboter-Prüfungsaufgabe extra in eure Druckschrift übersetzen lassen.«

»Waaas ...? Extra für mich?«

»Ja.« Robbi nickte. »Ich erklär's dir. Pass auf: Wir Roboter können unser Wissen speichern und dann vergessen wir es niemals. Natürlich müssen wir – genau wie ihr – zuerst alles lernen. Wir schreiben nicht in Druckschrift und auch nicht in linierte Schulhefte. Wir benutzen Schriftbänder, in die wir verschieden viele und verschieden angeordnete Löcher einstanzen. Du hast ja eben solch ein Band in der Hand gehabt. Jede Klasse hat einen andersfarbigen Lochstreifen. Erste Klasse gelb, zweite Klasse grün und unsere hellrot. Die vierte und letzte Klasse schreibt auf einem blauen Streifen. Ja, und dann haben alle noch eine ›Notrolle‹, die weiß aussieht.«

»Notrolle? Was hat das zu bedeuten?«

»Das ist eine Art ›Erste-Hilfe-Fibel‹ für Roboter. Sie enthält die häufigsten Roboterkrankheiten und was man dagegen tun muss. Ich habe sie noch nie gebraucht und hoffentlich werde ich sie auch künftig nicht brauchen. Klick.«

»Aha, ich begreife«, murmelte Tobbi. Er zog das Papierband langsam zwischen Daumen und Zeigefinger der rechten Hand hindurch. Das war eine unbequeme und langwierige Leserei. Als er fertig war, meinte er kläglich: »Nein, so wird das nichts.«

»Hast du Schwierigkeiten mit den Aufgaben?«, erkundigte Robbi sich besorgt.

»Mit den Aufgaben nicht – aber mit dem Lesen!«, erwiderte Tobbi und rieb sich nachdenklich die Nase. Endlich sagte er: »Ich möchte deinen Schriftstreifen nicht beleidigen; aber meine linierten Hefte kommen mir praktischer vor. Hier weiß man am Schluss schon nicht mehr, was man zu Anfang gelesen hat. Weißt du was? Wir sollten die Aufgabe in passende Stücke zerreißen und ...«

»Was, klick? Meine Roboter-Prüfungsaufgabe zerreißen, klick?« Robbi rollte entsetzt mit dem grünen Auge linksherum und mit dem roten rechtsherum. Dazu sagte er ein paar Mal hintereinander »klick«. Das tat er auch sonst häufig einmal. Besonders wenn er sich ärgerte oder erregt war. Eine typische Roboter-Angewohnheit!

»Natürlich kleben wir alles wieder schön zusammen«, beruhigte Tobbi ihn. »Und zwar nach Aufgaben geordnet in eins von meinen Schreibheften. Dann können wir es lesen, so oft wir wollen, und haben nicht diesen Papierschlangensalat.«

Tobbi zeigte auf Tante Paulas blank gebohnerten Holzfußboden, auf dem sich das hellrote Band wie eine Schlange kringelte und ringelte.

»Ach – so hast du das gemeint!«, brummte Robbi erleichtert. »Hm ... keine schlechte Idee.«

Tobbi holte ein Schreibheft und Robbi kramte eine Tube Klebstoff aus einem Fach hervor. Es gab anscheinend nichts, was er nicht in seinen unerschöpflichen Roboterfächern hatte. Nun arbeiteten sie Hand in Hand. Tobbi zerriss das Schriftband in passende Stücke, die Robbi sorgfältig in das Heft einklebte. Dabei hantierten seine Eisenfinger sehr geschickt mit Tube und Papier.

Als sie fertig waren, sah die Roboter-Prüfungsaufgabe so aus:

prüfungsaufgabe+für+robbi+klick+rob+344-66/
IIIa+klick+wichtig+klick+zur+lösung+dieser+
aufgaben+erhältst+du+4+wochen+sonder+robot+
urlaub+du+darfst+dir+einen+kleinen+menschen-
freund+suchen+der+dir+hilft+aber+er+muss+auch+
in+die+dritte+klasse+gehen+wichtig+klick+
aufgabe+nr.1+suche+den+gelb-schwarz+geringel-
ten+leuchtturm+klick+frage+wie+viele+treppen-
stufen+hat+er+?+klick+aufgabe+nr.2+wer+steht
+am+nordpol+und+fängt+mit+z+an+?+klick+frage
+schreibe+seinen+namen+auf+klick+aufgabe+nr.3
+klick+suche+die+dreieckige+burg+mit+den+
dreieckigen+türmen+klick+ergründe+ihr+ge-
heimnis+klick+wichtig+schreibe+einen+kurz-
bericht+wichtig+

Tobbi studierte die Aufgabe zweimal gründlich durch, denn wenn man eine Aufgabe lösen will, muss man sie gründlich kennen. Das wusste er als Erfinder sehr gut.

»Na, wie sieht's aus?«, fragte Robbi erwartungsvoll.

Tobbi ließ das Heft sinken.

»Ich muss schon sagen, es sind saftige Fragen«, sagte er.

»Besonders die letzte!« Robbi schaukelte ärgerlich mit der Antenne. »Weshalb stellt man uns keine Rechenaufgaben? Einen Kurzbericht soll ich schreiben! Ekelhaft!«

»Ich glaube, Robbi, man will mit dieser Roboter-Prüfungsaufgabe feststellen, wie sich ein Roboter in der Welt zurechtfindet. Dass er rechnen kann, weiß man. Aber eins steht fest: Von hier aus kann man diese Aufgaben nicht lösen. Wir müssen reisen, fragen und suchen!«

»Hast du ›wir‹ gesagt? Klick?«

»Klar habe ich ›wir‹ gesagt!«

»Soll das heißen ...?«

»Das soll heißen: Ich gehe mit dir! Was denn sonst?«, sagte Tobbi und freute sich über das glückliche Gesicht des kleinen Roboters. »Willst du?«

»Und ob ich will, klick!« Robbi sprang von seinem Stuhl auf, dass es klirrte, und schüttelte Tobbi begeistert die Hand. Dann fragte er besorgt: »Aber wie steht es mit deinen Ferien? Ich habe vier Wochen Roboturlaub.«

»Und ich noch genau fünfundzwanzig Tage Sommerferien«, erklärte Tobbi. »Das müsste reichen. Das heißt, wenn alles glatt geht. Ist das Fliewatüüt startbereit?«

»Ich brauche nur aufs Knöpfchen zu drücken«, versicherte der kleine Roboter. »Wann soll der Start sein?«

»Sofort!«, entschied Tobbi. »Ich will schnell meine Siebensachen packen.«

Er suchte Zeichenblock, Buntstifte, zwei Bleistifte, einen Radiergummi, ein Schreibheft und ein himmelblaues Notizbuch zusammen. Er hatte nicht etwa die Absicht, Schularbeiten unterwegs zu machen – so fleißig war er nun wieder nicht –, aber er rechnete damit, dass es einiges aufzuschreiben und aufzuzeichnen gab. Immerhin ließ sich ihr Vorhaben mit einer Forschungsreise vergleichen.

»Gib mir die Sachen«, bat Robbi. »Ich packe sie ein. Wozu habe ich meine vielen Fächer.« Und er legte alles in das obere, rechte Fach, wo auch das Heft mit der Prüfungsaufgabe lag.

Tobbi kleidete sich in Rekordzeit an. Dann riss er die Tür vom Kleiderschrank auf und meinte unschlüssig:

»Was nimmt man bloß auf eine solche Reise mit?«

»Denk an die zweite Aufgabe«, warnte ihn der kleine Roboter. »Wenn mich nicht alles täuscht, ist es am Nordpol ziemlich kalt.«

Das sah Tobbi ein.

Zuerst kamen der blaue, gefütterte Mantel und die Pudelmütze durch das Zimmer geflogen. Robbi fing beides geschickt auf. Dann folgten zwei Paar warme Wollsocken, ein dicker Winterpullover, ein Schal, zwei Unterhemden, zwei Unterhosen, zwei Sporthemden und ein Paar lange Gummistiefel. Zuletzt kam noch Tobbis alte Nietenhose angesegelt. Es wurde ein ansehnlicher Kleiderhaufen.

Aber es wäre leichtsinnig und dumm gewesen, unvollständig ausgerüstet auf eine große Reise zu gehen.

Tobbi musste niesen.

»Aha – Taschentücher!«, erinnerte er sich. »Ich ahnte doch, dass ich noch etwas vergessen hatte.« Er warf ein Dutzend Taschentücher auf den Kleiderhaufen.

»Fehlt noch etwas?«, fragte Robbi vorsorglich.

»Vielleicht sollte ich meine Drachenschnur mitnehmen«, sagte Tobbi. Er holte ein dickes Bandknäuel aus dem Nachtschränkchen. »Sie ist mindestens achtzig Meter lang. Und Bindfaden kann man immer brauchen.«

Robbi knotete das schwere Kleiderbündel mit den

Mantelärmeln zusammen und schob es lässig unter den Arm, grad so, als wäre es nur ein Päckchen mit Frühstücksstullen.

Tobbi schlug sich an die Stirn.

»Oje! Ich habe *noch* etwas Wichtiges vergessen: Ich muss unbedingt einen Zettel für Tante Paula schreiben. Sonst macht sie sich große Sorgen, und das möchte ich nicht. Sie ist nämlich 'ne prima Tante, auch wenn sie keine Ahnung von Technik hat.«

»Stimmt!«, pflichtete Robbi bei. »Man darf nicht einfach verschwinden, ohne eine Nachricht zu hinterlassen. Womöglich wird die Polizei alarmiert. Und das gibt Scherereien.«

Mit Rotstift schrieb Tobbi nun auf eine herausgerissene Heftseite:

Liebe Tante Paula
bitte nich böse sein muss dringend
vereisen Mach dir man keine Sorgen
Dein Tobbi.

Diesen Zettel schob er mit einer Ecke unter den Fuß der Nachttischlampe, sodass er nicht gleich beim ersten Luftzug auf den Fußboden flattern konnte. Dann sagte er:

»Fertig! Wollen wir durchs Fenster verschwinden?«

Robbi winkte ab.

»Einmal reicht mir«, meinte er. »Lass uns lieber durch die Tür gehen.«

Während Tobbi das Licht ausknipste, öffnete Robbi lautlos die Tür zum Flur. Auf solche Sachen verstand sich ein Roboter. Und auch noch auf einige andere mehr ...

DRITTES KAPITEL

*Hier kommt man aus dem Wundern nicht heraus.
Zuerst wundert sich Tobbi über Robbis grünes Roboterauge.
Dann wundert sich der Mond über einen neumodischen
Flugapparat. Zwischendurch ärgert sich Robbi über sich selbst.
Und anschließend wundert sich Tobbi wieder über den
Trick mit der unteren blauen Taste.*

Tante Paulas Hausflur war lang, stockfinster und mit einem roten Kokosläufer ausgelegt. Er war lang, weil das ganze Haus lang war. Und der Flur war stockfinster, weil sie kein Licht anzumachen wagten.

Der kleine Roboter marschierte voran. Seine Schritte wurden von dem roten Läufer so gedämpft, dass nur noch ein leises Tappen zu vernehmen war.

Tobbi folgte ihm dicht.

Hoffentlich wacht Tante Paula nicht auf!, dachte er. Davon bekam er ziemlich starkes Herzklopfen. Er holte dreimal tief Luft und dann noch dreimal, damit sich sein Herz wenigstens einigermaßen beruhigte. Schließlich war es ja keine Kleinigkeit, bei Nacht und Nebel auf eine Reise zu gehen, von der er noch nicht einmal genau wusste, wo sie hinführen und wann sie zu Ende sein würde.

»Kannst du eigentlich etwas sehen?«, flüsterte Tobbi und klammerte sich fest an Robbis Arm.

»Sei unbesorgt, meine Roboteraugen sehen alles«, beruhigte Robbi ihn. »Sie sehen bei Tag und Nacht gleich gut. Hinter welcher Tür schläft Tante Paula?«

»Schräg gegenüber von meinem Zimmer.«

»Aha. Jetzt will ich gleich mal feststellen, ob sie auch wirklich fest schläft«, raunte der Roboter in Tobbis Ohr. »Ich drücke auf die obere rote Taste und dann kann ich mit meinem grünen Auge durch Türen und Wände hindurchsehen. Vorausgesetzt, sie sind nicht allzu dick. Hm ... Von Tante Paula ist nur die weiße Nachtmütze und noch die Nasenspitze zu sehen. Aber die Bettdecke bewegt sich gleichmäßig auf und ab, ein Zeichen, dass sie fest schläft. Also weiter!«

»Du hast ein Röntgenauge?«, fragte Tobbi bewundernd.

»Ja, so kann man es nennen. Eine sehr brauchbare Einrichtung. Vielleicht leistet sie uns unterwegs noch einmal gute Dienste. Wo hängt hier der Haustürschlüssel?«

»Links neben der Tür an einem Haken.«

Robbi schaute nach.

Dann knurrte er: »Neben der Tür hängt kein Schlüssel. Weder links noch rechts.«

»Das hat uns gerade noch gefehlt!«, stöhnte Tobbi leise. »Dann hat Tante Paula den Schlüssel in ihrer Schürzentasche und die Schürze hängt bei ihr im Schlafzimmer, weil sie die Schürze gleich morgens zum Kaffeekochen umbindet. Was nun?«

»Dann machen wir die Tür eben ohne Schlüssel auf«, sagte Robbi seelenruhig. »Solche Kleinigkeiten macht ein Roboter aus der dritten Robotklasse mit dem linken Finger.«

Das stimmte sogar wortwörtlich. Robbi zog nämlich einen sonderbar geformten Stahlhaken aus seinem Werkzeugfach hervor und schraubte ihn in das kleine Loch an seinem linken Handteller ein. Dann schob er ihn sehr geschickt in das Schlüsselloch und drehte ihn vorsichtig um. Es knackte ganz leise. Als er die Klinke niederdrückte, ließ sich die Tür öffnen.

»Normalerweise macht man das in fremden Häusern nicht«, erklärte er, als sie sich durch die Tür schoben. »Das wäre Einbruch. Aber du bist ja hier so gut wie zu Hause. Und dann ist es ein Sonderfall, den man verantworten kann.«

Nun wiederholte der kleine Roboter das Kunststück mit dem Haken noch einmal von außen. Tante Paulas Haustür musste wieder ordnungsgemäß abgeschlossen werden. In solchen Dingen war Robbi sehr genau.

»Wo hast du den Trick mit dem Türschloss gelernt?«, erkundigte sich Tobbi interessiert.

»Werkunterricht. Erste Robotklasse. Klick.«

»Kennst du noch mehr solche Tricks?«

»Ein paar schon. Wart's nur ab. Komm, wir müssen uns beeilen«, mahnte Robbi. Er drehte sich um und übernahm die Führung.

So marschierten sie mit langen Schritten durch den dunklen Obstgarten. Ein sanfter Windhauch strich über die Wipfel. Die Bäume raschelten schläfrig mit den Blättern. Ab und zu plumpste ein wurmstichiger Apfel oder eine überreife Birne in das taufeuchte Gras. Und als sie an der kleinen, grünen Gartenpforte ankamen, zwängte sich der Mond gerade zwischen zwei aufgeplusterten Wolkentanten hindurch. Er wollte einen Blick auf Tütermoor und Umgebung werfen. Das tat er fast jede Nacht, obgleich es dort nie etwas Interessantes zu sehen gab.

Jetzt ließ er das Gefieder des Wetterhahnes auf der Kirchturmspitze wunderbar golden aufleuchten; aus dem unscheinbaren Bach am Rande der Wiese machte er eins, zwei, drei eine glitzernde Silberschlange und die unzähligen Tautropfen auf der Wiese verwandelte er in funkelnde Diamanten. Und das alles tat er nur so nebenbei.

Heut aber wunderte sich der Mond zum ersten Mal nach langer Zeit.

»Nanu?«, brummte er und beugte sich weit vor. »Was steht denn da mitten auf der Wiese? Scheint mir eine von diesen neumodischen Flugmaschinen zu sein. Und was ist denn das? Da kommen zwei über die Wiese galoppiert! Den einen kenn ich – das ist Tobbi. Und der andere ...? Den kenn ich nicht! Wollen die etwa mitten in der Nacht auf Reisen gehen? Ts, ts, ts ... was Tante Paula wohl sagt, wenn sie das spitzkriegt!«

Der Mond wiegte sich besorgt hin und her und kratzte sich an seinem Kinn – genau dort, wo ein Mondkrater war, der »Kopernikus« oder so ähnlich hieß. Und er nahm sich vor, die beiden Reisenden nicht aus den Augen zu lassen. Diese Sache war nicht alltäglich; und nicht alltägliche Dinge interessierten den Mond besonders.

»Na – was sagst du nun? Habe ich dir zu viel versprochen?« Der kleine Roboter stellte sich neben das Fliewatüüt und zitterte nicht ohne Stolz mit der Antenne.

Dem Tobbi verschlug's zunächst die Sprache. Das kann passieren, wenn ein Erfinder plötzlich seiner fix und fertigen Erfindung gegenübersteht. Als er sich von der ersten Überraschung erholt hatte, schrie er:

»Mein Fliewatüüt! Hurra! Mein Fliewatüüt!«

»Pst! Nicht so laut!« Robbi legte warnend einen Finger an den Robotermund. »Du schreist ja ganz Tütermoor aus den Betten und Zuschauer können wir jetzt nicht brauchen.«

Tobbi wanderte nun zweimal andächtig um das mattrot schimmernde Riesenei herum. Jede Einzelheit prüfte er mit den Augen des Erfinders. Aber einen Fehler entdeckte er nicht. Robbi hatte sich genau an die Konstruktionszeichnung gehalten: Der Rumpf war eiförmig und lief hinten schön spitz zu; die Luftschraube vierflügelig; zwei stabile Räder vorn und ein kleines Spornrad hinten, die kleine Dampferschraube für den Wasserantrieb war aus Messing und glänzte goldgelb. Ja, selbst die beiden wasserdichten Türen waren vorhanden. Es gab nichts auszusetzen. Das heißt, ob die Türen wirklich wasserdicht waren, musste sich natürlich noch herausstellen.

»Robbi, das hast du wirklich großartig hingekriegt, ehrlich!« Tobbi schüttelte seinem Roboterfreund begeistert die Hand.

»Na ja, – klick – man tut, was man kann«, wehrte Robbi verlegen ab und fügte bescheiden hinzu: »Dir gebührt der Hauptverdienst, denn du bist schließlich der Erfinder.«

»Danke«, murmelte Tobbi und er wurde schon wieder rot vor Stolz.

Robbi war eben nicht nur ein kluger und tüchtiger Roboter, er erkannte es auch an, wenn andere Leute tüchtig waren. Und das war eine besonders feine und liebenswerte Eigenschaft an ihm.

Nun stiegen sie ein, jeder von einer Seite. Dafür gab es ja zwei Türen. Robbi setzte sich auf den linken Sitz für den Chefpiloten und Tobbi auf den rechten Sitz, der für den Kopiloten gedacht war.

Auch innen war alles so geworden, wie Tobbi es in seiner Zeichnung vorgesehen hatte: zwei Pilotensitze, das doppelte Steuer und die drei Hebel – den mit dem roten, dem blauen und dem gelben Knopf. Und hinter den Sitzen, in dem kleinen Gepäckraum, lagen Proviantkiste, Anker, Tauwerk, ein gelber Rettungsring und auch noch zwei Schwimmwesten. Ebenfalls gelb. Die Schwimmwesten hatten noch nicht einmal auf Tobbis Zubehörliste gestanden. Der kleine Roboter hatte anscheinend an alles gedacht.

»Wie läuft der Motor?«, erkundigte sich Tobbi fachmännisch.

»Wie eine geölte Nähmaschine! Wir können unbesorgt starten.«

»Haben wir überhaupt genug Himbeersaft im Tank? Und wie steht es mit dem Proviant?«, lauteten Tobbis nächste Fragen. Unterwegs wurde er immer hungrig; das kannte er vom Eisenbahnfahren her.

Der Roboter sprang aus der Tür und rollte entsetzt mit den Augen.

»Barmherziges Elektronengehirn! Da könnte man doch glatt einen Kurzschluss kriegen«, stöhnte er und schaukelte zerknirscht mit der Antenne.

Tobbi ahnte Schlimmes.

»Was ist denn los?«, fragte er.

»Ich habe keinen Proviant mitgebracht. Keinen Krümel. Total vergessen, klick! Das kommt davon, weil wir Roboter nichts essen, höchstens alle drei Monate mal ein bis zwei Teelöffel voll vom allerbesten Maschinenöl. Was noch schlimmer ist: Himbeersaft habe ich auch nur drei kümmerliche Flaschen auftreiben können. Und das war schon schwierig genug, klick! Man könnte sich die Antenne raufen! Was nun?«

»Das ist natürlich ärgerlich«, meinte Tobbi und dachte einen Moment nach. Dann erklärte er schließlich zögernd: »Wo wir Himbeersaft bekommen können, weiß ich. Und dort, wo der Himbeersaft steht, gibt es auch genug Proviant ...«

»Sag schon – klick – wo?«, fragte Robbi begierig.

»In Tante Paulas Keller!«, platzte Tobbi heraus. »Gerade gestern habe ich mit ihr wegen Himbeersaft verhandelt und sie hat mir welchen versprochen, wenn sie bloß nicht mitzufliegen braucht. Wir könnten uns also den Proviant ausleihen. Tante Paula ist gar nicht so. Aber die

Sache hat trotzdem einen Haken: Wir können unmöglich mit den Sachen durchs Haus trampeln. Dann wird sie wach und ich muss dableiben.«

»Gibt es denn keine andere Möglichkeit?«, meinte Robbi hoffnungsvoll. »Vielleicht ein Kellerfenster oder so was?« Dass sie mit den ganzen Sachen nicht durch das Haus klappern konnten, sah er ein.

»Ja, es gibt ein Kellerfenster. Aber da können wir nicht durchsteigen, weil sich nur eine kleine Luftklappe öffnen lässt.«

»Hm – klick ...«, murmelte der kleine Roboter nachdenklich. »Es gäbe da eine Möglichkeit, wenn ... Los – klick – wir schauen uns die Geschichte mal an Ort und Stelle an.« Er gab Tobbi einen ermunternden Knuff in die Rippen.

»Was hast du eigentlich vor?«, erkundigte sich Tobbi neugierig, während sie durch den Obstgarten zurückschlichen.

»Ich habe da eine sehr praktische Robotereinrichtung, die dir bestimmt gefallen wird«, war Robbis geheimnisvolle Antwort. »Warte ab. Ich sage nur so viel: Es hängt mit der unteren, blauen Taste zusammen.«

Das kleine Luftloch im Kellerfenster ließ sich ohne Schwierigkeiten öffnen. Der Roboter kniete sich hin und schaute sich prüfend mit dem roten Auge in Tante Paulas wohl gefülltem Keller um. Das rote Roboterauge eignete sich übrigens am besten für kurze Entfernungen.

»Es wird gehen!«, sagte er zuversichtlich. »Der Himbeersaft steht günstig – genau gegenüber, auf dem obersten Regal. Jetzt pass auf!«

Und dann drückte er die untere, blaue Taste

Tobbis Augen wurden fast so groß wie Untertassen vor Verwunderung: Robbis rechter Arm – der ohne Ellenbogengelenk – fing an zu wachsen. Er wurde länger, immer länger, fädelte sich durch das kleine Luftloch und verschwand schließlich in der Finsternis des Kellers.

»Ich werd verrückt – ein Teleskoparm!«, staunte Tobbi ehrfürchtig. Denn als Erfinder wusste er diese fabelhafte Robotereinrichtung zu schätzen.

»Sehr richtig. Ein Teleskoparm«, bestätigte der kleine Roboter und sein Teleskoparm zog eine Flasche durch das kleine Luftloch. »Himbeersaft« stand in Tante Paulas krakeliger Handschrift auf dem Etikett.

Robbi kniff zufrieden das rote Auge zu, und als er Tobbi die Flasche gab, bemerkte er vergnügt: »Siehst du, es geht eben nichts über einen gut funktionierenden Teleskoparm!«

Nun ging es Schlag auf Schlag. Robbis Arm fuhr wie der Kolben einer Dampfmaschine hin und her. Und nicht ein einziges Mal kehrte er leer zurück. Die Ausbeute war gut:

Achtzehn Flaschen von Tante Paulas oberprima Himbeersaft, ein halbes Feinbrot, eine Dose Hering in Tomatensoße, eine Tüte Backobst, drei trockene Brötchen, die Tante Paula für die Fleischklößchen aufgespart hatte, eine Pappdose mit Margarine, vier Stück Apfelkuchen, von dem, der auf der Zunge zerging, ein Zipfel Salamiwurst, eine halbe Rolle Harzer Stinkkäse und drei dicke Scheiben Nudelpudding von vorgestern Mittag.

Tobbi hatte in der Zwischenzeit einen Zettel für Tante

Paula geschrieben, damit sie wenigstens wusste, wo ihr Himbeersaft geblieben war. Robbi befestigte den Zettel mit einer Heftzwecke genau an dem Bord, wo Tante Paulas Saft so erschreckend abgenommen hatte.

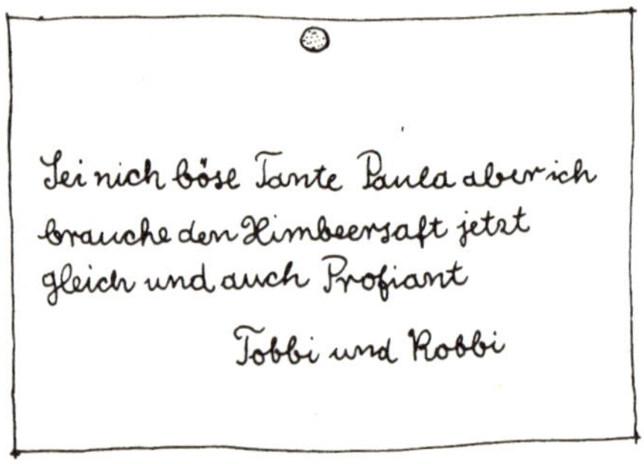

Sie mussten zweimal laufen. Auf einmal konnten sie nicht alles transportieren, obgleich Robbi allein zehn Flaschen nahm.

Dann stapelte Tobbi die Verpflegung in die Proviantkiste, während Robbi so lange Himbeersaft in den Tank füllte, bis er überlief.

Ihrem Start stand nichts mehr im Wege. Sie schnallten sich fest. Tobbi schien noch etwas auf dem Herzen zu haben, denn er fummelte nervös an der Schnalle seines Bauchgurtes herum.

»Du – Robbi ...«

»Ja?«

»Ich meine ... ich dachte ... ich wollte fragen, ob du auch wirklich ...«

»... fliegen kannst?«, half der Roboter seinem Freund

aus der Verlegenheit. »Keine Sorge! Ich habe im Abschlusszeugnis der zweiten Robotklasse ein ›Sehr gut‹ im Fliegen. Genügt dir das?«

»Genügt!«, sagte Tobbi. »Du bist mir doch nicht böse?«

»I wo, keine Spur! Klick!«

VIERTES KAPITEL

Von nun an findet alles in der Luft statt – oder fast alles. Ein älteres, kinderloses Rotkehlchenpaar regt sich fürchterlich auf; ein vergoldeter Wetterhahn fällt in Ohnmacht; ein magerer Apfelsinengroßhändler wird unhöflich und einem ehrbaren Storchenvater sind Leuchttürme schnurz und schnuppe.

Der Start verlief planmäßig. Der kleine Roboter gab die notwendigen Kommandos. Tobbi wiederholte sie, zum Zeichen, dass er alles richtig verstanden hatte.

»Angeschnallt?«

»Jawohl – angeschnallt.«

»Fertig?«

»Fertig!«

»Vollgas!«

»Vollgas!«

Robbi schob den Hebel mit dem feuerroten Knopf langsam nach vorn. Der Propeller über ihren Köpfen drehte sich schneller und schneller. Und als er zu einer blitzenden Scheibe geworden war, erhob sich das Fliewatüüt von der taufeuchten Wiese hinter dem Obstgarten und stieg senkrecht in den sternklaren Nachthimmel.

Kein Mensch in Tütermoor bemerkte diesen nächtlichen Start; denn die Tütermoorer gingen immer mit den Hühnern ins Bett und um diese Zeit schliefen sie wie die Murmeltiere.

Ein älteres, kinderloses Rotkehlchenehepaar allerdings,

das zufällig in dem knorrigen Butterbirnenbaum direkt neben der Startwiese wohnte, wurde wach, streckte die Köpfe über den Nestrand und regte sich fürchterlich auf.

»Ruhestörender Lärm ... Unverschämtheit! Man sollte diese künstlichen Flugapparate verbieten! Wir werden uns beim Tierschutzverein beschweren ...«, zwitscherten sie empört.

Das Fliewatüüt schwebte inzwischen schon in Höhe der Kirchturmspitze.

»Na, wie fühlst du dich so in der Luft?«, erkundigte sich Robbi. Dabei steuerte er lässig mit einer Hand. Das konnte sich allerdings auch nur ein Roboter aus der dritten Robotklasse leisten.

»Ich? Wie's mir geht? Och – eigentlich ganz prima. Bloß ...« Tobbi musste heftig schlucken.

»Bloß du hast so ein kitzliges Gefühl in der Magengegend. Stimmt's?«

»Ja, so was Ähnliches ...«, gab Tobbi zu und musste wieder schlucken.

»Einfach nicht dran denken – dann geht es bald vorbei«, riet Robbi. »Pass auf, jetzt fliege ich dir erst einmal ein paar Kurven vor. Dann kommst du auf andere Gedanken.«

Und nun flog der kleine Roboter ein paar Kreise rund um den Wetterhahn. Tobbi vergaß seinen »Magenkitzel«, so erstaunt war er. Er hätte nur den rechten Arm weit auszustrecken brauchen, dann hätte er dem Wetterhahn glatt eine goldene Schwanzfeder ausrupfen können. So eng waren die Kreise!

»Toll machst du das. Wirklich toll!«, schrie Tobbi begeistert.

Der goldene Wetterhahn war durchaus nicht begeistert. Kein Wunder: Er war in die Propellerböen geraten und drehte sich nun wie ein Karussell um die eigene Achse.

»Gemeinheit ... oooh ... Norden Osten Süden Westen ...«, zeterte er. Ihm wurde ganz schwindelig, weil er sich sonst doch nur sehr langsam drehte. »Herrje, wo kommt nur der Wind her? Oooooh – uuuuuh ... Süden Norden, oh ... mir wird schlecht ... Himmel ... oooooooooh ...«

Der goldene Wetterhahn fiel in Ohnmacht. Und es war ein Glück für ihn, dass man ihn seinerzeit so gut an der Kirchturmspitze angenietet hatte, sonst wäre er bestimmt hinuntergepurzelt.

»Das reicht«, sagte Robbi und legte die Maschine wieder gerade.

»Wollen wir noch schnell eine Abschiedsrunde über Tante Paulas Dach fliegen?«, fragte Tobbi. »Sie hat's verdient – allein schon wegen dem Himbeersaft.«

Tobbi hatte ein etwas schlechtes Gewissen; aber er beruhigte sich damit, dass er ja einen Zettel unter den Lampenfuß gelegt hatte. Und außerdem war Tante Paula eine ziemlich vernünftige Tante, die sicherlich einsehen würde, wie wichtig die Reise war ...

»Geht in Ordnung«, brummte Robbi und flog zehn Meter über Tante Paulas Strohdachhaus eine genau abgezirkelte Acht. Und noch eine. Ein Eiskunstläufer hätte das auf seiner spiegelglatten Eisbahn nicht besser ma-

chen können. Der kleine Roboter war wirklich ein hervorragender Pilot und er hatte sein »Sehr gut« im Fliegen verdient.

Dann flogen sie in Richtung Mond davon. Nicht sehr hoch, aber auch nicht zu tief, damit sie nicht in eine Hochspannungsleitung hineingerieten.

»Wie soll's nun weitergehen?«, erkundigte sich Robbi. »Unseren Reiseweg bestimmst du am besten. Du kannst besser fragen und hast in solchen Dingen mehr Erfahrung.»

»Dann schlage ich vor, dass wir zuerst einmal unser Fliewatüüt auf der Landstraße ausprobieren, damit wir wissen, ob auch alles funktioniert. Danach machen wir uns auf die Suche nach dem gelb-schwarz geringelten Leuchtturm«, meinte Tobbi.

»Und wie gedenkst du den komischen Leuchtturm zu finden?«

»Mir wird schon etwas einfallen«, erwiderte Tobbi ohne Zögern. »Irgendwo finden wir schon jemanden, der den gelbschwarzen Leuchtturm kennt. Wir müssen uns eben durchfragen.«

Ein paar Minuten später entdeckte Robbi mit seinen scharfen Roboteraugen eine geeignete Straßenkreuzung, auf der weit und breit kein Auto zu sehen war. Das war sehr wichtig. Wie leicht konnte ein großes Auto ein kleines Fliewatüüt überrollen. Dann wäre die Reise vorzeitig zu Ende gewesen und sie wären im Krankenhaus gelandet.

»Achtung – wir landen!«, sagte Robbi kurz.

»Wir landen«, wiederholte Tobbi und bediente dieses Mal den roten Hebel schon selbst.

Das Fliewatüüt schwebte sanft wie eine Feder dem Erdboden zu. Genau am Straßenrand legte der Roboter eine prima Landung hin. Ohne »Bums«.

Tobbi nahm nun die notwendigen Hebelgriffe vor: Hebel mit dem gelben Knopf nach unten – die vier Flügel der Luftschraube falteten sich, wie vorgesehen, nach hinten zusammen. Hebel mit dem blauen Knopf auf Stellung »Landantrieb«. Damit war der Motor auf die beiden Vorderräder gekuppelt.

Nun schaltete Tobbi noch die beiden kleinen Straßenscheinwerfer ein. Eigentlich hätte er das zuerst erledigen müssen und er nahm sich vor bei der nächsten Nachtlandung daran zu denken.

Robbi gab ein wenig Gas. Gehorsam setzte sich das Fliewatüüt in Marsch.

»Alles hat prima funktioniert«, bemerkte Tobbi erleichtert.

»Das wollte ich auch gehofft haben!«, knurrte Robbi.

Sowohl der Erfinder als auch der Erbauer freuten sich jetzt, dass alles zur Zufriedenheit geklappt hatte.

»Flug, Start, Landung und Rollen haben wir nun ausprobiert«, meinte Tobbi. »Jetzt fehlt uns nur noch die Schwimmprobe. Aber davor ist mir auch nicht bange ...«

»Von vorn kommt ein Auto angerast«, rief Robbi dazwischen. Er steuerte das Fliewatüüt an den Straßenrand und stoppte. »Junge, hat der einen Zahn drauf!«, brummte er unbehaglich.

Zwei helle Scheinwerfer näherten sich beängstigend schnell. Kurz darauf hielt ein dicker Straßenkreuzer unmittelbar neben dem Fliewatüüt. Seine Bremsen kreischten unangenehm laut.

Was mochte der wollen?

Der Wagenschlag öffnete sich und ein spindeldürres Männchen mit einer Hornbrille stieg aus. Es war der Apfelsinengroßhändler Karl-Eduard Fruchtpelle. Im Augenblick war er besonders schlecht gelaunt, weil die Geschäfte nicht gut gingen und sich seine Frau einen neuen Pelzmantel wünschte. Deshalb war er wütend und wollte seine Wut an irgendjemandem auslassen.

»He! Sie da, mit Ihrem Chausseefloh! Können Sie nicht abblenden? Ich werde Sie anzeigen!«, kreischte Karl-Eduard Fruchtpelle. Sehr Furcht erweckend sah er allerdings nicht aus.

Dabei waren die kleinen Lampen des Fliewatüüts so schwach, dass sie nur einen matten Schein auf die Straße warfen.

»Oje, das fängt ja gut an!«, stöhnte Tobbi.

»Unsere Lampen nicht abgeblendet? Bei dem piept's wohl!«, knurrte Robbi. »Und besonders höflich ist er auch nicht gerade. Klick. Soll ich ihn mal mit dem Teleskoparm ...«

»Nein – nicht!«, flüsterte Tobbi und hielt Robbis Hand fest, die schon nach der blauen Teleskoptaste griff. »Ich weiß viel was Besseres: Wir machen einen Blitzstart und fliegen ihm vor der Nase weg. Dann glaubt der bestimmt, er sähe Gespenster! Er wird Reißaus nehmen und gar nicht mehr daran denken, uns bei der Polizei anzuzeigen.«

»Prächtiger Einfall! So machen wir es«, flüsterte der kleine Roboter zurück. »Ich möchte sowieso nicht gern etwas mit der Polizei zu tun haben. – Fertig?«

»Los!«, sagte Tobbi.

Blitzschnell nacheinander bediente er den gelben, den blauen und den roten Hebel. Das Fliewatüüt hob sich vom Straßenrand ab und surrte los. Dabei steuerte Robbi

so haarscharf über Karl-Eduard Fruchtpelles Kopf hinweg, dass das Spornrad dessen Hut wegrasierte.

»E-e-es spukt!«, stotterte Karl-Eduard. Er schloss entsetzt die Augen, als hätte er eine Hexe auf einem Besen in den Himmel reiten sehen. Um seinen Hut kümmerte er sich nicht. Er drehte sich um und raste zurück zu seinem chromblitzenden Straßenkreuzer, als sei ihm mindestens ein Löwe auf den Fersen.

»Luise«, wimmerte er, »Luise, gerade eben ist mir ein Auto vor der Nase weggeflogen. Schnell weg – hier spukt's.« Von Technik hatte Karl-Eduard Fruchtpelle keine Ahnung. Noch viel weniger aber von einem Fliewatüüt, das auf der Landstraße fahren und sich plötzlich in die Luft heben konnte.

»Nimm dich zusammen, Karl-Eduard!«, sagte Luise, seine Frau, ärgerlich. »Es spukt nicht. Du kannst bloß nicht gucken. Du brauchst eine neue Brille – das ist alles.«

Der Apfelsinengroßhändler Karl-Eduard Fruchtpelle murmelte etwas Unverständliches vor sich hin. Dann brauste er mit aufheulendem Motor davon ...

Das Fliewatüüt war inzwischen schon wieder hoch in der Luft. Tobbi und Robbi kicherten und freuten sich über den gelungenen Blitzstart. Robbi rollte vor Vergnügen mit den Roboteraugen und mit dem Fliewatüüt machte er verwegene Bocksprünge. Beinahe hätte es dabei ein Unglück gegeben: Plötzlich ragte vor ihnen in der Dunkelheit ein hoher Fabrikschornstein auf. Robbi konnte gerade noch rechtzeitig einen Luftsprung machen und über das Hindernis weghüpfen.

»Das ist noch mal gut gegangen! Klick!«, rief er und wackelte schuldbewusst mit der Antenne. »Beinahe hätte ich einen Storch gerammt.«

»Einen Storch gerammt? Wieso das?« Tobbi hatte im Dunkeln nicht alles sehen können.

»Oben auf der Schornsteinspitze hat ein Storch sein Nest gebaut«, klärte Robbi seinen Freund auf.

»Halt!«, sagte Tobbi nun. »Lass uns schnell umkehren und den Storch nach unserem gelb-schwarz geringelten Leuchtturm fragen. Vielleicht hat er ihn zufällig irgendwo gesehen, denn Störche sind weit gereiste Leute. Soviel ich gehört habe, machen sie jedes Jahr eine längere Afrikareise.«

»Schön«, erwiderte der kleine Roboter und steuerte das Fliewatüüt ganz nahe an das Storchennest heran.

»Ach, Verzeihung – kennen Sie zufällig einen gelb-schwarz geringelten Leuchtturm?«, fragte Tobbi den Storchenvater höflich.

Der Storchenvater klappte verschlafen ein Auge auf. Er war müde von der Froschjagd und daher nicht besonders gesprächig.

»Leuchtturm ...? Gelb-schwarz ...? Geringelt ...? Nie gesehen!«, brummte er, wechselte sein Standbein und klappte das Auge wieder zu.

Leuchttürme waren dem Storchenvater schnurz und schnuppe – egal, ob sie lila, blau kariert oder gelb-schwarz geringelt waren. Seiner Meinung nach hatte sich ein Storch um Nest, Frau, Kinder, feuchte Wiesen und fette Frösche zu kümmern. Und das tat er.

»Dann entschuldigen Sie bitte die Störung«, sagte

Tobbi ein wenig enttäuscht. Er hatte fest mit einer Auskunft gerechnet.

Robbi wollte gerade wieder Gas geben, da öffnete der Storch noch einmal das gleiche Auge und klapperte schläfrig:

»Möchte Ihnen noch einen guten Rat geben: Lassen Sie das mit dem Leuchtturm ... schlechter Nistplatz ... Dach viel zu spitz ... keine feuchten Wiesen ... keine fetten Frösche ... nicht zu emp...feh...len ...« Die letzten Worte wurden immer leiser. Der Storchenvater klappte Auge und Schnabel zu und schlief endgültig ein.

Robbi gab Gas.

»Ich glaube, der hat uns mit irgendeinem Vogel verwechselt, der auf der Suche nach einem Nistplatz ist«, kicherte Tobbi laut los.

»Na ja, woher soll ein biederer Storchenvater auch wissen, dass dies ein Fliewatüüt ist«, nahm Robbi den Storchenvater in Schutz. »Denk an Tante Paula – die hat es auch nicht begriffen.«

»Da hast du allerdings recht«, gab Tobbi zu und hörte sofort mit dem Kichern auf.

»Das Schlimmste ist – nun sind wir nicht klüger als vorher.«

Tobbi legte seine Stirn wieder einmal in die berühmten »Erfinderdenkfalten«. Zusätzlich massierte er sich noch mit dem Zeigefinger die Nase, denn das regt auch die Gedanken an.

»Still!«, sagte er. »Ich muss mal eben ganz scharf nachdenken.«

Robbi schwieg ehrfürchtig. Er steuerte so behutsam,

dass das Fliewatüüt nicht einmal um einen halben Zentimeter in der Luft schwankte – nur um Tobbi nicht beim Nachdenken zu stören.

Dann rückte Tobbi mit seiner neuen Idee heraus: »Wir müssen sofort einen Fluss suchen oder meinetwegen auch einen Bach.«

»Fluss? Bach? Willst du mitten in der Nacht baden?«

»Pass auf, ich erklär's dir«, ließ Tobbi sich nun vernehmen. »Das ist ganz einfach: Das Wasser fließt immer nur bergab. Und alle Bäche fließen in einen kleinen Fluss – alle kleinen Flüsse in einen großen Fluss – alle großen Flüsse in einen noch größeren Strom und alle Ströme münden irgendwo in einem Meer. Auf Strömen und Meeren fahren die großen Schiffe und wo große Schiffe fahren, gibt es auch Leuchttürme. Sie weisen den Schiffen nämlich den Weg. Wir brauchen uns jetzt nur einen passenden Bach oder Fluss zu suchen und stromab den Weg bis zum Meer verfolgen. Dann werden wir bei den Leuchttürmen ankommen. Und dort sehen wir weiter.«

»Große Elektronenkiste! Auf die Idee wäre ich niemals gekommen! Klick!«, jubelte der kleine Roboter.

Es dauerte gar nicht lange, da fanden sie einen netten, kleinen Fluss. Er glänzte und glitzerte im Mondlicht, als wäre er flüssiges Silber. Solange der Mond schien, konnten sie diesen Wegweiser unmöglich aus den Augen verlieren. Und selbst wenn der Mond nicht mehr schien, würde Robbi ihn noch mit seinen fabelhaften Roboteraugen erkennen können.

Hin und wieder wurde das Silberband von einem schwarzen Querbalken unterbrochen. Das war dann eine

Brücke. An einer besonders schön geschwungenen Brücke – eine Eisenbahnbrücke war es – leistete sich der kleine Roboter ein fliegerisches Kunststück: Er schoss auf die Wasseroberfläche zu und – flog frech zwischen zwei Pfeilern unter der Brücke durch!

Dann kurvte er wieder steil nach oben.

»Na – wie habe ich das gemacht, klick?«

»Himmel – meine Nerven!«, stöhnte Tobbi, der bei diesem Manöver die Luft angehalten hatte. »Das nächste Mal sag mir bitte vorher Bescheid, wenn du solche Zicken vorhast.«

»Ich will daran denken«, lachte der Roboter und fügte beruhigend hinzu: »Es ist weiter nichts dabei. Man braucht nur eine sichere Hand und ein gutes Augenmaß. Solche Sachen gehören übrigens zu unserem Roboter-Kunstflugprogramm. Und dir werde ich sie auch noch beibringen.«

Als im Osten schon der Morgen graute, erreichten sie den großen Strom.

Breit und majestätisch floss er dahin, wie es sich für ein Gewässer geziemte, das direkt mit dem Meer verwandt – sozusagen ein Vetter von ihm war. Das Bett des großen Stromes war mindestens zehnmal so breit wie das von einem mittelgroßen Fluss. Wenn man auf dem einen Ufer stand, konnte man das andere Ufer nur als blassen, grünen Strich erkennen. Gerade jetzt warf die Sonne ihren ersten prüfenden Morgensonnenblick über den Horizont und über das Wasser huschte ein zarter rosaroter Schimmer.

Robbi klopfte seinem Kopiloten anerkennend auf die Schulter.

»Das mit den Bächen und Flüssen hat geklappt. Der große Strom liegt unter uns.«

»Und das mit den großen Schiffen stimmt auch«, sagte Tobbi und zeigte nach unten, wo mehrere Dampfer ihres Weges zogen.

»Na, dann werden die Leuchttürme wohl auch bald auftauchen«, brummte Robbi und setzte zu einer großen Schleife an.

Ein kleiner Frachtdampfer zog flussabwärts, ein mächtiger Passagierdampfer mit zwei eidottergelben Schornsteinen folgte ihm dichtauf. Ihnen entgegen dampfte ein bulliger Schlepper, der pechschwarze Rauchwolken ausstieß und sich abmühte drei träge, sandbeladene Schuten stromauf zu schleppen. Alle Schiffe zogen ihre »Fußspur«, einen weiß schäumenden Kielwasserstreifen, hinter sich her. Und wenn dieser Kielwasserstreifen Buckel oder Zickzacks aufwies, konnte man sicher sein, dass der Matrose am Ruderrad nicht aufgepasst und schlecht gesteuert hatte.

Die Schiffe verständigten sich in einer besonderen Sprache. Die großen Dampfer brummten mit einem tiefen, dröhnenden Bass, die etwas kleineren heulten, dass einem das Trommelfell klapperte, und die ganz kleinen pfiffen piepsig und bescheiden.

»Tuut tuuuuut tuuuuut tuut!«, fuhr der Dicke mit den eidottergelben Schornsteinen seinen kleinen Vordermann mit dem roten Schornsteinring an. Das hieß: Platz da, ich will überholen!

»Tööööööt töt töt töt ... püt«, heulte der Kleine. Das »püt« heulte er allerdings so leise vor sich hin, dass es der

Passagierdampfer nicht hören konnte. Seine Antwort hieß: Bitte, von mir aus! Und gute Reise! Und das leise »püt« bedeutete: Alter Angeber! Kein Wunder, dass es der große Dicke nicht hören sollte ...

Tobbi gähnte mehrmals hintereinander, wobei ihm die Augen zufielen.

»Müde?«, fragte Robbi. »Soll ich landen?«

Er bekam schon keine Antwort mehr, Tobbi war eingeschlafen. Das war auch wirklich nicht verwunderlich. Er war mitten in der Nacht aufgestanden, hatte einige Überraschungen verdauen und anschließend die ganze Nacht aufpassen und scharf nachdenken müssen. Und ein Mensch braucht eine bestimmte Menge Schlaf, im Gegensatz zu einem Roboter, der überhaupt nicht zu schlafen braucht.

Robbi entdeckte eine kleine, grüne Flussinsel und entschloss sich, an der Ostseite dieser Insel zu wassern. Nachdem er einen Kreis geflogen hatte, wasserte er so sanft, dass es kaum einen Spritzer gab und Tobbi noch nicht einmal mit den Augenlidern zuckte.

Dann untersuchte der kleine Roboter, ob vielleicht irgendwo Wasser in die Kabine eindrang. Doch es blieb alles knochentrocken. Das Fliewatüüt hatte hiermit auch die Schwimmprobe bestanden. Robbi warf den Anker aus, damit sie nicht von der Strömung weggetrieben werden konnten.

Als der kleine Roboter einen Blick auf den schlafenden Tobbi warf, murmelte er besorgt: »Ich fürchte, er liegt nicht bequem.«

Deshalb machte er schnell aus Tobbis Reserve-Unterhemden eine kleine Schlummerrolle, die er ihm fürsorglich unter den Kopf schob, und dann deckte er ihm noch den Mantel über die Knie. Erst dann streckte er seine Roboterbeine aus, kniff das rote Auge zu und bewachte mit dem grünen den Schlaf seines Freundes.

FÜNFTES KAPITEL

Jetzt wimmelt's von Leuchttürmen! Allerdings ist auch ein Radarturm darunter, und der macht Schwierigkeiten. Auch ein tätowierter Bootsmann macht Schwierigkeiten. Das ärgert Robbi so, dass er seinerseits dem Bootsmann Schwierigkeiten macht. Zum Glück macht ein netter Erster Offizier keine Schwierigkeiten.

Als Tobbi aufwachte, stand die Sonne schon hoch am Himmel. Robbi umkreiste gerade den dritten Leuchtturm. Es war einer von der kurzen Sorte – dick wie ein Heringsfass und schneeweiß wie Tante Paulas Nachtmütze.

»Nanu? Schon wieder in der Luft? Und ich dachte ...« Tobbi riss gewaltsam die Augen auf. »Warum hast du mich denn nicht früher geweckt?«

»Weil du einen klaren Kopf brauchst. Und einen klaren Kopf bekommst du nur, wenn du ausgeschlafen hast!«, erklärte Robbi nachdrücklich. Er ging in den Steigflug über, um aus größerer Höhe nach weiteren Leuchttürmen Ausschau zu halten.

»Mhm ... Eigentlich hast du recht.« Tobbi wischte sich den letzten Schlaf aus den Augen und dann fühlte er sich frisch und unternehmungslustig.

Das Fliewatüüt stieg höher und höher. Einhundert – zweihundert – dreihundert Meter flogen sie jetzt über dem großen Strom dahin, der seine Fluten unermüdlich in Richtung auf das Meer zuwälzte. Zuletzt war das Fliewatüüt nur noch ein silbrig glänzendes Pünktchen an einem wolkenlosen Himmel.

Tobbi schaute staunend auf die Landschaft, die unter ihnen dahinzog. Es war das erste Mal, dass er die Erde bei Tageslicht von oben sah. Er konnte sich gar nicht sattsehen, so neu und so wunderschön war der Anblick.

»Du, Robbi, von oben sieht die Welt aus wie ein bunter Flickenteppich. Und Bäume, Häuser und Brücken – alles scheint nur Spielzeug zu sein.«

»Richtig!«, erwiderte der kleine Roboter. »Je höher man steigt, desto kleiner wird die Welt. Dafür kann man dann auch weiter sehen. Nur wenn man mitten durch die Wolken fliegt, wird alles zu einem weißgrauen, dampfenden Brei. Ist man aber über den Wolken, so scheint die Sonne wieder, und man bildet sich ein über ein Watte-

gebirge zu fliegen. Doch die Berge dort droben sind nicht schroff und eckig, sondern kugelig und schön abgerundet. Dabei verändern sie dauernd ihre Gestalt und dort, wo das Gebirge ein Loch hat, schimmert die Erde hindurch.«

»Sieh mal, dort unten ist schon wieder einer! Na, Leuchttürme scheint es hier ja reichlich zu geben«, sagte Tobbi und zeigte schräg nach unten.

Nahe dem Flussufer ragte ein langer, dünner Pfahl aus dem Wasser. Er war nur durch einen schmalen Damm mit dem Festland verbunden. Zweifellos ein Leuchtturm, aber Genaueres war aus dieser Höhe nicht festzustellen.

»Es sieht mir nicht danach aus, als ob er gelb-schwarz geringelt wäre«, knurrte Robbi. »Wir wollen ihn uns mal aus der Nähe ansehen.« Er ließ das Fliewatüüt rasch nach unten sinken.

In Tobbis Ohren knackte es verdächtig.

»Ich hab ein Gefühl, als hätte ich Wasser in den Ohren«, sagte er und bohrte in seinen Ohrmuscheln herum.

»Kräftig schlucken, mein Sohn, dann geht's vorüber«, riet ihm der Roboter. »Dieses Ohrensausen haben viele Leute, wenn sie in einem Flugzeug sitzen, das schnell sinkt oder steigt. Hat irgendetwas mit dem Luftdruck zu tun. Genauer weiß ich's auch nicht.«

Robbi hatte richtig vermutet: Es war nicht der gelb-schwarze Leuchtturm. Er war spindeldürr wie ein Laternenpfahl und schwarz-rot kariert wie ein Clown.

»Schon wieder eine Niete!«, schimpfte der kleine Roboter.

Tobbi musste lachen. »Du kannst sicher sein, für eine knifflige Roboter-Prüfungsaufgabe haben sie einen Leuchtturm ausgesucht, der nicht so leicht zu finden sein wird. Aber irgendwo entdecken wir ihn schon und wenn ich tausend Fragen stellen müsste!«

Tobbis zuversichtliche Worte gaben Robbi neuen Mut. Er wackelte gleich wieder fröhlich mit der Antenne.

Vier Minuten später entdeckten die beiden einen höchst sonderbaren Turm. Er sah anders aus als die normalen Leuchttürme. Seine Farbe war ein bescheidenes Schiefergrau und oben herum trug er einen breiten Hut, sodass er fast wie ein Riesenpilz aussah. Rings um den Hutrand reihten sich die Fenster dicht an dicht, wie bei einer Glasveranda. Aber das Allermerkwürdigste befand sich auf der Turmspitze: Dort drehte sich ein Gitterschirm ruhelos um die eigene Achse.

»Das ist kein Leuchtturm, sondern ein Radarturm«, klärte Robbi seinen Freund auf. »Das, was sich dort um sich selber dreht, ist eine Radarantenne. Und das Radargerät, welches dazugehört, befindet sich in der komischen Glasveranda.«

»Radargerät?«, wiederholte Tobbi nachdenklich. »Ist das nicht die berühmte Erfindung, mit der man bei Nacht und im Nebel sehen kann?«

»Stimmt. Aber so wie mit den Augen kann man damit natürlich nicht sehen. Dafür aber sehr viel weiter. Und gleichzeitig kann man noch die Entfernung damit messen.« Dann fügte Robbi noch hinzu: »Alles, was dieses Radargerät sieht, zeichnet es gleichzeitig auf einen Leuchtschirm auf, der so ähnlich wie ein Fernsehschirm konstruiert ist, bloß viel größer. Ein fahrendes Schiff ergibt zum Beispiel einen grünlich schimmernden Punkt, der langsam weiterwandert, ein Flugzeug einen kleineren Punkt, der sich schneller bewegt.«

»Und ein Fliewatüüt?«, fragte Tobbi gespannt.

»Unser Fliewatüüt ergibt nur einen winzig kleinen Punkt ... Moment mal! Ich will eben meine Antenne auf Funkwellen umschalten, dann kann ich feststellen, ob sie uns orten.« Der kleine Roboter drückte die obere, rote Taste – dieselbe, mit der er auch sein Röntgenauge bediente –, aber er drückte sie zweimal hintereinander. Dann berichtete er: »Tatsächlich, ich empfange Messstrahlen, die müssen uns unten auf dem Schirm haben.«

»Was sind Messstrahlen?«, wollte Tobbi nun wissen.

»Diese kreisende Antenne sendet fortwährend Funkstrahlen in alle Himmelsrichtungen aus. Wenn diese Strahlen nun auf ein Schiff, ein Flugzeug oder ein Fliewatüüt treffen, kehren sie blitzschnell um und werden wieder von der Antenne aufgefangen. Ja, und dann tauchen sie als Lichtpunkt auf dem Leuchtschirm auf. Lass uns tiefer gehen. Dann können wir mal einen Blick durch die Fenster in den Radarraum werfen.«

Robbi begann den Radarturm in Höhe der vielen Fenster langsam zu umkreisen. So konnten sie hineinschauen. Sie sahen den großen Leuchtschirm in der Mitte und noch viele andere Apparate und Geräte. Aber sie sahen auch, wie die beiden Männer, die Dienst taten, aufgeregt nach draußen zeigten und mit ihnen im Kreise herumgingen. Sie schienen sehr erschrocken zu sein.

Drinnen im Radarturm herrschte tatsächlich große Aufregung.

»Hast du das gesehen?«, sagte der erste Radarmann zu seinem Kollegen. »In diesem komischen Flugapparat sitzt ein Roboter.«

»Die kommen bestimmt von einem anderen Planeten. Wer weiß, was die vorhaben!«, rief der zweite Radarmann ängstlich.

»Das müssen wir sofort melden. Sofort!« Der erste Radarmann rannte an das Funksprechgerät und schrie ins Mikrofon: »Hallo, Zentrale! Hallo, Zentrale! Hier spricht Radarturm Richard Toni Drei. Bitte kommen!«

»Zentrale an Richard Toni Drei – bitte kommen!«

»Wichtige Meldung: Kleiner, unbekannter Flugapparat umkreist Richard Toni Drei.« Die Stimme des ersten Radarmannes schnappte vor Erregung über, als er weitersprach: »Der geheimnisvolle Flugapparat ist mit mindestens einem Roboter bemannt. Befürchten, dass es Leute von einem anderen Planeten sind.«

Die Stimme der Zentrale klang ziemlich ärgerlich, als sie antwortete: »Zentrale an Radarturm. Sie sehen Gespenster, Richard Toni Drei! Roboterbesatzung ... Von einem anderen Planeten ... Unmöglich! Schauen Sie gefälligst noch einmal genau nach!«

»Die Zentrale glaubt uns nicht«, rief der Radarmann dem Kollegen zu.

»Es stimmt aber!«, erwiderte der. »Ich seh's ganz genau: Ein Roboter sitzt am Steuer. Und neben ihm sitzt ein kleiner Blonder.«

»Richard Toni Drei an Zentrale: Beobachtung stimmt.

Wiederhole: Beobachtung stimmt! Flugzeugtyp völlig unbekannt. Wiederhole: völlig unbekannt! Maschine kreist immer noch um den Turm.«

»Zentrale an Richard Toni Drei: verstanden. Beobachtung stimmt. Wir geben Alarm. Werden Verfolgung aufnehmen und Flugkörper zur Landung zwingen. Sollte er wegfliegen, versuchen Sie ihn auf dem Schirm zu behalten. Ende.«

Tobbi hatte die ganze Zeit über etwas sagen wollen, aber Robbi hatte ihm bedeutet still zu sein, denn er lauschte der Funksprech-Unterhaltung zwischen Richard Toni Drei und der Zentrale, die er auch mithilfe seiner fabelhaften Roboterantenne mithören konnte.

»Verflixte Elektronenkiste!«, stieß er erschrocken hervor. »Tobbi, wir kriegen Ärger! Man hält uns für einen unbekannten Flugapparat von einem anderen Stern – klick – und will uns zur Landung zwingen. Wahrscheinlich schickt man uns Flugzeuge auf den Hals. Wir müssen weg. Wenn ich das geahnt hätte, wäre ich in einem großen Bogen um den Radarturm herumgeflogen. Klick.«

Und noch während er das sagte, flog Robbi auch schon eine enge Kurve und schob dann den roten Gashebel bis zum Anschlag nach vorn. Das Fliewatüüt machte einen Satz und brummte wie eine zornige Hornisse. Tobbi verspürte an dem verstärkten Fahrtwind, dass sie mit Höchstgeschwindigkeit flogen.

»Hoffentlich erwischen sie uns nicht!«, sagte er beklommen.

»Hoffentlich nicht!«, knurrte Robbi grimmig. »Diese modernen Düsenflugzeuge fliegen unheimlich schnell –

viel schneller als wir. Uns kann nur unsere Wendigkeit retten.«

Eine Zeit lang sagte keiner von den beiden ein Wort. Tobbi hielt nach hinten Ausschau. Robbi konzentrierte sich auf das Fliegen. Er flog etwa einen Kilometer vom Flussufer entfernt über saftige, grüne Wiesen, auf denen schwarzbunte Kühe weideten. Und er flog ziemlich tief, weil er wusste, dass Radarturm Richard Toni Drei sie so am schlechtesten beobachten und orten konnte.

Plötzlich sagte der kleine Roboter: »Es wird ernst, Tobbi. Die Flugzeuge kommen. Ich höre schon, wie die Piloten sich miteinander und mit ihren Bodenfunkstellen unterhalten ... Aha! Eben hat Richard Toni Drei, der Radarturm, ihnen unseren Standort durchgegeben. Zu dumm, dass es hier keine Berge gibt!«

»Weshalb?«, fragte Tobbi, obwohl ihm das Herz bis zum Hals schlug.

»Dann würden wir in einer tiefen Schlucht untertauchen. Dort könnten uns die Flugzeuge nichts anhaben und orten könnte man uns auch nicht, weil die Radarstrahlen nicht quer durch die Berge hindurchgehen. Hier ist leider nichts zu machen. Diese Gegend ist weit und breit so eben wie ein Fußballrasen.«

Nun vernahmen sie ein Dröhnen, das sich schnell zu einem schrecklichen Heulen steigerte.

»Sie kommen! Hinter uns!«, schrie Tobbi schrill.

Genau im richtigen Moment machte Robbi mit dem Fliewatüüt einen Satz nach unten und blieb ruckartig auf der Stelle stehen. Mit ohrenbetäubendem Pfeifen jagten zwei Flugzeuge über sie weg.

»Siehst du, sie sind zwar schneller als wir – aber in der Luft stehen bleiben können die nicht«, frohlockte der kleine Roboter.

»Sollen wir nicht lieber landen und versuchen auf der Landstraße zu entkommen?«, fragte Tobbi.

»Das hat keinen Zweck, klick. Dort wird uns die Polizei mit schnellen Autos verfolgen.«

»Und auf dem Wasser?«

»Da erwischen sie uns auch. Wir brauchen dringend ein Versteck.«

In diesem Augenblick kamen die beiden Flugzeuge wieder angebraust. Sie hatten wegen ihrer großen Geschwindigkeit eine weit ausholende Kurve fliegen müssen.

Djiiiiiiiiuiiuuuh ... djiiiiiiiiuuuuuh ...!

Noch einmal glückte dem kleinen Roboter der Trick mit dem Stoppen. Doch die Sache ging nicht ganz so glatt wie beim ersten Mal. Die Verfolger flogen nämlich so dicht über das Fliewatüüt weg, dass es von den Druckwellen wie ein Blatt im Sturmwind umhergewirbelt wurde. Selbst Robbi knirschte mit den Roboterzähnen und hatte Mühe, die Maschine, die wie ein störrischer Maulesel bockte, wieder in seine Gewalt zu bekommen.

Er wackelte empört mit der Antenne. Aber als er einen Blick nach unten warf, sah er etwas, was ihn frohlocken ließ: Genau unter ihnen schlängelte sich ein kleiner Fluss auf den großen Strom zu. Und was noch wichtiger war: Zu beiden Seiten war der Fluss von wahren Schilfwäldern eingesäumt!

»Ha! Klick! Klick! Gleich sind wir von der Bildfläche verschwunden!«, jubelte Robbi.

Dann handelte er blitzschnell. Die Flugzeuge hatten ihre Umkehrschleife noch nicht halb durchmessen, da hing das Fliewatüüt schon dicht über dem Schilfdickicht. Robbi stellte den Motor ab – es gab einen Plumps und die Schilfhalme schlugen über der Maschine zusammen. Nun saßen sie in einer grünen Höhle.

»Djiiiiiiiiiuuuuuh ... djiiiiiiiiiuuuuuh!«, heulte es über ihren Köpfen. Die schlanken Schilfhalme bogen sich, um sofort wieder zurückzuschwenken.

»Hier sind wir sicher«, meinte Robbi vergnügt. »Die können uns von oben nicht sehen, denn dazu fliegen sie viel zu schnell. Und Richard Toni Drei kann uns hier nicht orten, weil die Strahlen nicht durch das dichte Schilf dringen.«

»Das war ein Versteck in höchster Not«, seufzte Tobbi erleichtert. »Weshalb hast du übrigens den Motor so früh abgestellt?«

»Unsere Luftschraube hätte wie eine Mähmaschine die Schilfhalme abgesäbelt, mein Lieber. Und dann wäre unsere Tarnung weg gewesen.«

Ein paar Mal noch flogen die Flugzeuge über ihr Versteck weg. Aber da sie nichts entdecken konnten, gaben sie die Suche nach dem Fliewatüüt auf. Ihr Motorengeräusch verklang in der Ferne.

Um Tobbi und Robbi wurde es still. Sie hörten das leise Zischeln der Schilfhalme, das zarte Flöten der Rohrdommeln und ab und zu auch das lockende »Gakgak« einer Entenmutter. Sie blieben noch eine Weile in ihrem grünen Versteck. So wie die Maus, die in ihrem Mauseloch abwartet, bis sie ganz sicher ist, dass die Katze bestimmt nicht wieder zurückkommt. Tobbi vertilgte die drei Stücke von Tante Paulas vorzüglichem Nudelpudding und zum Nachtisch gönnte er sich eine dicke Scheibe Salamiwurst. Dann klopfte er sich auf den Bauch und meinte:

»So, das hält erst einmal eine Weile vor. Hm – glaubst du, dass die Flugzeuge wiederkommen?«

»Nein. Die denken bestimmt, wir haben uns in Luft aufgelöst. Ich glaube, wir können uns jetzt langsam davonschleichen.«

Der kleine Roboter schaltete den blauen Hebel auf »Wasserantrieb«. Das Fliewatüüt tuckerte nun gemütlich zwischen den Schilfwäldern dahin, bis es wieder am großen Strom ankam. Dort wendeten sie sich nach links und starteten; aber sie flogen so dicht über der Wasseroberfläche am Flussufer entlang, dass sie hinter der hohen Uferkante verschwanden. Und erst nachdem sie eine volle Stunde so geflogen waren, ließ Robbi das Fliewatüüt wieder zum blauen Himmel emporsteigen.

Gewissenhaft hielten sie wieder nach Leuchttürmen Ausschau. Sie umkreisten alle Türme, hüteten sich aber, wieder in die Nähe eines Radarturmes zu geraten.

»Wenn du mich fragst«, knurrte Robbi, »hier muss jemand Leuchttürme ausgesät haben und alle sind angewachsen – nur dieser blöde gelb-schwarze nicht!«

Tatsächlich gab es im Gebiet des großen Stromes geradezu unheimlich viele Leuchttürme. Alle schauten verschieden aus: lang, kurz, dünn, dick, rund, viereckig, eisern und steinern. In den Farben waren sie bunter noch als Papageien. Das Einzige, was es in der »Leuchtturmsammlung« nicht gab, war ein schiefer, ein lilafarbener und – ein gelbschwarz geringelter Leuchtturm.

Am späten Nachmittag erreichten sie die Mündung des großen Stromes, einen riesengroßen Trichter, dessen Öffnung dem Meer zugewandt war. Die Flut drückte das Wasser in den Trichter hinein und die Ebbe zog es wieder heraus. Aber wenn der Wind von Westen her heulte und pfiff, wurde der Trichter zu einem Tor, durch das Tausende, ja Millionen von schaumköpfigen Wellen ins Innere des Landes marschierten.

»Schau, Robbi, das Meer!«

Tobbi wurde ganz ehrfürchtig zumute, als er das viele Wasser sah. Er hatte zwar schon Teiche und auch einige größere Seen gesehen, aber noch niemals ein richtiges, unendlich großes, blaues Meer. Und dieses Meer, das jetzt vor ihnen lag, schien unendlich groß zu sein; denn von einem Ende war nirgends etwas zu erblicken. Außerdem war es so schön blau, wie richtige Meere sein müssen.

Der kleine Roboter war nicht so begeistert. Er machte sich nichts aus Wasser, ganz gleich, ob es sich nun in Flüssen, Meeren und Seen befand oder aus der Wasserleitung kam.

»Na ja, es ist nicht übel, das Meer«, gab er schließlich widerstrebend zu. »Aber für meinen Geschmack ein bisschen zu viel von diesem Wasser. Ich bin heilfroh, dass du das Fliewatüüt auch als Wasserfahrzeug konstruiert hast ... ich – ich kann nämlich nicht schwimmen. Klick!«

»Aha, deshalb also die beiden gelben Schwimmwesten«, lachte Tobbi. Er hatte sich schon gewundert, weshalb der Roboter sie von sich aus mitgebracht hatte.

»Ja, deshalb! Klick!«, brummte Robbi und schaute unbehaglich auf die endlose, blaue Weite hinaus.

Tatsächlich – wohin sie auch blickten, war nichts anderes als Wasser zu sehen. Herrliches, tiefblaues Wasser. Kein einziges Fleckchen Land. Und dort, wo man meinte, das Meer müsste zu Ende sein, vermischten sich Wasser und Luft miteinander und man konnte das eine nicht mehr von dem anderen unterscheiden. Das war dann der Horizont.

»Na, endlich ein Kollege! Wir sind also doch nicht ganz allein«, sagte Robbi erfreut und zeigte nach vorn. Das war allerdings ein ziemlich großer »Kollege«, der da vor ihnen durch das Wasser pflügte. Es war ein mächtiger Überseedampfer, der einen breiten, schnurgeraden Schaumstreifen hinter sich herzog.

»Den dicken Kasten müssen wir uns näher ansehen!«, rief Tobbi und schaute fragend auf den Roboter. Der nickte und schob den roten Gashebel einen Fingerbreit nach vorn.

Das Schiff mochte gut und gern seine einhundertachtzig Meter lang sein.

Vier hohe Masten standen auf dem Deck und acht Ladebäume, die schräg in den Himmel zeigten, vervollständigten den Mastenwald. Das Schiff – es war ein Frachtdampfer – hatte vier Ladeluken: zwei vorn und zwei achtern. In der Mitte ragte ein hoher Aufbau mit vielen Fenstern empor: die Kommandobrücke! Kurz dahinter stand der moderne, ovale Schornstein, der aber keine Rauchwolken ausstieß. Das hatte er auch gar nicht nötig, denn das Schiff besaß einen Dieselantrieb.

Robbi wurde ungeduldig.

»Was ist nun mit unserem Leuchtturm?«, erkundigte er sich besorgt. »Schließlich muss ich ja bald wissen, wo ich eigentlich hinsteuern soll.«

Tobbi hörte nur mit halbem Ohr zu. Er schaute interessiert auf den Dampfer. Und da schoss ihm eine fabelhafte Idee durch den Kopf. Das heißt, ob die Idee wirklich so fabelhaft war, wusste Tobbi noch nicht.

»Kannst du auf einem kleinen Platz landen?«, fragte er plötzlich.

»Natürlich! Ich kann überall landen«, brummte Robbi und nahm wieder ein wenig Gas weg.

»Auch wenn sich der Landeplatz bewegt?«

»Ich kann auf einer Briefmarke landen, während sie durch die Luft segelt!«, behauptete der Roboter und schaukelte lässig mit der Antenne.

Tobbi packte nun seine Idee aus: »So? Dann lande doch mal eben unten auf dem Dampfer. Meinetwegen auf der vorderen Ladeluke.«

»Was haben wir denn auf dem Schiff zu suchen?«, fragte Robbi verblüfft.

»Ich will mich nach unserem gelb-schwarz geringelten Leuchtturm erkundigen. Was denn sonst? Wenn die dort unten es nicht wissen, dann weiß es keiner. Schließlich sind's ja gerade die Schiffe, die sich nach den Leuchttürmen richten müssen«, sagte Tobbi triumphierend.

»Klick!«

Das war alles, was der kleine Roboter dazu sagte. Tobbi hatte recht und deshalb hielt er sich nicht erst lange mit unnützen Reden auf. Er setzte sofort zur Landung an.

Oder zur Wasserung. Beides stimmte. Es handelte sich sozusagen um eine Landung auf dem Wasser.

Drei Minuten später passierten viele Dinge zur gleichen Zeit:

Ein Fliewatüüt ließ sich wie ein Riesenbrummer auf Luke 1 nieder. Und kaum war der Propeller zur Ruhe gekommen, da kletterten zwei kleine Gestalten heraus. Auf dem Dampfer setzte ein wildes Rennen und Rufen ein. Von der Kommandobrücke her brüllte jemand durch ein Megafon. Eine Sirene heulte auf. Matrosen stürzten auf das Deck.

Dann wurde die Sache kritisch. Eine vierschrötige Gestalt sprang mit einem Satz auf die Ladeluke und baute sich vor Robbi und Tobbi auf. Das war der Bootsmann, nach dem Kapitän und den Schiffsoffizieren der wichtigste Mann an Bord. Er sah verwegen und abenteuerlich aus. Die Ärmel seines Hemdes waren aufgekrempelt und ließen ein Paar muskelbepackte Arme sehen. Und diese Arme waren nicht nur Arme, sondern gleichzeitig eine Gemäldegalerie: Sie waren von oben bis unten tätowiert! Rechts balancierte ein schnurrbärtiger Seelöwe eine langhaarige Meerjungfrau auf der Nase und links ringelte sich eine ausgewachsene Seeschlange vom Handgelenk bis zum Oberarm hinauf. Oben angekommen, wurde das Vieh auch noch frech und streckte die Zunge heraus.

Leider fanden Tobbi und Robbi keine Zeit, diese Kunstwerke ausgiebig zu bewundern. Tobbi hatte gerade den Mund aufgemacht, um dem tätowierten Herrn zu erklären, weshalb sie hier so überraschend gelandet waren, da musste er ihn wieder zuklappen. Denn jetzt sprach der Bootsmann. Er sprach nicht – er brüllte:

»Kreuzdonner und Paukenschlag! Was habt ihr Kroppzeug, ihr Luftratten, hier an Bord zu suchen, he? Und was ist das für 'n komischer Blechbuhmann?« Er zeigte auf Robbi, während er mit der anderen Hand den armen Tobbi hin und her beutelte.

Das hätte er lieber nicht tun sollen!

Robbis Teleskoparm zischte heraus, und ehe der riesige Bootsmann auch nur »piep« sagen konnte, wurde er wie eine alte Kommode drei Meter weit über den Lukendeckel geschoben. Dabei zischte der Roboter wie ein siedender Wasserkessel:

»Hände weg von meinem Freund! Klick! Sie ... Sie tätowierter Kleiderschrank! Klick! Sonst lass ich Sie – klick – glatt in der Luft verhungern. Und das kostet mich nur ein müdes Roboterlächeln! Klick!«

Den »komischen Blechbuhmann« hätte Robbi ihm ja noch zur Not verziehen, aber dass man seinem Tobbi an den Kragen wollte, das war ihm zu viel. Das brachte ihn in Wut! Und wenn Robbi wütend war, wurde er gefährlich!

Der Bootsmann stand auf seinem neuen Platz und wusste gar nicht, was mit ihm geschehen war. So schnell war alles gegangen! Er stierte ungläubig auf einen wutentbrannten, kleinen Roboter, der mit einem grünen Auge linksherum und mit einem roten Auge rechtsherum rollte. Und das ging über seinen Verstand!

Das ist ja ein ganz gefährlicher Knirps! Wer weiß, was dahintersteckt ..., dachte er bei sich. Deshalb beschloss er höflicher zu werden und sagte laut: »Ich muss euch – äh – Sie zum Kapitän bringen. Kommen Sie – äh – bitte mit!«

»Zum Kapitän wollten wir gerade!«, rief Tobbi, der nun endlich zu Wort kam.

Alle drei kletterten von der Ladeluke herunter, wobei der Bootsmann ihnen sogar behilflich war. Dann marschierte er voran; Tobbi folgte ihm und der Roboter machte das Schlusslicht. In dieser Reihenfolge ging es über das lange Deck, durch ein Spalier von neugierigen Matrosen, bis zum mittleren Aufbau. Dort mussten sie vier Treppen hochsteigen, denn die Kommandobrücke oder kurz »Brücke« genannt, befand sich ganz oben in der zweitobersten Etage. Wegen der besseren Übersicht.

»Erst bin ich ein ›Blechbuhmann‹ und nun muss ich auch noch Treppen steigen ... Mir bleibt auch nichts erspart!«, maulte der Roboter leise vor sich hin. »Wenn das so weitergeht, muss ich bald wieder mein Kniegelenk einölen.« Treppensteigen gehörte nämlich auch zu den Dingen, die Robbi nicht so gerne mochte.

Auf der Brücke angekommen, meldete der Bootsmann: »Herr Kapitän! Hier bringe ich die beiden blinden Passagiere ... ähem ... ich meine die beiden kleinen Herren.« Dabei warf er einen furchtsamen Seitenblick auf den kleinen Roboter.

»Danke, Bootsmann, Sie können wegtreten!«, sagte der Kapitän.

Er war ein kräftiger Mann mit einem gesunden, wettergebräunten Gesicht. Auf den Ärmeln seines dunkelblauen Uniformjacketts waren vier goldene Streifen – das Zeichen eines Kapitäns. Neben ihm stand sein Erster

Offizier. Er war noch jung, hatte ein fröhliches, sommersprossiges Gesicht und drei goldene Streifen auf den Ärmeln. Und beide schauten jetzt etwas ratlos auf einen kleinen Jungen und einen kleinen Roboter.

»Was fällt euch ein ohne Erlaubnis auf meinem Schiff zu landen? Wollt ihr mir das mal erklären?«, fragte der Kapitän streng und runzelte die buschigen Augenbrauen.

Tobbi fasste sich ein Herz und trat einen Schritt vor. Wenn der Kapitän auch noch so grimmig dreinschaute – jetzt mussten sie durchhalten! Seine Verbeugung fiel in der Aufregung etwas schief aus und seine Stimme klang ängstlich:

»Herr Kapitän, Herr Kapitän! Bitte! Wir sind keine blinden Passagiere!«

»Soso. Blinde Passagiere seid ihr also nicht! Und was seid ihr denn?« Die buschigen Augenbrauen waren schon nicht mehr ganz so streng gerunzelt. Anscheinend hatte die schiefe Verbeugung doch einen guten Eindruck gemacht. Deshalb nannte Tobbi nun schnell ihre Namen:

»Ich bin Tobias Findteisen und der da ist mein Freund Robbi, ein Roboter aus der dritten Robotklasse. Wir wollten bloß eben fragen …«

»Ein Roboter aus der dritten Robotklasse …? Zum Kuckuck! Was ist das schon wieder?«, unterbrach ihn der Kapitän, schob seine Kapitänsmütze in den Nacken und blickte Hilfe suchend auf seinen Ersten Offizier.

Der kleine Roboter trat von einem Plätteisenfuß auf den anderen, denn er fühlte sich sehr unbehaglich. Daher knuffte er Tobbi in die Seite und tuschelte: »Los, nun stell endlich deine Frage!«

»Wir wollten bloß mal eben fragen, ob Sie vielleicht einen gelb-schwarzen Leuchtturm kennen. Es muss aber ein gelb-schwarz geringelter Leuchtturm sein – einen anderen können wir nicht brauchen!«, stellte Tobbi nun seine wichtige Frage.

»Wozu, um alles in der Welt, braucht ihr einen gelb-schwarz geringelten Leuchtturm?«, fragte der Erste Offizier verblüfft.

»Weil wir ihn für die erste Roboter-Prüfungsaufgabe haben müssen. Es ist sehr wichtig!«, gab Tobbi Auskunft.

»Roboter-Prüfungsaufgabe … Das wird ja immer verrückter!«, brummte der Kapitän kopfschüttelnd. Dann warf er einen kurzen Blick auf den Kompass und knurrte den Mann am Steuerrad an: »Rudergänger! Steuern Sie geradeaus und keine Bäckerkringel!«

Der Matrose, der das Steuerrad bediente, hatte ebenfalls gespannt zugehört und darüber das Steuern vergessen. Und so etwas merkt ein Kapitän natürlich sofort.

»Na, ihr beiden, wie wär's, wenn ihr uns die Geschichte näher erklären würdet? Mal sehen – vielleicht kann ich dann in der Leuchtturmangelegenheit etwas für euch tun«, sagte nun der Erste Offizier.

Das war ein faires Angebot!

Robbi gab seinem Tobbi wieder einen Knuff. »Los, los, nun erzähl schon!«

Und Tobbi ließ sich nicht zweimal bitten. Er berichtete von ihrem Fliewatüüt, das er erdacht und das Robbi gebaut hatte, von ihrem Nachtflug zum großen Strom und von der mühsamen Leuchtturmsuche. Ganz zum Schluss erklärte er dann die Sache mit der kniffligen Roboter-Prüfungsaufgabe und die Gesichter seiner Zuhörer wurden immer erstaunter.

»Alle Achtung! Eure Geschichte ist ja mindestens so aufregend wie die vom Fliegenden Holländer«, sagte der nette, junge Schiffsoffizier und klopfte Tobbi begeistert auf die Schulter.

Der Kapitän rückte seine Kapitänsmütze wieder gerade und zog die Ärmel glatt. Sein Gesicht sah gar nicht mehr grimmig aus, sondern wohlwollend und väterlich.

»Das ist wahrhaftig eine interessante Story!«, brummte er anerkennend. »So etwas habe ich noch nie gehört und dabei fahre ich doch schon fast dreißig Jahre über alle Meere. Man lernt eben nie aus.« Er blinzelte seinem jungen Offizier zu und meinte: »Das verändert die Sache natürlich. Was meinen Sie, Erster, können wir den beiden Luftschiffern helfen?«

Der Erste blinzelte zurück.

»Ich denke schon, Herr Kapitän. Werde sofort im Leuchtfeuerverzeichnis nachsehen.«

Das Leuchtfeuerverzeichnis ist ein sehr wichtiges Buch, das auf allen Schiffen vorhanden sein muss. Darin sind alle Leuchttürme verzeichnet, die es auf der Welt gibt. Und darin ist auch beschrieben, wie sie aussehen, wie hoch sie sind und ob sie weißes, rotes oder grünes Licht führen, Blitze, Flackerfeuer oder Dauerfeuer ausstrahlen. Das müssen die Kapitäne und Offiziere wissen, damit sie nach den Leuchttürmen navigieren können.

Kurze Zeit später kam der Erste Offizier zurück. Er gab Tobbi einen Zettel. Auf dem stand:

Leuchtturm: fünf gelbe, fünf schwarze Ringe. Standort: mitten im Meer. Höhe über der Wasserlinie: 28 Meter. Kennung: weißer Lichtblink von drei Minuten Dauer. Unterbrechung von 30 Sekunden. Weißer Lichtblink von drei Minuten Dauer.

Dann zeigte er ihnen eine Karte, in die er zwei Kreuze und eine dünne Verbindungslinie mit Bleistift eingetragen hatte. Er tippte mit dem Zeigefinger auf das untere Kreuz und erklärte:

»Das hier ist unser jetziger Schiffsstandort. Und das andere Kreuz ist der Standort des gelb-schwarzen Leuchtturms. Die Verbindungslinie ist der Kurs und damit die Richtung, die ihr fliegen müsst. Verstanden?«

»Alles verstanden!«, beteuerten Robbi und Tobbi gemeinsam.

»Die Karte könnt ihr behalten«, fuhr der Erste fort. »Und diesen kleinen Taschenkompass schenke ich euch, damit ihr euren Kurs auch genau einhalten könnt.«

Tobbi und Robbi bedankten sich. Dann schüttelten sich alle die Hände und wünschten sich gegenseitig »Glückliche Reise«.

Nun wurden sie vom Kapitän und seinem Ersten Offizier bis an ihr Fliewatüüt geleitet. Das war eine große Ehre. Denn ein Kapitän mit vier goldenen Ärmelstreifen steigt während der Reise nur in Ausnahmefällen von seiner hohen Kommandobrücke herunter.

Und als sie starteten, winkte ihnen die ganze Besatzung nach, soweit sie abkömmlich war und nicht gerade unten im Maschinenraum ihren Dienst verrichtete. Nur der tätowierte Bootsmann fehlte. Er machte sich ganz vorn, im vordersten Teil des Schiffes, zu schaffen, dort, wo die Farben und das Reservetauwerk lagerten. Er mochte sich nicht sehen lassen, weil er sich so blamiert hatte.

»Das war ein anstrengender Tag, aber er hat sich gelohnt«, bemerkte Tobbi schläfrig.

»Das kann man wohl sagen«, brummte Robbi. »Mach jetzt die Augen zu und schlaf, Tobbi. Ich halte den Kurs. Und morgen fange ich an, dir das Fliegen beizubringen.«

»Au fein ...«, murmelte Tobbi, schloss die Augen und schlief ein.

SECHSTES KAPITEL

Manches klingt unglaublich. Dass ein Leuchtturmwärter seit fünfunddreißig Jahren keinen Urlaub gehabt hat, klingt unglaublich! Dass ein Roboter maschinell Kartoffeln schälen kann, klingt noch unglaublicher! Aber dass eine Riesenkrake mit dem seltenen Namen »Annarita« in der Südsee ganze Schiffe ... Nein, das klingt am unglaublichsten!

Der gelb-schwarz geringelte Leuchtturm stand mitten im Meer. Haargenau auf dem Mittelpunkt. So war das nämlich berechnet worden.

Leuchttürme, die mitten in einem Meer stehen, sind außergewöhnlich selten: Es gibt nur diesen einen – den gelb-schwarz geringelten! Und selbst den hätte es nicht gegeben, wenn nicht auch zufällig an der gleichen Stelle ein unterseeischer Berg gewesen wäre, dessen Gipfel bis dicht unter die Wasseroberfläche reichte. Denn worauf hätte man den gelb-schwarzen Leuchtturm sonst wohl bauen sollen? Das Wasser ringsum war tausend Meter tief.

Bei Schönwetter, wenn die Sonne vom Himmel lachte, war es dort draußen herrlich. Dann leuchtete das Meer blau und gläsern und die Wellen plätscherten fröhlich um den Turmfuß. Die Möwen segelten elegant durch die Luft, machten Kunstflüge oder saßen rundherum auf dem Geländer der Turmgalerie und ruhten sich aus. Die Wolken ließen sich Zeit; sie bummelten gemächlich über den Himmel und sahen harmlos wie lockere Wattebäusche aus.

Aber nicht immer war das Wetter schön. Das wäre auch langweilig gewesen. Da gab es Tage, an denen tobten schwere Stürme oder gar ein Orkan über das Meer hinweg. Dann wurde es ungemütlich. Sehr ungemütlich sogar! Die Wolken sahen nicht mehr harmlos aus – sie fegten schwarz und drohend dicht über die Leuchtturmkappe hinweg und der Sturm jagte sie mit seiner Böenpeitsche unbarmherzig nach Osten. Haushohe Wellen schäumten gegen den Turm, sodass die schwere, eiserne Turmtür dröhnte und klirrte. Sogar die Leuchtturmgalerie, die doch hoch droben um den Turm herumführte, triefte vom Salzwasser, und an dem eisernen Geländer hingen große Schaumflocken.

Zu einem Leuchtturm gehört ein Leuchtturmwärter. Und der Leuchtturmwärter des gelb-schwarz geringelten Turmes hieß »Glücklicher Matthias«. Das ist ein seltener Name. Aber der Glückliche Matthias war auch ein Leuchtturmwärter, wie es nur selten einen gab. Er betreute den gelb-schwarz geringelten Turm nun schon seit fünfunddreißig Jahren und hatte ihn noch keinen einzigen Tag allein gelassen. Nicht einmal für eine Stunde! Er verzichtete auf seinen Urlaub, weil er sich nur dort draußen auf dem Meer glücklich fühlte. Deshalb hieß er auch »Glücklicher Matthias«.

Matthias war ein mittelgroßer, vierschrötiger Mann, der zwar schon recht alt, aber immer noch kerngesund war. Das machte die gute Meeresluft. Die Sonne hatte ihn dunkelbraun verbrannt. Man hätte ihn glatt mit einem Indianerhäuptling verwechseln können, wenn er statt der Leuchtturmwärtermütze einen Schmuck aus

Adlerfedern getragen hätte und seine lustigen Seemannsaugen nicht so unwahrscheinlich meerwasserblau gewesen wären. Rund um seinen Kopf wuchs nur noch ein Haarkranz, der eine spiegelblanke Glatze einrahmte. Doch seine schönste Zierde bestand aus einem schneeweißen, gekräuselten Schifferbart, der unter seinem rechten Ohrläppchen anfing, rund um das ganze Gesicht über das Kinn herumführte und beim linken Ohrläppchen aufhörte. Um seine meerwasserblauen Augen hatte der Glückliche Matthias unzählige kleine Lachfältchen. Es sah aus, als ob er hinter einer zersplitterten Fensterscheibe hervorschaue. Matthias lachte gern und er fand auch immer etwas, worüber er schmunzeln konnte. Und wenn es einmal gar nichts anderes zum Lachen gab, dann lachte er eben über sich selber.

In diesem Augenblick lehnte Matthias an dem Geländer der Turmgalerie und schaute durch ein langes Fernrohr.

»Potz Klippfisch und Kabeljau!«, brummte er verwundert. »Was segelt denn da für 'n Möwenei durch die Luft? Oder sollte etwas mit meinem Kieker nicht stimmen?«

Er setzte das Fernrohr ab und wischte mit seinem blau gewürfelten Taschentuch über die Linsen. Dann schaute er noch einmal lange und gründlich hindurch. Es blieb dabei: Das »segelnde Möwenei« kam genau auf seinen gelb-schwarz geringelten Leuchtturm zugeflogen.

»Matthias!«, sagte er laut zu sich selber. »Matthias, du bekommst Besuch, so viel ist sicher. Zieh deine Leuchtturmwärtersonntagsjacke an. Das wird sich wohl gehören, wenn man Besuch bekommt.«

Woher wusste der Glückliche Matthias, dass er Besuch bekam? Er wusste es nicht; er ahnte das nur. Aber seine Ahnungen erwiesen sich gewöhnlich als zutreffend. Genauso, wie er schon vorher in seiner großen Zehe spürte, wenn ein Sturm im Anmarsch war. Und das stimmte auch immer. Übrigens sprach er laut mit sich selber, weil er ja sonst niemanden hatte, mit dem er hätte reden können. Und reden musste er, denn sonst würde er in den fünfunddreißig einsamen Jahren wohl die Sprache verlernt haben.

Matthias schob sein langes Fernrohr zusammen und begab sich eilig in seine Leuchtturmwärterstube. Er musste noch einige Vorbereitungen treffen. Zunächst setzte er den großen, kupfernen Wasserkessel auf das Herdfeuer und schob vorsorglich noch zwei Briketts in die Glut. Dann rannte er an seinen Kleiderschrank, um seine Leuchtturmwärtersonntagsjacke hervorzusuchen. Vor genau achtzehn Jahren hatte er zum letzten Mal Besuch gehabt und seit der Zeit hatte er seine Jacke nicht mehr angehabt.

»Na, hoffentlich haben die Motten mir meine Jacke nicht inzwischen aufgefressen ...«, brummelte er vor sich hin, als er die Schranktür öffnete.

Länger als zwei Tage waren Tobbi und Robbi nun schon über ein gottlob ruhiges Meer geflogen. Aber als die Sonne im Westen tiefer sank, schob sich plötzlich ein dünner Balken senkrecht über den Horizont.

»Da! Das muss unser Leuchtturm sein!«, schrie der kleine Roboter. Er kniff das rote Roboterauge zu, um mit dem grünen besser in die Ferne schauen zu können. Das war um dieselbe Zeit, als Matthias durch sein Fernrohr schaute und ein »segelndes Möwenei« entdeckte.

Vier Minuten später konnte auch Tobbi mit seinen Menschenaugen die gelben und schwarzen Farbstreifen erkennen, die sich um den schlanken Turm ringelten. Der Leuchtturm ragte einfach so aus der Wasserfläche auf, als hätte man einen bunt bemalten, kräftigen Pfahl in den Meeresboden gerammt und dann dort vergessen.

»Hurra! Wir haben den gelb-schwarzen Burschen endlich gefunden!«, rief Tobbi überglücklich. »Ich hab's ja immer gewusst – die Idee mit der Landung auf dem Dampfer war goldrichtig.«

»Goldrichtig! Klick-klick!«, gab Robbi neidlos zu.

Nun machte Tobbi drei verwegene Bocksprünge mit dem Fliewatüüt. Jawohl, Tobbi! Er bediente das Steuer. Der Roboter hatte den langen Flug über das ruhige Meer dazu ausgenutzt, seinen Kopiloten auszubilden. Und Tobbi war schon ein verlässlicher Kopilot geworden. Normalerweise dauert eine solche Flugausbildung sehr viel länger. Aber in seinem Fall trafen ein paar glückliche Umstände zusammen: Das Fliewatüüt war eine kleine, besonders wendige Maschine, die sich gut fliegen ließ; der kleine Roboter war ein außergewöhnlich guter Fluglehrer und Tobbi war ein selten gelehriger Schüler, der den Flugapparat selber erfunden hatte und daher mit allen technischen Einrichtungen vertraut war.

Lachend warnte Robbi: »He, werd mir bloß nicht übermütig! Noch bist du kein Kunstflieger! Aber mir scheint, du hast das Zeug dazu.«

Das hörte Tobbi nicht ungern. Denn wer ist wohl nicht geschmeichelt, wenn seine Fähigkeiten wohlwollend gelobt werden.

Dann übernahm Robbi wieder selber das Steuer. Er traute Tobbi durchaus zu, dass er den Leuchtturm umkreisen konnte – schließlich hatte er ihn das Kurvenfliegen gelehrt –, aber Tobbi musste am Leuchtturm wieder das Reden übernehmen.

Der Glückliche Matthias hatte inzwischen großen Ärger mit seiner Leuchtturmwärtersonntagsjacke. Es waren nicht die Motten! Es waren die Knöpfe! Der arme Matthias bekam sie einfach nicht mehr zu. Er war in den vergangenen achtzehn Jahren zu dick geworden. Er zog den Bauch ein; er hielt die Luft an – nichts half. Nur den allerobersten Knopf konnte er schließlich in das Knopfloch zwängen und selbst das war schon schwierig genug.

»Potz Speigatten und Spickaal!«, knurrte er und klopfte sich auf seinen stattlichen Schmerbauch. »Matthias, alter Junge, du bist zu dick! Dir täten täglich drei Kniebeugen und ein Dauerlauf rund um die Turmgalerie gut.«

»Niemand zu sehen. Scheint keiner da zu sein«, meinte Tobbi, der Ausschau hielt, während Robbi fleißig den gelb-schwarz geringelten Leuchtturm umkreiste.

»Das ist nicht möglich«, sagte der Roboter, »ein Leuchtturm mitten im Meer – und dann kein Leuchtturmwärter? Gibt's ja gar nicht!«

Natürlich gibt es das nicht. Aber die beiden konnten nicht ahnen, dass Matthias solchen Ärger mit seiner

Jacke hatte und deshalb noch nicht zur Begrüßung erschienen war.

Aber als Robbi gerade die sechste Runde um den Leuchtturm beendete, stürzte der Glückliche Matthias aus der

Turmtür auf die Galerie. Mit offenem Jackett! Und die Leuchtturmwärterextramütze mit dem goldenen Leuchtturmabzeichen für dreißigjährige Dienstzeit saß ihm verwegen schief auf dem Kopf.

»Da ist er!«, schrie Tobbi.

Robbi stoppte sofort das Fliewatüüt und ließ es in Höhe der Galerie auf der Stelle schweben.

Matthias warf beide Arme in die Luft, sodass die Jackenzipfel flatterten, und legte mit seiner Begrüßung los:

»Drei Hurras für meinen Besuch – Hurra! Hurra! Hurra!«

Das war eine echte Seemannsbegrüßung. Vor mehr als fünfunddreißig Jahren war der Glückliche Matthias auf richtigen großen Segelschiffen über die Weltmeere gefahren. Zuerst als Schiffsjunge, später als Vollmatrose und zuletzt als Bootsmann. Deshalb segelte bei ihm auch alles – ganz gleich, ob es als Dampfer durch das Wasser pflügte oder als Fliewatüüt durch die Luft sauste.

»Wir danken für die freundliche Begrüßung«, sagte Tobbi erfreut und beugte sich weit hinaus. »Dürfen wir Sie vielleicht auf Ihrem Leuchtturm besuchen?«

»Das will ich sogar stark hoffen!«, schmunzelte der Glückliche Matthias. »Wo ich doch so selten Besuch kriege. Ihr seid herzlich willkommen. Die eiserne Leuchtturmtür unten steht offen. Die Strickleiter habe ich ausgehängt.« Er hob mahnend den Zeigefinger. »Aber seid schön vorsichtig, dass ihr mir nicht ins Wasser purzelt, ihr beiden Luftakrobaten.«

»Danke für die Einladung«, rief Tobbi noch schnell, während sich das Fliewatüüt schon nach unten senkte.

Matthias beugte sich über das eiserne Geländer und brummte kopfschüttelnd: »Potz Hummer und Haifischflossen! Die Welt wird immer moderner...«

Eine Minute später schaukelte das Fliewatüüt auf dem Wasser, unmittelbar neben der Strickleiter. Sie führte zu einem kleinen Balkon hinauf, denn von dort aus führte die eiserne Tür in das Innere des Turms. Bei Leuchttürmen, die im Wasser stehen, müssen die Eingangstüren natürlich sehr hoch angebracht und besonders stabil sein, sonst würden sie schon gleich beim ersten Sturm zertrümmert werden. Auch eine feste Treppe würde sich nicht halten. Deshalb wird eine Strickleiter ausgehängt, die der Leuchtturmwärter vor jedem Sturm einholen kann.

»Bindet euer fliegendes Ei gut an, sonst segelt's womöglich von allein los«, schrie Matthias von der Galerie herunter.

Tobbi und Robbi beherzigten den guten Rat. Sie banden vier Knoten in jedes Ende des Festmachetaus. Das musste genügen.

Und dann ging die Kletterei los.

Robbi setzte seinen »Plätteisenfuß« auf die Strickleiter, die hin und her schaukelte, und stöhnte: »Oh, dieses ewige Treppensteigen, klick! Es kommt noch so weit, dass mir 'ne Sicherung durchbrennt!«

»Keine Müdigkeit! Ich werde schon auf dich aufpassen!«, hänselte Tobbi ihn. Als der Gelenkigere kletterte er hinter Robbi her und schob nach, so gut es ging.

Im Turminneren ging die Treppensteigerei erst richtig los. Dort führte die Wendeltreppe nach oben, deren Stufen sie ja für die erste Roboter-Prüfungsfrage zählen mussten. Bei jeder fünften Stufe machte der Roboter »klick« und er musste viele Male »klick« sagen, bevor sie oben waren. Auch Tobbi zählte leise mit. Aber nur spaßeshalber, denn es war so gut wie ausgeschlossen, dass Robbi sich verzählen würde.

Endlich waren sie oben.

»Es sind genau ... klick ...«

»... einhundertsiebenundsiebzig Stufen«, beendete der Glückliche Matthias Robbis Satz. Er trat gerade durch die Tür, um seine Gäste zu empfangen, und blinzelte vergnügt mit seinen wasserblauen Augen. »Ich weiß das zufällig genau, weil ich hier Leuchtturmwärter bin«, fügte er hinzu.

»Stimmt, klick!«, sagte der kleine Roboter.

»Jawohl, ich habe mitgezählt«, bekräftigte Tobbi.

Dann machten sie sich miteinander bekannt und schüttelten sich gegenseitig erfreut die Hände.

»Robbi – Roboter der dritten Robotklasse. Klick«, stellte sich Robbi höflich vor.

»Tobbi – Erfinder. Dritte Volksschulklasse«, verbeugte sich Tobbi.

»Matthias, genannt der ›Glückliche Matthias‹, Leuchtturmwärter«, brummte der Glückliche Matthias verbindlich. Dann schmunzelte er über das ganze Gesicht und meinte: »Das trifft sich prächtig. Einen Roboter wollte ich schon immer gerne mal kennenlernen. Und einen Erfinder auch. Seid mir willkommen auf meinem einsamen Leuchtturm!«

Er führte seinen Besuch in die Leuchtturmwärterstube.

Die war kreisrund; denn eine viereckige Stube konnte es in einem runden Turm nicht gut geben. Durch drei runde Fenster – dieselben, die auf den Schiffen »Bull-eyes« genannt werden, bekam die Leuchtturmwärterstube ausreichend Tageslicht. Das Zimmer enthielt nicht viele Möbelstücke: ein Bett, zwei Stühle, einen Tisch, ein geblümtes Sofa, einen Schrank und eine Kommode. Ja, und noch einen Herd und auf einer Kiste gleich daneben eine riesengroße Muschel. Eine Muschel, so groß wie eine Abwaschschüssel!

In dieser Riesenmuschel wusch der Glückliche Matthias täglich sein Geschirr ab. Auf der Kommode stand ein herrliches Segelschiffsmodell mit vier Masten, das Matthias selbst gebaut hatte. Auf einem Bord darüber lagen drei Flaschenschiffe. Sie waren winzig klein und die Flaschen waren mit rotem Siegellack versiegelt. Über dem runden Tisch hing eine Petroleumlampe. In ihrem kupfernen Petroleumbehälter, den Matthias jeden Freitag putzte, konnte man sich spiegeln. An der runden Wand hing allerlei getrocknetes Seegetier: Seesterne, ein ganz kleines Krokodil, Seespinnen, Krebse, Seeigel, Seenadeln, ein Hummer und ein kleiner Tintenfisch. Er war der Verschrumpeltste von der ganzen Meeresgesellschaft und er roch ganz muffig.

Matthias rückte seinen Gästen eigenhändig die Stühle zurecht. Dann brachte er zwei Tassen mit dampfendem Kakao. Eine für Tobbi und eine für sich. Robbi hatte dankend abgelehnt. Der Kakao war dunkel und dick wie Sirup; man sah gleich, dass er aus echter Blockschokolade gekocht worden war.

»Entschuldigt einen Augenblick, ich muss ganz schnell etwas aufschreiben«, sagte Tobbi. Er ließ sich von Robbi den Bleistift und das himmelblaue Notizbuch sowie das Papierblatt mit der Roboter-Prüfungsaufgabe geben. Dann schrieb er auf:

Erste Aufgabe

Frage: Wie viele Treppenstufen hat der gelb-schwarz geringelte Leuchtturm?

Antwort: Einhundertsiebenundsiebzig Treppenstufen. (Muss stimmen. Selber gezählt und der Glückliche Matthias hat das bestätigt. Und er muss es wissen, weil er dort Leuchtturmwärter ist.)

»So, die erste Aufgabe hätten wir erledigt«, bemerkte Tobbi befriedigt und klappte das blaue Notizbuch zu.

»Einhundertsiebenundsiebzig Treppenstufen ...«, seufzte der kleine Roboter und streckte seine Roboterbeine ganz lang aus. »Bestimmt haben die uns den Leuchtturm mit den meisten Stufen ausgesucht.«

Der Glückliche Matthias zündete sich seine Meerschaumpfeife an und blies ein paar Rauchwolken in die Luft. Als höflicher Mann hatte er bisher noch keine Frage nach dem Woher und Wohin gestellt. Aber nun war er doch neugierig geworden und meinte: »Na, wie wär's damit, wenn ihr beiden dem alten Matthias ein kleines Garn erzählen würdet?«

»Gern!«, sagte Tobbi. Und dann erzählte er die ganze Geschichte. Sehr ausführlich sogar: Von Tante Paulas Schwierigkeiten mit der Technik, wie die Sache mit der Roboter-Prüfungsaufgabe zusammenhing, von dem unhöflichen Apfelsinengroßhändler, dem tätowierten Bootsmann und wie sie den Weg zum gelbschwarz geringelten Leuchtturm gefunden hatten.

»Nee, nee, was es nich' alles gibt!«, sagte Matthias ein über das andere Mal und vergaß vor lauter Staunen an seiner Meerschaumpfeife zu saugen.

Bei dieser Gelegenheit erkundigte sich Tobbi auch gleich nach dem sonderbaren, dreieckigen Schloss, weil sie das für die dritte Aufgabe brauchten.

Bei solchen schwierigen Aufgaben, das wusste Tobbi, konnte man nicht früh genug mit dem Fragen anfangen.

»Von einer dreieckigen Burg habe ich noch niemals etwas gehört, leider«, sagte Matthias kopfschüttelnd. »Höchstens von Klabautermännern und Seejungfrauen. Aber die werden auch immer seltener.«

Er versprach, gleich nach dem Abendessen von seinen Abenteuern mit Seeräubern und Riesenkraken zu erzählen. Er spann nämlich zu gerne ein richtiges Seemannsgarn und freute sich, dass er endlich Zuhörer hatte.

Nun sprang der Glückliche Matthias auf.

»Höchste Zeit! Ich muss mein Leuchtfeuer einschalten. Wollt ihr mit? Wir brauchen nur die kleine Leiter dort in der Ecke emporzusteigen.«

»Oh ja!« Tobbi war Feuer und Flamme.

»Oh nein, klick!«, wehrte Robbi entsetzt ab. »Wenn ich nur das Wort ›Leiter‹ höre, quietschen mir schon die Gelenke. Klick. Moment mal ... Leiter ... Da fällt mir überhaupt etwas ein: Gehören die Strickleiter und diese Leiter zum Lampenhäuschen mit zu den Treppenstufen, die wir zählen sollen?«

Tobbi dachte einen Augenblick nach.

»Nein«, erklärte er dann, »die Strickleiter und auch die Leiter zum Lampenhäuschen haben Sprossen. Und das ist etwas ganz anderes. Die Frage heißt genau: Wie viele Stufen hat der gelb-schwarz geringelte Leuchtturm?«

»Na ja, ich wollte das nur gesagt haben«, brummte Robbi. »Es wäre immerhin möglich gewesen.«

Das Lampenhäuschen über der Stube enthielt eine ungeheuer leuchtkräftige Lampe. Ein großer Hohlspiegel bündelte das Licht und schickte es als Lichtfinger weit in die Nacht hinaus. Und während Matthias dem staunenden Tobbi alles genau erklärte, putzte er mit einem Lederlappen den großen Hohlspiegel blitzblank.

»Und woher bekommst du den elektrischen Strom?«, wollte Tobbi wissen. »Ich habe keine Leitung gesehen.«

»Das kannst du auch nicht«, erwiderte Matthias, »der Strom kommt durch ein dickes Kabel hierher, das tief unten am Grunde des Meeres liegt. Es ist mit Muscheln, Seepocken und Seerosen bewachsen und trotzdem hat es noch immer funktioniert.«

Als sie wieder unten waren, erkundigte sich der Glückliche Matthias wie ein Oberkellner: »Na, meine Herren, was darf es denn zum Abendessen geben? Empfehle Bratkartoffeln mit Spiegelei, mit Schinken oder mit Salzheringen. Ich esse am liebsten Bratkartoffeln mit Schinken. Und ihr?«

»Ich mit Spiegelei«, erklärte Tobbi.

»Und ich esse niemals etwas, danke«, lehnte Robbi ab.

»Ach so, das hatte ich ganz vergessen«, lachte Matthias und kraulte sich den Schifferbart. »Ich werde Bratkartoffeln mit Spiegelei und Schinken bereiten. Dann hat jeder, was er mag. Aber zuerst muss ich noch schnell Kartoffeln schälen. Von meinem letzten Mittagessen sind nämlich nur drei Salzkartoffeln übrig geblieben, und die reichen nicht für zwei hungrige Mägen.«

Matthias holte eine Schüssel mit Kartoffeln, band sich eine Küchenschürze um und nahm ein Messer in die Hand.

»Lass mich schälen!«, bat Tobbi hilfsbereit.

»Nichts da!«, rief Robbi dazwischen. »Das ist Roboterarbeit. Ihr werdet sehen – im Kartoffelschälen bin ich Spezialist!«

»Das muss ich sehen, wenn ein Roboter Kartoffeln schält«, sagte Matthias verwundert und band Robbi die Küchenschürze um. Dann drückte er ihm das Kartoffelschälmesser in die Hand.

»Nicht nötig«, meinte Robbi. »Als Roboter habe ich meine eigene Methode.«

Und nun erlebten die staunenden Zuschauer, wie er einen spitzen, dreieckigen Dorn in seinen linken Handteller einschraubte. Darauf spießte er eine Kartoffel auf. Dann drückte er auf die obere, grüne Taste – die Kartoffel begann sich wie ein Brummkreisel zu drehen. Robbi hielt einen Finger seiner rechten Roboterhand daran – den Finger, der an der Kuppe spatenförmig angespitzt war –, und damit schälte er wie ein Drechsler in Sekundenschnelle die Kartoffelpelle ab.

»Die nächste, bitte!«, sagte er und kniff vergnügt das rote Auge zu. Es dauerte keine drei Minuten, da hatte er alle Kartoffeln fein säuberlich geschält.

»Potz Maulaffen und Miesmuscheln!«, staunte der Glückliche Matthias. Er tat einen großen Klacks gesalzene Butter in die Bratpfanne. »Das nenne ich aber ein prächtiges Patent!«

»Ist das eine richtige Kartoffelschälmaschine?«, wollte Tobbi wissen.

»Natürlich nicht!«, war Robbis Antwort. »Das ist die Bohrmaschine, die zu unserer Roboter-Standardausrüstung gehört. Aber wie ihr gesehen habt, kann man sie sehr gut als Kartoffelschälmaschine benutzen. Ein Roboter muss sich zu helfen wissen. Klick.«

Die Bratkartoffeln schmeckten so gut, wie sie nur einem hungrigen Erfinder und Reisenden und einem glücklichen Leuchtturmwärter schmecken konnten. Robbi fütterte, während die beiden anderen aßen, seine treppenmüden Gelenke mit ein paar Tropfen Öl.

Nach dem Essen räumte Tobbi den Tisch ab und schüttelte die Tischdecke auf der Leuchtturmgalerie aus. Robbi wusch das Geschirr in der Riesenmuschel ab. Der Glückliche Matthias säuberte den Docht der Petroleumlampe und zündete sie an. Anschließend setzte er den Wasserkessel auf das Herdfeuer, um heißes Grogwasser zu bereiten.

Als sie mit allem fertig waren, setzten sie sich um den runden Tisch. Matthias füllte die Groggläser. Auch Robbi bekam ein Glas, obwohl er ja nicht trank. Aber der Glückliche Matthias bestand darauf – zum Anstoßen. Tobbi bekam nur einen Fingerhut voll Rum, sodass sein Grog ein wenig gelb schimmerte. Der Grog vom Glücklichen Matthias war herrlich goldgelb, so goldgelb, wie ein richtiger »Leuchtturmwärtergrog« aussehen muss.

»Tja, dann Prost!« Matthias hob sein Glas. »Ich stoße auf Robbi, Tobbi und ihr Fliewatüüt an!«

»Prost! Und wir auf den Glücklichen Matthias und seinen gelb-schwarz geringelten Leuchtturm«, sagten Robbi und Tobbi.

Hell klangen die Gläser zusammen. Nun steckte der Glückliche Matthias seine lange Meerschaumpfeife an und alsbald zog der Tabakrauch in blauen Schwaden durch die runde Leuchtturmwärterstube. Die blanke Petroleumlampe warf einen milden, gelben Schein auf den Tisch. Es war richtig gemütlich.

»Nun erzähl uns eine Seegeschichte«, bat Tobbi.

»Die von den Seeräubern oder die von der Riesenkrake?«, fragte Matthias schmunzelnd.

»Am liebsten alle beide. Klick«, sagte Robbi, wobei er gespannt mit der Antenne wackelte.

»Zwei Geschichten sind zu viel an einem Abend«, meinte Matthias. »Sucht euch eine aus.«

Tobbi und Robbi entschieden sich für die Geschichte von der Riesenkrake. Riesenkraken sind Meeresungeheuer und Ungeheuer sind immer interessant.

»Also gut, dann werde ich euch das schlimme Abenteuer mit Annarita erzählen.« Der Glückliche Matthias nahm einen zweiten Schluck Grog und, da er ihm gut schmeckte, gleich noch einen dritten. Dann begann er:

»Diese unglaubliche Geschichte ist wahr. So wahr, wie – wie – wie solche Geschichten überhaupt sein können. Ich habe sie höchstpersönlich erlebt. Damals, vor vielen, vielen Jahren, als ich Bootsmann auf der Bark ›Lilofee‹ war.« Matthias zwinkerte mit den wasserblauen Seemannsaugen und fuhr fort: »Sie war eine Riesenkrake und sie hieß ›Annarita‹. Annarita war eigentlich ein viel zu hübscher Name für eine scheußliche Riesenkrake mit acht Fangarmen. Sie lebte in dem riesengroßen Meer, das man den ›Stillen Ozean‹ nennt. Dieser Name trügt auch, denn der

Stille Ozean ist zeitweise über die Maßen stürmisch. Dann rasen Stürme darüber hin, die man ›Taifune‹ nennt. Sie türmen haushohe Wogen auf und peitschen das Wasser zu Schaum, dass es wie in einer Waschküche dampft und brodelt. Aber ich wollte ja von Annarita berichten ... Sie war eins von diesen gefährlichen Krakenscheusalen, deren Fangarme so lang sind wie Schiffsmasten und auch so dick. Annaritas Fangarme waren sogar noch eine Idee dicker. Sie war so gefräßig wie eine ganze Herde ausgewachsener Elefanten zusammen. Aber das war noch nicht das Schlimmste an ihr: Sie hatte die unschöne Angewohnheit, ihre riesenlangen, riesenstarken Riesenkrakenarme um ganze Schiffe zu schlingen. Und wenn sie sich mit ihren bratpfannengroßen Saugnäpfen festgelutscht hatte, brauste sie mit den unglücklichen Schiffen ab in die Tiefe. Das heißt – hm – wenn die Schiffe nicht allzu groß waren ... Potz Kakerlaken und Kannibalen! Wenn das kein starkes Stück ist!« Dem Glücklichen Matthias wurde die Kehle trocken und er nahm einen tiefen Zug aus seinem Grogglas. Als er die weit aufgerissenen Augen seiner beiden Zuhörer sah, fuhr er befriedigt fort:

»Tjä – wie gesagt, Annarita war das Gefährlichste und Scheußlichste, was es damals im ganzen Stillen Ozean gab. Viel gefährlicher noch als Taifune, Wasserhosen, Seeschlangen, Menschenfresser, Seeleoparden und Sägefische zusammengenommen. Und das will schon etwas heißen! Kurz und gut, im Monat August – in welchem Jahr das war, weiß ich nicht mehr genau – schipperten wir mit unserer ›Lilofee‹ zu den ›Paradies-Inseln‹. Dort gab es die schönsten Kokosnüsse weit und breit, und davon sollten wir eine Ladung holen. Und ausgerechnet bei diesen Paradies-Inseln hatte Annarita ihr liebstes Jagdrevier! Zwei Nächte lang hielten alle Mann Ausschau, aber Annarita ließ sich nicht blicken. Wir atmeten auf und meinten schon, Annarita hätte ihr Jagdrevier verlegt. In der dritten Nacht, kurz vor unserem Ziel, ging die Hälfte unserer Leute unter Deck, um sich mal richtig auszuschlafen. Die anderen, unter denen auch ich war, blieben oben und flickten Segel. Es war eine herrliche Nacht. Das Sternbild, das man das ›Kreuz des Südens‹ nennt, flimmerte genau über uns. Der Wind säuselte in der Takelage und die Wellen plätscherten um den schlanken Bug der ›Lilofee‹. Da passierte es: Vom bleichen Mondlicht angestrahlt, schob sich ein schleimiger Riesenkrakenarm über die Reling – genau dort, wo wir saßen. Annarita hatte uns erwischt! Uns blieb fast das Herz stehen. Doch ich fasste mich zuerst. ›Alarm!‹, brüllte ich. ›Annarita ist da! Alle Mann an Deck! Kapitän! Das verflixte Krakenbiest will uns entern!‹ Jetzt gab es ein tolles Rennen und Hasten. Schwere Seestiefel polterten über das Deck. ›Leute, macht die Rettungsboote klar!‹, befahl der Kapitän, der ohne Hut und auf Strumpfsocken an Deck geeilt war. Unsere Lage wurde immer gefährlicher; denn Annarita hatte inzwischen ihre sieben anderen Fangarme über das Schiff geschoben. Sie umklammerten uns wie riesengroße Spinnenarme. Und dann – dann standen uns die Haare zu Berge: Annarita hob ihren scheußlichen Krakenkopf aus dem Wasser und streckte nun auch noch ihren Krakenschnabel über die Steuerbordreling. Dabei starrte uns das Untier mit bösen, hungrigen Augen an. Dann begann Annarita mit aller Kraft zu ziehen. Die arme ›Lilofee‹ tauchte tief in das Wasser ein, um im nächsten Augenblick wieder hochzuschnellen. Wie der Angelkorken, wenn ein Fisch anbeißt. Das Schiff schaukelte so stark, dass wir uns an allen möglichen Tauen anklammern mussten, um nicht über Bord geschleudert zu werden. An ein Aussetzen der Boote war nicht zu denken. Doch Annarita konnte unser Schiff nicht mit einem Schwung in die Tiefe ziehen, weil wir ohne Ladung waren und daher sehr viel Auftrieb hatten. Sie machte einen Moment Pause, um ihre Kräfte für den letzten, entscheidenden Angriff zu sammeln. Und da – da kam mir die rettende Idee ...«

»Welche Idee?«, fragte Tobbi gespannt.

»Ja – klick – welche?«, fragte der kleine Roboter nicht weniger gespannt.

»Tja –«, sagte Matthias bedächtig, »dann fiel mir ein, dass Annarita kurzsichtig war. So kurzsichtig, dass sie nicht einmal sehen konnte, was unmittelbar vor ihren Augen geschah ... Und dass sie alles fraß, was ihr vor den Krakenschnabel kam ... Und dass sie kitzelig war ... Auf diese drei Dinge baute ich meinen Plan. ›Kapitän!‹, schrie ich. ›Ich hab 'ne Idee!‹, – ›Raus damit, Bootsmann, bevor es zu spät ist!‹, schrie der Kapitän zurück. – ›Ich brauche zwölf Mann!‹, brüllte ich. ›Wir stopfen dem Krakenbiest einen Fangarm ins Maul. Vielleicht kriegt es Appetit und frisst auch die anderen auf!‹ Zwölf starke Matrosen kamen angerannt. Das waren vierundzwanzig kräftige Seemannshände. ›Packt an!‹, befahl ich. Zwölf Seemannshände griffen unter den glitschigen Fangarm. ›Alle Mann kitzeln!‹, befahl ich. Die anderen zwölf Seemannshände kitzelten. Annarita glotzte uns dämlich an. Das Kitzeln schien sie zu mögen, denn nun schloss sie wohlig die Krakenaugen. So transportierten wir den ekligen, glibberigen Krakenarm unter dauerndem Gekitzel bis vor Annaritas hungrigen Krakenschnabel. Und ob ihr's glaubt oder nicht, das Unglaubliche geschah: Annarita lutschte ihren Riesenkrakenarm wie eine Riesenmakkaroni in sich hinein. Sie schmatzte und sabberte und schmeckte sich selber ausgezeichnet. Der Rest war nur noch ein Kinderspiel für uns. Annarita war so begeistert von ihrem wabbeligen, labberigen Krakenfleisch, dass sie es kaum abwarten konnte, bis wir den nächsten Krakenarm anschleppten. Zuletzt war nur noch einer von den mastlangen, mastdicken Fangarmen übrig. Tja ... und nun merkte Annarita wohl, dass irgendetwas nicht stimmte. Aber was es war, hat sie wohl nie rausgekriegt. Sie wurde ohnmächtig, ließ eine Art ersticktes Gurgeln vernehmen und – das, was von ihr übrig war, platschte ins Wasser. – Zur Belohnung bekam jeder von uns einen goldgelben Rumgrog – mit mehr Rum als Wasser –, den der Kapitän selber zuberei-tete und der Steuermann uns servierte. Und dann prosteten wir auf Annaritas unrühmliches Krakenende...« Der Glückliche Matthias schmunzelte und lehnte sich behaglich zurück.

Tobbi schaute ihn zweifelnd an.

»Eines begreife ich nicht«, meinte er, »du hast doch deinen Plan ganz laut herausgebrüllt. Das muss Annarita doch gehört haben. Weshalb hat sie denn nichts unternommen?«

»Gehört haben ...?« Matthias runzelte die Stirn. Dann lachte er über das ganze Gesicht und sagte: »Nichts hat Annarita gehört. Gar nichts! Das habe ich ganz vergessen zu erwähnen: Schwerhörig war sie auch noch!«

»Moment mal, klick!«, meldete sich jetzt Robbi. »Habe ich richtig verstanden – sie war stark kurzsichtig?«

»Wie ein blindes Huhn«, bestätigte der Glückliche Matthias.

»Und kitzlig?«

»Worauf du dich verlassen kannst!«

»Und sie schmeckte sich selber gut?«

»Wie Erdbeeren mit Schlagsahne.«

»Und schwerhörig war sie auch noch?«

»Wie eine taube Flunder, die sich beide Ohren zuhält.«

»Oje, wenn ich das meinem Mathematikcomputer erzähle, brennen dem glatt alle Sicherungen durch!«, rief der kleine Roboter.

»Und wenn ich das Tante Paula aus Tütermoor erzähle, werden ihr gleich ein Dutzend Pfannkuchen in der Pfanne verrückt!«, rief Tobbi.

»Und wenn ich das meinem gelb-schwarz geringelten Leuchtturm unter die Haube flüstere, dann sagt der: ›Matthias! Denk mal scharf nach! Warst du auch ganz bestimmt höchstpersönlich dabei?‹«, prustete der Glückliche Matthias.

Und dann lachten alle drei lauthals.

Zehn Minuten später lagen sie in den Betten. Für Tobbi hatte Matthias das geblümte Sofa aufgebettet. Robbi lehnte sich gegen die runde Wand und über seinem Kopf hing die verschrumpelte, kleine Krake, die so muffig roch. Er saß auf einem alten Kissen, das Matthias ihm vorsorglich unter den Eisenpopo geschoben hatte.

Am nächsten Morgen, gleich nach dem Frühstück, nahmen sie voneinander Abschied. Er fiel allen sehr schwer. Der Glückliche Matthias blieb in seiner runden Leuchtturmwärterstube, weil ihn das Winken so traurig stimmte. Und während Robbi den roten Hebel nach vorn schob, dachte Matthias wehmütig:

Ob ich die beiden wohl einmal wiedersehe ...?

SIEBTES KAPITEL

Selbst ein Fliewatüüt kann sich nicht von der Stelle bewegen, wenn der Himbeersaft ausgegangen ist. Gute Ideen retten die Lage: Robbi findet einen Ersatz-Treibstoff heraus; der Glückliche Matthias heuert den schnellsten Schlepper der Welt an; und Tobbi erfindet die »Wasserski für Fliewatüüts«.

Matthias' Wunsch ging in Erfüllung, und zwar schneller, als er dachte. Schon eine halbe Stunde später saßen alle drei wieder um den runden Tisch in der Leuchtturmwärterstube. Sie hatten die Köpfe in die Hände gestützt und starrten trübsinnig auf die geblümte Tischdecke.

»Es ist zu blöd!«, sagte Tobbi.

»Man könnte sich in die Antenne beißen! Klick!«, sagte Robbi.

»Potz Pfeifenknaster und Kautabak! So 'n Malheur!«, sagte der Glückliche Matthias. Aber heimlich freute er sich, dass sein Besuch wieder da war.

Was war passiert? Das Schlimmste, was überhaupt passieren konnte: Der Himbeersaft war alle! Nicht ein Tropfen war mehr im Tank. Sie hatten den Motor gar nicht erst zum Laufen bringen können. Und sie konnten von Glück sagen, dass sie gestern den gelb-schwarzen Leuchtturm noch erreicht hatten.

»Das kommt von der ewigen Herumkurverei bei der Leuchtturmsuche. So was frisst Treibstoff!«, knurrte Robbi.

»Du hast wohl keinen Himbeersaft, was?«, fragte Tobbi den Glücklichen Matthias.

»Nicht mal so viel, wie in einen Fingerhut hineinpasst.« Matthias schüttelte traurig den Kopf.

»Hätten wir doch bloß zehn Flaschen mehr mitgenommen! Das hätte Tante Paula dir auch noch verziehen, Tobbi«, meinte der Roboter.

»Und dann? Dann wäre uns womöglich auf dem Weg zum Nordpol der Saft ausgegangen!« Tobbi war da anderer Meinung und seine Ansicht war gut überlegt.

»Nee, nee, da seid ihr bei mir viel besser aufgehoben«, sagte der Glückliche Matthias strahlend.

Tobbi rieb sich die Nase. Es half nichts – er musste wieder einmal nachdenken. »Robbi«, sagte er schließlich, »hast du nicht irgendwo in deinen Gedankenfächern aufgespeichert, welche Flüssigkeit man außer Himbeersaft noch als Treibstoff nehmen könnte? Wäre doch vielleicht möglich.«

»Möglich schon«, brummte Robbi, »aber da müsst ihr schon genauer fragen. Sonst komm ich nicht drauf.«

Jetzt mischte sich Matthias ein: »Hört mal zu, Jungs! Ich habe da in meiner Rumpelkammer so allerhand Flaschen stehen. Wie wär's, wenn ich mal hinuntersteige und euch zurufe, was drin ist. Vielleicht ist etwas Passendes dabei.«

Das war keine schlechte Idee: Matthias klappte eine Luke im Fußboden hoch und stieg in seine Rumpelkammer hinunter. Und dann begann eine ziemliche Ruferei.

»Weinessig!«, brüllte Matthias von unten.

»Klick. Nein«, antwortete Robbi prompt.

»Terpentin!«

»Klick. Nein.«

»Was is'n das? Aha – Salmiakgeist!«

»Klick. Nein.«

»Maggiwürze!«

»Klick. Nein.«

»Petroleum!«

»Klick. Nein.«

»Blaue Lackfarbe!«

»Klick. Nein.«

»Schmieröl!«

»Klick. Nein.«

Jetzt rumpelte es unten, als würden Blecheimer hin und her geschoben.

»Bohnerwachs!«, schrie Matthias.

»Klick. Nein.«

»Teer!«

»Klick. Nein.«

»Heringslake!«

»Igitt! Klick. Nein.«

»So. Das ist alles, was ich habe.« Matthias tauchte wieder auf, hielt eine kleine Flasche in der Hand. »Und das da! Was drin ist, weiß ich nicht.«

Tobbi nahm ihm die Flasche ab, zog den Korken heraus und roch daran.

»Nanu!«, sagte er und tropfte etwas von einer gelben Flüssigkeit auf seinen Zeigefinger. Er leckte vorsichtig daran. »Brrrrrr – Lebertran!«

»Klick! Ja! Ja, Lebertran geht!«, rief der Roboter und wackelte aufgeregt mit der Antenne.

»Lebertran geht! Lebertran geht!«, riefen auch Tobbi und Matthias. Aber Tobbi sagte gleich hinterher: »Oje, wo kriegen wir nun wieder Lebertran her? Dies sind ja bloß ein paar Teelöffel voll.«

»Lebertran gibt's am Nordpol. Bei den Eskimos. Die stellen das Zeug massenweise her«, erklärte Matthias.

»Zum Nordpol wollten wir ja sowieso wegen der zweiten Aufgabe. Das trifft sich gut«, meinte Robbi.

»Das trifft sich gar nicht gut!«, verbesserte Tobbi ihn. »Ohne Lebertran kommen wir nämlich nicht zum Nordpol. Jedenfalls nicht mit unserem Fliewatüüt.«

Es stimmte, sie waren in eine Sackgasse geraten: Lebertran war der richtige Treibstoff. Aber ohne Lebertran konnten sie nicht dorthin gelangen, wo es neuen Lebertran gab. Und Lebertran hatten sie nicht. Es war zum Verzweifeln!

Sie grübelten lange. Und dann war es wieder der Glückliche Matthias, der einen guten Einfall hatte. Er lächelte verschmitzt und sagte:

»Also Jungs, euer Fliewatüüt ist doch auch ein Wasserfahrzeug, nicht wahr?«

»Ja. Das ist auch dringend nötig bei dem vielen Wasser!« Das war natürlich der kleine Roboter, der das sagte.

»Und ist es absolut wasserdicht, auch für eine längere Reise?«

»Wasserdicht wie ein Kochtopf!«, bestätigte Tobbi.

»Na gut, dann kann ja nichts passieren. Ich werde euch einen Schlepper besorgen, der euch bis an den Nordpol schleppt oder wenigstens bis an das Eis.« Matthias blickte seine Gäste triumphierend an.

»Einen Schlepper ... Einen Schlepper?«, wiederholten Tobbi und Robbi.

»Ja – den ›Schnellen Fridolin‹. Er ist zwar kein richtiger Schleppdampfer, dafür aber der schnellste Delfin, den ich kenne, und vor allen Dingen macht er es billig. Er besucht mich häufig mal. Das heißt, hauptsächlich besucht er meine Matjesheringe. Matjesheringe sind sein Lieblingsgericht. Er wird euch helfen, wenn ich ihn darum bitte. Mal sehn, vielleicht ist er grad in der Nähe.«

Matthias hakte die Schöpfkelle von der Wand neben dem Herd und ging nach draußen auf die Galerie. Robbi und Tobbi stiefelten hinterher. Was nun wohl passieren sollte?

Matthias klopfte dreimal kräftig mit der Kelle gegen die Turmwand.

»Was hat das denn zu bedeuten?«, fragte Tobbi neugierig.

»Das ist ein Zeichen für Fridolin«, erklärte Matthias. »Der Schall pflanzt sich von der Leuchtturmwand bis ins Wasser fort und dort verbreitet er sich auch. Und Fridolin kann fabelhaft hören.«

Genau drei Minuten später sprang Fridolin, der Delfin, kurz vor dem gelb-schwarzen Leuchtturm aus dem Wasser. Dann schwamm er vier rasend schnelle Ehrenrunden um den Turm, wobei er mal tauchte – mal hoch aus dem Wasser sprang. Rauf – runter – rauf – runter, so ging es immer im Kreis herum.

»Donnerwetter! Das ist ein ›schneller‹ Fridolin«, staunte Tobbi.

»Klick! Siebenundreißigmal über Wasser, achtunddreißigmal unter Wasser!«, stellte der Roboter sachlich fest. Ihn interessierten genaue Zahlen. Und als Roboter zählte er natürlich mit.

Der Schnelle Fridolin schwamm dicht an den Leuchtturm heran, steckte sein komisches Delfinmaul aus dem Wasser und blinzelte nach oben. Mit seinem Delfinschwanz machte er Wassertreten.

»Schönen guten Morgen, Fridiolin! Wie steht's unten bei euch Fischen?«, begrüßte Matthias ihn von der Leuchtturmgalerie her.

»Guten Morgen, Matthias. Es könnte besser sein! Wie geht es dir – und den Matjesheringen?« Fridolin machte hungrige Augen.

»Besonders gut, mein Lieber. Heute gibt es zwei. Ausnahmsweise!«

Matthias ließ zwei Heringe nach unten plumpsen, die Fridolin geschickt mit dem Delfinmaul auffing, bevor sie die Wasseroberfläche berührten.

»Zwei Heringe? Was Besonderes los bei dir? Hast du etwa Geburtstag?«, erkundigte sich Fridolin erstaunt. Sonst gab es grundsätzlich nur einen Salzhering. Selbst an Sonn- und Feiertagen.

»Ich habe gute Freunde zu Besuch«, teilte Matthias dem Delfin nun mit. »Sie sind leider in Schwierigkeiten geraten. Du könntest ihnen vielleicht helfen, Fridolin.«

»Aha!«, murmelte der Delfin leise vor sich hin. »Deshalb also zwei Heringe ...« Und laut sagte er: »Du weißt, ich tu dir gern mal einen Gefallen, Matthias. Was kann ich also für dich tun?«

»Tja – du könntest meine beiden Gäste mitsamt ihrem

kleinen Fahrzeug bis an den Nordpol schleppen. Oder sagen wir bis an die Eisgrenze, denn bis zum Nordpol kommst du wohl nicht ganz. Kleinigkeit für dich – wo du doch der schnellste Delfin der Welt bist.«

Das mit dem »schnellsten Delfin der Welt« hörte Fridolin besonders gern. Er strahlte über das ganze Delfingesicht. Matthias hatte es auch nicht ohne Absicht gesagt. Er kannte Fridolins schwache Seiten: allerfeinste Matjesheringe und ein gutes Wort über seine Schwimmkünste.

»Nordpol – soso ... Ziemlich kalt, was?«, brummte Fridolin unentschlossen.

»Freie Verpflegung für die Hinreise. Drei Heringe pro Tag«, machte Matthias ihm nun das Delfinmaul wässerig.

»Wie wär's mit vier?«, fragte Fridolin geschäftstüchtig. Dabei tat er nur so; denn er hätte dem Glücklichen Matthias auch jeden Gefallen getan, wenn er nicht einen einzigen Salzhering dafür bekommen hätte. Aber wenn man ihm schon Heringe anbot ...

»Drei! Und keinen Heringsschwanz mehr!«, sagte Matthias streng. »Na ja, ich will nicht so sein: also noch eine Sonderration von drei Stück. Aber erst, wenn ihr an Ort und Stelle seid.«

»Abgemacht! Wann soll es losgehen?«

»Gleich morgen nach dem Frühstück. Sagen wir: Punkt acht Uhr!«

»Geht in Ordnung. Bin pünktlich zur Stelle!«, rief der Schnelle Fridolin, sprang aus dem Wasser, wedelte elegant mit dem Schwanz und tauchte weg.

»So, euren Schlepper habe ich angeheuert«, schmunzelte der Glückliche Matthias und klopfte seinen beiden Freunden vergnügt auf die Schultern.

Dann setzten sie sich wieder um den runden Tisch, um alles Notwendige zu besprechen.

»Auf welche Weise soll Fridolin uns denn ziehen?« Das war das Erste, was Tobbi wissen wollte.

»Das machen wir mit einem langen Tau«, erklärte Matthias. »Das eine Ende nimmt der Fridolin in sein Delfinmaul und das andere Ende müsst ihr an eurem Fliewatüüt befestigen. Und damit dem guten Fridolin das Tau nicht durchs Maul rutscht, mache ich einen besonders dicken Diamantknoten dran.«

»Hm – an der Achse der Vorderräder würde es gehen. Ich habe sie sehr stabil ausgeführt«, meinte der Roboter.

»Ich weiß nicht recht ...« Tobbi schien noch nicht ganz einverstanden zu sein. »Schwimmt der Fridolin eigentlich sehr schnell?«, erkundigte er sich bei Matthias.

»Noch schneller als ein Zollkreuzer! Das bisschen Gewicht von eurem Fliewatüüt macht ihm gar nichts aus«, gab Matthias Auskunft.

»Da haben wir es schon! So verbiegen wir uns Räder und Achse. Bedenkt, welchen Widerstand das Wasser hat!« Als Erfinder wusste Tobbi mit solchen Dingen gut Bescheid.

»Dann müssen wir eben über dem Wasser schweben und Papierdrachen spielen oder noch besser Wasserski laufen«, machte Robbi einen lustigen Vorschlag. Aber er meinte es nicht ernst.

»Wasserski! Halt! Das bringt mich auf eine Idee!« Tobbi wandte sich an Matthias und fragte: »Du, Onkel Matthias, hast du ein langes Brett für uns? Es darf aber nicht zu dick sein.«

»Mal sehn.« Matthias stieg in seine Rumpelkammer und kam nach kurzer Zeit mit einem Brett wieder. »Geht das?«

»Das ist genau das Richtige«, sagte Tobbi zufrieden. Und dann erklärte er den anderen seine neueste Idee: Er wollte Wasserskier für das Fliewatüüt bauen. Sie sollten dort befestigt werden, wo jetzt die Räder saßen. Zwei große und ein kleines Skibrett – für jedes Rad eins. Wenn nun der Schnelle Fridolin abbrauste, würde sich das Fliewatüüt aus dem Wasser heben und wie ein Wasserskiläufer darüber hingleiten.

»Keine üble Idee!«, sagte der Roboter anerkennend.

»Bestimmt nicht!«, gab auch Matthias zu.

Ja, und dann wurde hart gearbeitet.

Robbi maß, sägte, hobelte und raspelte unermüdlich. Er freute sich, dass er mal wieder richtig handwerklich arbeiten konnte.

Tobbi schliff mit grobem und feinem Sandpapier das Holz schön glatt. Besonders die Unterseiten der Wasserskier. Anschließend bohnerte er sie mit dem Bohnerwachs, welches Matthias in seiner Rumpelkammer entdeckt hatte.

Der Glückliche Matthias heizte derartig ein, dass die Herdplatte glühend wurde. Dann füllte er seinen allergrößten Kochtopf bis zum Rand voll Wasser und ließ es kochen. Der Dampf zog in Schwaden durch die Leuchtturmwärterstube. Über dem heißen Dampf wurden nun die Spitzen der Wasserskier nach oben gebogen. Mit heißem Dampf ließ sich das nämlich großartig machen. Nebenbei kochte Matthias noch das Mittagessen: Stampfkartoffeln mit Zwiebelscheiben, Matjesfilets und Fleischklößchen. Das war eine eigene Erfindung von ihm und schmeckte sehr gut.

Am Nachmittag waren die Skier fix und fertig. Sie waren schön gebohnert und seidenglatt wie Tobbis Wange. Sie hatten alle miteinander ein gutes Stück Arbeit geleistet und daher machten sie ein gemütliches Kaffeestündchen draußen auf der Leuchtturmgalerie.

Danach stand ihnen noch die Montage bevor.

»Wie sollen wir bloß das Fliewatüüt aus dem Wasser bekommen!«, stöhnte Tobbi.

»Schließlich kann ich – klick – nicht tauchen, um die Bretter anzubringen«, jammerte Robbi. »Wo ich noch nicht mal schwimmen kann ...«

»Macht euch man keine Sorgen. Euer Fliewatüüt lass ich einfach nach oben auf die Galerie schweben«, schmunzelte Matthias geheimnisvoll.

Tobbi und Robbi schauten ihn erstaunt an.

»Kommt mal mit, ihr beiden!«, winkte Matthias. Dann zeigte er ihnen auf der Galerie eine Einrichtung, mit der er seinen Proviant und alle anderen Dinge aus dem Versorgungsdampfer heraufzog. »Wenn ich alle Matjesheringe und Schwarzbrote jedes Mal einhundertsiebenundsiebzig Stufen hinauftragen müsste, hätte ich wohl schon keine Beine mehr«, meinte er.

Ein schwenkbarer Eisenarm ragte gut zwei Meter über die Leuchtturmgalerie hinaus. Daran war ein Flaschenzug befestigt. Matthias schwenkte nun den Kranbalken über das Fliewatüüt und ließ eine Rolle mit einem Fleischerhaken nach unten, bis sie genau über dem Propeller baumelte. »So«, meinte er, »tut mir leid, jetzt muss einer von euch beiden nach unten steigen, um das Fliewatüüt an den Haken zu binden. Hier ist ein kurzes Tau.«

»Nach unten? Klick. Treppensteigen ...?« Der Roboter schaute seinen Freund Tobbi Hilfe suchend an.

»Lass nur, ich erledige das schon«, erbot sich Tobbi.

»Du bist wirklich ein Freund«, sagte der Roboter erleichtert. »Übrigens, ein Tau brauchst du nicht. Die Propellernabe hat oben eine Bohrung. Da kannst du den Haken durchstecken. Ich habe das Loch extra gebohrt, damit man einen Eisenstab hindurchführen kann, um die Nabe loszuschrauben.«

»Und die Treppenstufen brauchst du auch nicht wieder hochzuklettern«, tröstete Matthias ihn. »Wir ziehen dich zusammen mit dem Fliewatüüt nach oben. Du setzt dich einfach hinein.«

Die Sache ging glatt. Tobbi schob den Haken in das Loch hinein. Dann stieg er ein und hob die Hand. Das bedeutete: fertig!

»Fertig!«, rief Matthias, der sich über das Geländer beugte und alles scharf beobachtete.

»Fertig!«, wiederholte Robbi, klammerte seine starken Roboterfinger um das Seil und fing an zu ziehen.

Kaum war das Fliewatüüt oben angelangt, da schwenkte Matthias den eisernen Kranbalken nach innen. Dann gab er dem Roboter ein Zeichen und der seilte die Maschine ab, bis sie sicher auf der Galerie stand.

»Erstklassige Erfindung!«, lobte Tobbi, als er ausstieg.

Alles andere war Robbis Angelegenheit. Er wollte sich auch nicht dabei helfen lassen. »Das ist Robotersache«, sagte er nur.

Kurz vor dem Abendbrot war jedenfalls alles erledigt. Dort, wo die Räder gewesen waren, saßen jetzt drei blanke Kufen. Aus einem Fliewatüüt war ein »Wasserschlitten« geworden.

Matthias schleppte einen Eimer herbei.

»Salzheringe, Marschverpflegung für den guten Fridolin«, erklärte er. »Ich habe reichlich abgezählt. Aber gebt ihm um Himmels willen nicht mehr als drei Stück pro Tag. Sonst kriegt er noch mehr Appetit.«

Robbi verstaute den Eimer hinter den Sitzen, wo schon die drei abmontierten Räder lagen.

»Proppenvoll!«, knurrte er sorgenvoll. »Hoffentlich wird die Kiste nicht schwanzlastig!«

Nach dem Abendessen gab es noch einen Grog. Aber nur einen! Dann legten sie sich schlafen. Sie hatten eine harte Tagesarbeit hinter sich und ein neues Abenteuer vor sich.

Am anderen Morgen saßen sie schon um sieben Uhr um den Frühstückstisch. Matthias war noch eine Stunde früher aufgestanden und hatte einen Riesenberg Butterbrote geschmiert, für unterwegs.

Tobbi saß frisch gewaschen und sauber gekämmt am Frühstückstisch und war jetzt schon gespannt, wie seine Erfindung funktionieren würde.

Matthias steckte zwei Eier in die Eierbecher und machte Robbi eine freudige Mitteilung: »Keine Bange, mein Robotersohn, heute brauchst du keine einhundertsiebenundsiebzig Treppenstufen zu steigen. Ich seile das Fliewatüüt wieder mit dem Flaschenzug ab und ihr könnt euch hineinsetzen.«

»Das hör ich gern!«, sagte der kleine Roboter vergnügt

und fügte hinzu: »Es wären sogar einhundertachtundachtzig Stufen gewesen.«

»Nicht möööglich! Ich kenne doch meinen Leuchtturm!«, rief der Glückliche Matthias ungläubig.

»Und *ich* habe die Stufen genau gezählt – auch die von der Strickleiter.«

Hier machte Robbi eine kleine Pause, kniff das grüne Auge zu und schaute mit dem roten verschmitzt auf den Glücklichen Matthias. »Es sind elf! Zu den anderen dazugezählt macht: klick – einhundertachtundachtzig Treppenstufen, die ich runterklettern müsste.«

»Er hat Recht«, musste Matthias verblüfft zugeben.

»1:0 für Robbi!«, prustete Tobbi los und verschluckte sich vor lauter Begeisterung an seinem Schinkenbrot.

»Potz Salzwasser und Walfischspeck! Stimmt!«, rief Matthias und lachte noch lauter als die anderen. Er konnte es vertragen, wenn er mal im Unrecht war, und er gab es auch zu. Matthias war in den fünfunddreißig Jahren, die er allein draußen auf dem Meer verbracht hatte, ein ziemlich weiser Leuchtturmwärter geworden. –

Drei Minuten vor acht schaukelte das Fliewatüüt schon unten auf dem Wasser. Punkt acht schnappte der Schnelle Fridolin nach dem Tauende mit dem Knoten und brauste los. Das Fliewatüüt stellte sich gehorsam auf die neuen »Wasserskibeine«. Von jetzt an zog es drei blinkende Schaumstreifen hinter sich her.

Dieses Mal stand der Glückliche Matthias aber doch auf seiner Leuchtturmgalerie. Er wischte sich verstohlen über die wasserblauen Augen und blickte dem Fliewatüüt wehmütig nach.

»Viel Glück! Viel Glück, ihr beiden! Der alte Matthias drückt euch beide Daumen«, sagte er leise zu sich selber.

Auch Tobbi und Robbi dachten an ihren Matthias zurück. Zum Abschied hatte er ihnen noch zwei Dinge in die Hände gedrückt: ein wunderschönes Flaschenschiff mit vier Masten und eine volle Flasche Petroleum. Zu dem Flaschenschiff hatte er gesagt: »Das ist für euch. Damit ihr ab und zu mal an den alten Matthias denkt.« Und zu der Flasche mit Petroleum hatte er gesagt: »Petroleum kann man am Nordpol immer brauchen. Das hat mir ein alter Freund erzählt, der dort Walfische gefangen hat. Also hebt sie gut auf!« Zum Schluss hatte er noch dreimal gegen den Wind gespuckt, »toi, toi, toi« gemurmelt und sie beide herzlich umarmt.

Mittag. Sofort wurde die Schlepptrosse schlaff. Fridolin kam angeschwommen, um seinen Salzhering abzuholen. Sie hatten ihn nicht zu rufen brauchen. Er kam von selber – er musste wohl eine Uhr im Magen haben.

Schnapp! Weg war der Salzhering.

»Noch einen?«, fragte Fridolin hoffnungsvoll.

»Nichts da! Zum Abendbrot gibt's wieder einen.« Tobbi blieb hart. Er erinnerte sich noch sehr genau an Matthias' guten Rat.

»Na, denn eben nich«, sagte Fridolin, machte einen Luftsprung, nahm die Schleppleine in sein Delfinmaul und flitzte wieder los. Man konnte ihm wirklich nichts nachsagen – seine Arbeit tat er brav.

Und während sie wieder über das Meer ritten, verzehr-

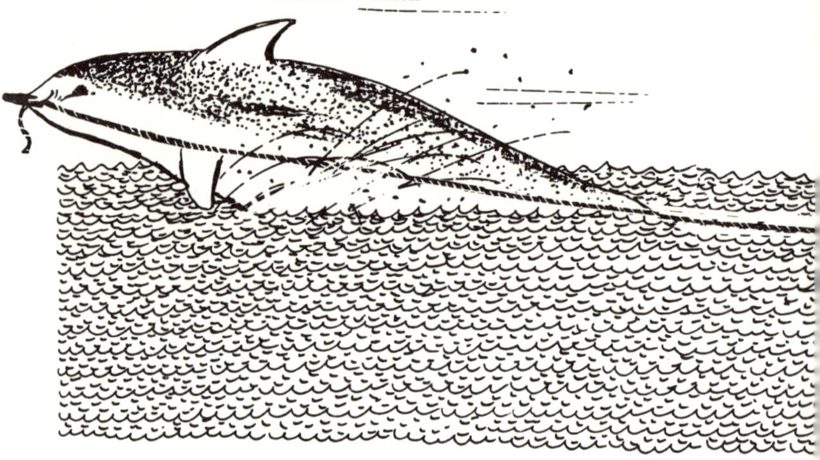

te auch Tobbi sein Mittagessen: Butterbrote und kalten Tee. Von allem hatte Matthias reichlich mitgegeben.

Der Nachmittag brachte wenig Aufregendes. Wasser, wohin man auch blickte. Aber das war ja auch nicht anders zu erwarten, wenn man über ein Meer reiste. Hin und wieder sahen sie ein paar Möwen, einige Wildgänse, ein treibendes Fass, ein paar Bretter und Balken, die sich mit Wasser vollgesogen hatten, und die Rauchfahnen von fernen Dampfern. Das ganze Fliewatüüt stank nach Salzheringen, Tobbi hätte nie gedacht, dass Salzheringe so riechen könnten. Es half nichts, sie mussten sich daran gewöhnen: ohne Salzheringe kein Schneller Fridolin und ohne Fridolin kein Nordpol!

Auch der zweite Tag verlief bis kurz nach dem Mittagessen ganz normal. Zum Frühstück: Butterbrot und kal-

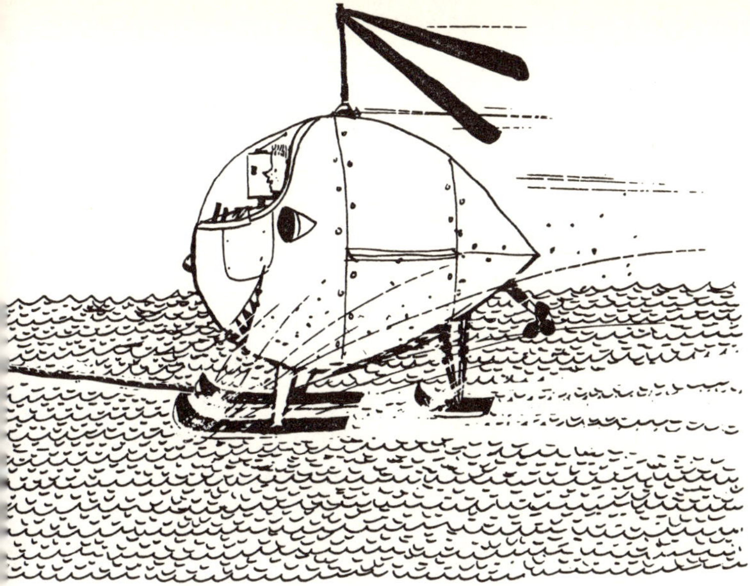

ten Tee für Tobbi – Matjeshering für Fridolin. Mittags: Matjeshering für Fridolin – Butterbrot und kalten Tee für Tobbi. Ihr Speisezettel war also nicht besonders abwechslungsreich, aber ein Fliewatüüt war ja auch kein Luxusdampfer.

Das Wetter war ihnen wohlgesinnt. Die See glänzte spiegelglatt wie ein Karpfenteich und die Sonne wurde nur ganz selten mal für ein paar Minuten von einer weißen Lämmerwolke verdeckt. Ein ideales Wetter, um Wasserski zu laufen. Wäre es stürmisch gewesen, dann hätten die Wellen das Meer sehr schnell in ein Waschbrett verwandelt und mit dem Wasserskilaufen wäre es aus und vorbei gewesen. Außerdem hätten sie leicht seekrank werden können, und das blieb ihnen nun erspart.

Übrigens war es bewundernswert, wie der Schnelle Fridolin sein Tempo durchhielt. Nicht zu glauben! Sie mussten mindestens mit vierzig Stundenkilometern durch das Wasser rauschen, und das Stunde um Stunde. Sogar während der Nacht hatte Fridolin die Geschwindigkeit nicht verringert.

Der Roboter hatte die Matjesheringe durchgezählt und festgestellt, dass es mehr als reichlich waren. Sie rechneten mit einer Reisedauer von etwa dreieinhalb Tagen, vorausgesetzt, dass Fridolin sein Tempo beibehielt. Deshalb bekam Fridolin jetzt eine Sonderzulage für die Nacht: zwei ausgewachsene Matjesheringe. Robbi übernahm die nächtliche Fütterung, denn Tobbi brauchte ja seinen Schlaf. Der Schnelle Fridolin sollte später nicht sagen können, sie hätten ihn schäbig behandelt.

Kurz nach Mittag passierte es dann. Aber es war Gott sei Dank nichts Unangenehmes – eher eine freudige Entdeckung.

Auf dem Wasser war außer ihrer eigenen Schaumspur und Fridolins Fischschwanz, der ab und zu auftauchte, nicht das Geringste zu entdecken. Tobbi spielte gedankenverloren an dem Hebel mit dem gelben Knopf herum. Der Propeller war während der Wasserreise natürlich zusammengefaltet. Aber ehe er sich's versah, falteten sich jetzt die Propellerflügel auseinander. Und was dann geschah, war beinahe ein Wunder: Durch den sausenden Fahrtwind drehte sich der Propeller, wurde schneller und schneller, und – das Fliewatüüt erhob sich in die Luft! Jawohl, es flog! Fridolin zog es an der straff gespannten Schleppleine hinter sich her.

»Jetzt dreh ich durch! Klick!«, schrie Robbi und nahm vorsichtshalber das Steuer fest in beide Hände.

»Ach du grüne Neune! Wie ist so was bloß möglich?« Tobbi schaute den Freund verdutzt an.

»Da fragst du mich zu viel«, sagte der kopfschüttelnd. »Ich weiß nur, dass wir jetzt auf einmal in der Luft sind. Bin neugierig, wie lange wir oben bleiben.«

»Dass wir in der Luft sind, seh ich auch. Aber wie kann das angehen?«

»Denk mal nach!«, schlug Robbi vor. »Du bist der Erfinder. Vielleicht findest du eine Erklärung.«

»Worauf du dich verlassen kannst!«

Tobbi fing auch gleich mit dem Nachdenken an. Zeit genug dazu hatte er ja. Aber es war eine schwierige Frage, die gut und reiflich überlegt werden musste. Die waagerechten Erfinderdenkfalten standen eine ganze Zeit lang auf Tobbis Stirn.

»Pass mal auf!«, sagte er endlich zu Robbi. »Ob's stimmt, weiß ich nicht genau, aber ich kann keine bessere Erklärung finden. Die ganze Sache ist ähnlich wie beim Drachensteigen. Dabei läuft man mit seinem Drachen schnell gegen den Wind; der steigt dann hoch und bleibt so lange oben, wie der Wind weht oder bis man ihn an seinem Band wieder herunterholt. Hier macht Fridolin den Wind, weil er uns so schnell durchs Wasser zieht. Das gibt Fahrtwind. Unser Fliewatüüt ist nun der Drachen. Der Propeller wird nicht vom Motor, sondern vom Fahrtwind angetrieben und wir steigen hoch. Wir werden so lange oben bleiben, bis Fridolin abstoppt, um sich seinen Hering zum Abendessen zu holen. Du wirst es sehen!«

»Klingt alles ganz vernünftig«, gab der Roboter zu. »Da muss ich wohl höllisch aufpassen, dass wir nicht aufs Wasser plumpsen, wenn die Leine schlaff wird.«

Am Abend, beim »Heringsempfang«, zeigte sich, dass Tobbi recht hatte. Robbi konnte das Fliewatüüt sicher auf das Wasser bringen. Er hatte keine Schwierigkeiten damit, denn sie schwebten immer nur drei bis vier Meter über dem Meeresspiegel. Höher ging es einfach nicht, dazu war die Schleppleine zu kurz.

In der Nacht wurde es zunehmend kälter und am Morgen des dritten Tages war es eisig kalt. Tobbi zitterte und bibberte. Schnell zog er alle Unterhosen und Unterhemden an, die da waren. Es reichte aber immer noch nicht. Nun streifte er alles über, was er an Kleidern mit auf die Reise genommen hatte, und schließlich war er vermummt wie ein Nordpolforscher. Doch er fror trotzdem, weil es eben nicht die richtigen »Spezial-Nordpolforscher-Kleider« waren.

Der kleine Roboter entdeckte die erste Eisscholle kurz nach dem Mittagessen. Der Schnelle Fridolin hatte gerade eben seinen »Mittagshering« abgeholt, pünktlich wie immer. Einen Augenblick lang hatte er sein Maul noch weit offen stehen lassen, aber als kein zweiter Hering hineinplumpste, war er unverdrossen wieder an seine Schlepptrosse geeilt.

»Eis!«, schrie Robbi plötzlich. »Eis in Sicht!«

»Wo denn? Ich seh nichts.« Tobbi starrte mit zusammengekniffenen Augen nach vorn.

»Warte, in ein paar Minuten siehst du's auch«, meinte

Robbi. »Du hast keine Roboteraugen und da dauert's halt ein bisschen länger.«

Es dauerte fünf Minuten.

»Eis in Sicht! Eis in Sicht!« Tobbi hatte den feinen, weiß blinkenden Strich in der Ferne nun auch entdeckt.

Wieder eine halbe Stunde später wurden dann die Eisschollen so zahlreich wie Fettaugen auf der Fleischbrühe. Aber diese »Fettaugen« waren nicht durchsichtig und kreisrund – sie waren strahlend weiß und an den Kanten schimmerten sie grün und violett. Auch die »Fleischbrühe« war nicht kochend heiß und durchscheinend gelb, sondern eiskalt und von einem satten, dunklen Blau. Und viel interessanter als die öden, platten Scholleninseln waren die vielen kleinen und kleinsten Eisberge, die wie Schaumklöße in der blauen Suppe schwammen. Da gab es welche, die glichen riesigen Würfelzuckerstücken, andere schneeweißen Sommerhüten für Riesendamen oder dickbäuchigen Bienenkörben. Wieder andere hatten Ähnlichkeit mit Häusern, Kirchen, Kamelhöckern, Elefantenrücken und sogar Käseglocken und Fabeltieren. Dazwischen breitete sich ein Gewirr von blauen Kanälen aus, als hätte jemand ein ziemlich krakeliges Fischschuppenmuster mit dicken und dünnen Tintenstrichen auf ein weißes Zeichenblatt gemalt.

»Na, hoffentlich versucht Fridolin nicht unter einer Eisscholle durchzutauchen« , knurrte Robbi sorgenvoll.

»Sag bloß nicht so was! Dann wäre es aus mit uns!«, fiel ihm Tobbi ins Wort. »Entweder müssten wir U-Boot spielen oder wir würden an der Eiskante platt gedrückt. Platt wie eine Flunder!«

Aber ihre Besorgnis war umsonst. Fridolin war nicht nur der schnellste, er war auch der weitaus klügste Delfin der Welt. Elegant wie ein Slalomläufer flitzte er durch das Gewirr der Eiskanäle. Und plötzlich war es damit Schluss! Das Eis hatte sich zu einer einzigen, riesigen Scholle zusammengeschoben, die beinahe so groß zu sein schien wie das Meer selber.

Sie waren da.

Fridolin spuckte den Knoten aus und schob das Fliewatüüt mit einem sanften Schlenkern des Schwanzes bis dicht an den Eisrand heran. Seine Arbeit war getan.

»Na ... wie hab ich das gemacht?«, fragte er stolz und dann kam er gleich auf den Kern der Sache: »Und wie steht's mit der Sonderzuteilung?«

»Die hast du dir ehrlich verdient«, sagte Tobbi und Robbi klaubte die letzten Heringe aus dem Eimer. Es waren sogar fünf Stück, zwei mehr als versprochen. Sie verschwanden blitzschnell in Fridolins heringshungrigem Delfinrachen.

»Mhm – vielleicht noch einen ...?« Fridolin war gerade so richtig auf den Geschmack gekommen.

»Nicht eine einzige Heringsschuppe mehr – leider!«, bedauerte Robbi. Er hätte dem guten Fridolin noch einen ganzen Eimer mit Heringen gegönnt, wenn er ihn gehabt hätte.

»Moment!«, rief Tobbi. »Ich hab noch was ganz Feines für dich.« Ihm war die Dose »Heringe in Tomatensauce« eingefallen, die noch in der Proviantkiste liegen musste.

»'n Hering?«, Fridolin leckte sich schon die Lippen.

»Nee, viel was Besseres!«

»Vielleicht zwei Heringe ...?«

»Auch nicht. Heringe in Tomatensauce! Maul auf!«, kommandierte Tobbi und schüttete den Inhalt der Dose, die der Roboter blitzschnell geöffnet hatte, in Fridolins erwartungsvoll geöffnete Futterluke.

»Oooooh mmmmmhm ... Heringe in Tomaten ... muss ich Matthias unbedingt erzählen«, stöhnte Fridolin selig. »Vielleicht kann er welche besorgen ...«

Nun nahmen sie voneinander Abschied.

»Vielen, vielen Dank! Du warst großartig, Fridolin. Ehrlich, du bist bestimmt der allerschnellste Delfin der Welt. Grüß den Glücklichen Matthias noch einmal von uns. Und gute Heimreise!«

»Geht in Ordnung! Macht's gut!«, sagte der allerschnellste Delfin der Welt, machte einen gewaltigen Luftsprung und begab sich schwanzwedelnd auf die Heimreise. Wenn es nicht gerade um Matjesheringe ging, machte Fridolin nicht viel Worte ...

ACHTES KAPITEL

In diesem Kapitel ist es so kalt wie in einer Tiefkühltruhe. Man lernt Eskimokinder, -mütter, -großmütter, -urgroßmütter und alle Väter bis zum Eskimourgroßvater kennen. Außerdem noch eine Eskimolebertranfabrik, eine wundersame Eskimofrostsalbe, mollige Eskimokleidung und – fremdartige Eskimogerichte.

Robbi stand im Schnee, scharrte unruhig mit den Füßen und wackelte missgelaunt mit der Antenne. Diese unwirtliche, weiße Gegend ohne Baum und Strauch gefiel ihm nicht besonders.

»Weshalb – klick – liegt ein so berühmter geografischer Punkt wie der Nordpol ausgerechnet in einer Eiswüste. Klick«, beschwerte er sich. »Man hätte sich eine schönere Gegend dafür aussuchen sollen!«

»Und eine wärmere!«, murmelte Tobbi undeutlich hinter seinem Schal hervor. »Hier ist es ja so kalt wie in einer Tiefkühltruhe.«

Er hatte sich den Schal zweimal um das Gesicht gewickelt, sodass nur noch ein schmaler Spalt für seine Augen frei blieb. Und wenn der Schal ein bisschen herunterrutschte, dann stieß seine Nase einen Dampfstrahl aus, wie Matthias' Kupferkessel, wenn das Wasser kochte.

Robbi suchte ringsum alles ab, bis an den Horizont und sehr gründlich. Es nützte nichts: Kein Tier war zu sehen; kein Vogel ließ sich in der Luft blicken und von einem menschlichen Wesen war erst recht nichts zu entdecken.

Dabei brauchten sie einen Menschen am dringendsten, möglichst einen, der sich in dieser weißen Wüste gut auskannte. Aber anscheinend hatte der Schnelle Fridolin versehentlich in diesem einsamen Gebiet auch noch die allereinsamste Stelle als Landeplatz erwischt ...

»Nichts zu sehen. Gar nichts!«, knurrte Robbi enttäuscht. »Zu dumm! Wo kriegen wir jetzt jemanden her, der uns Lebertran besorgt und den Weg zum Nordpol zeigt?«

Tobbi zitterte und bibberte vor Kälte.

»I-ich weiß nicht. Ich w-weiß im Augenblick gar nichts«, stammelte er und seine Lippen zitterten, als er fortfuhr: »Ich weiß b-bloß, dass mir kalt ist. Ich glaube, ich habe schon keine Zehen mehr.«

»Verflixt kalte Gegend!«, sagte Robbi grimmig und schaute mitleidig auf den Freund; aber er konnte ihm auch nicht helfen. »Du musst laufen und mit den Füßen trampeln«, schlug er vor. »Ich ziehe inzwischen unser Fliewatüüt auf das Eis.«

Auch der kleine Roboter hatte ein ganz dummes Gefühl im Kopf, so, als könne er nur noch ganz langsam denken. Er wusste, dass er irgendetwas Wichtiges an sich tun sollte; aber er konnte nicht darauf kommen, was es war. Und auch in seinen Gelenken spürte er ein sonderbares Knirschen.

Tobbi lief im Kreis herum, trampelte mit den Füßen und schlug mit den Armen. Das sah ziemlich komisch aus. Etwa so wie ein Pinguin, wenn er über das Eis watschelt und mit seinen verkümmerten Flügelstummeln schlägt. Aber ein Pinguin tut so was nur zu seinem Vergnügen, während es bei Tobbi bitterer Ernst war.

Robbi zog das Fliewatüüt mit einem Schwung auf das Eis. Das Schleppseil war so steif gefroren wie ein Holzknüttel und der Knoten ließ sich nicht mehr lösen. Deshalb holte er eine kleine Säge aus seinem Fach, mit der er das widerspenstige Seil einfach durchsägte.

»I-i-ich halt's nich' mehr aus. Du m-musst F-Feuer machen. Mit P-Petroleum und Holz von der V-Verpflegungskiste«, brachte Tobbi mühsam heraus.

»Sofort!« Robbi wusste, dass Eile Not tat. Und obwohl er sich selber seltsam müde und träge fühlte, half er zuerst seinem Freund. Mit einer Hand ergriff er die Petroleumflasche vom Glücklichen Matthias; mit der anderen schüttete er den Inhalt der Kiste in den Gepäckraum. Dann riss er die Kiste auseinander, zerbrach sie mit seinen starken Roboterfingern in kleine Stücke und schichtete sie auf. Den Kistendeckel legte er als Unterlage in den Schnee. Das Holz übergoss er mit Petroleum. Ein Druck auf die untere, grüne Taste – ein Finger an Robbis Teleskophand wurde glühend, und schon züngelten die Flammen an dem kleinen Holzstapel empor. Der glühende Finger war nämlich Robbis Roboterfeuerzeug.

Tobbi kroch ganz nahe an das Feuer heran und wärmte sich Hände und Füße. Als er dann seinen Kopf in den aufsteigenden, warmen Luftstrom hielt, tauten sogar seine Gedanken wieder etwas auf. Vorher, als er im Kreis herumlief, hatte er nur einen einzigen Gedanken denken können, ähnlich wie eine Schallplatte, wenn die Nadel immerzu an der gleichen Stelle hakt: Mir ist so kalt ... so kalt ... so kalt ... so kalt ...

»Aaah, tut das gut! Ich hätt's keine drei Minuten länger ausgehalten«, war das Erste, was Tobbi sagte. Und das Zweite, was er sagte, war eine sehr brauchbare Idee: »Robbi, wir müssen noch mehr Rauch machen, ganz dicken schwarzen Rauch.«

»Wozu das denn?«

»Als Notsignal. Schwarzer Rauch ist weithin zu sehen. Und ganz besonders in dieser Gegend, weil es hier keine Berge gibt.«

Das leuchtete dem kleinen Roboter ein. »Sehr guter Einfall!«, lobte er. »Das mit dem Rauch ist kein Problem. Ich habe Putzlappen und Öl hier, und wenn wir das verbrennen, gibt es dicken, schwarzen Qualm.«

Robbi tränkte einen Lappen mit Maschinenöl und warf ihn auf das Feuer. Und siehe da, es klappte: Eine schwarze Rauchsäule stieg wie ein mahnender Zeigefinger kerzengerade in die Luft.

»Du kannst das Feuer versorgen und dich wärmen«, sagte Robbi. »Ich halte indessen Ausschau, ob jemand kommt. Aber achte darauf, dass unser Rauchzeichen nicht abreißt. Und sei sparsam mit dem Öl. Wir haben nur diese eine Kanne voll.«

»Glaubst du, dass man unser Zeichen sehen wird?«

»Klar wird man es bemerken! Aber wahrscheinlich wird's ein Weilchen dauern, bis Hilfe hier ist«, meinte der kleine Roboter zuversichtlich. Doch er glaubte nicht so ganz an seine Worte. Andererseits wollte er Tobbi nicht allen Mut nehmen. Und schließlich gab es ja auch noch glückliche Zufälle.

Tobbi legte Holz nach und tropfte Öl auf den rauchenden Lappen. Alle Augenblicke fragte er: »Siehst du schon was, Robbi?«

»Noch nicht«, antwortete Robbi immer wieder, »aber wart's nur ab – es sind bestimmt schon Leute unterwegs.«

Sie mussten allerdings schon sehr viel Glück haben, wenn ihr Notsignal in dieser einsamen Nordpolgegend von Menschen gesehen werden sollte. Städte und Dörfer gab es hier genauso wenig wie Bäume und Büsche. Und wenn es hier überhaupt Menschen gab, dann konnte es sich nur um einige Nordpolforscher, um eine wandernde Eskimolebertranfabrik oder um eine Jagdgesellschaft handeln.

Plötzlich schrie Robbi aufgeregt: »Klick! Ich seh was! Klick!«

»Kommt jemand?«, fragte Tobbi hoffnungsvoll. »Es wird höchste Zeit. Unser Feuer geht aus. Holz und Öl sind alle und ich friere schon wieder ganz schrecklich.«

»Ein Schlitten kommt«, berichtete Robbi und schaute ganz scharf durch das grüne Auge. »Er wird von Hunden gezogen und kommt schnell näher. Es sitzt ... nein, zwei Menschen sitzen auf dem Schlitten. Ich schätze, es wird noch ein paar Minuten dauern, bis sie hier sind. Kannst du es noch so lange aushalten?«

»Ich w-will's h-hoffen!«, bibberte Tobbi und begann wieder im Kreis herumzulaufen.

Der Schnee knirschte unter den Kufen, als der Schlitten stoppte. Sechs Schlittenhunde, die wie große Wollknäuel aussahen, ließen sechs blaurote Zungen heraushängen und bliesen sechs weiße Dampfwolken in die Luft.

Zwei pelzvermummte Gestalten sprangen vom Schlitten: ein Eskimojunge, der etwa zwei Fingerbreit größer war als Tobbi, und seine jüngere Schwester, die einen guten halben Kopf kleiner war.

»Wir haben euer Rauchsignal gesehen. Seid ihr in Not? Können wir helfen?«, fragte der Junge sofort.

»Bitte – klick – helft meinem Freund! Sonst erfrieren ihm Hände und Füße!«, bat der Roboter flehentlich und zeigte auf Tobbi, der zähneklappernd dastand.

»Mach unsere Reserve-Pelzkleider los und nimm die Frostsalbe aus dem Beutel!«, befahl der Eskimojunge seiner Schwester und eilte zu Tobbi.

»Wo frierst du am meisten?«

Tobbi zeigte stumm auf seine Füße.

Er musste sich auf den Schlitten setzen und im Nu wurden ihm Stiefel und Strümpfe abgestreift. Dann wurden ihm Füße und Hände mit Schnee eingerieben und die Eskimokinder rubbelten so lange, bis Zehen und Finger krebsrot waren.

Es tat abscheulich weh. Zuerst krabbelte es, so, als würden fünfhundert Ameisen auf Tobbis Händen und Füßen herumkrabbeln. Bald waren es schon tausend und zuletzt mindestens fünftausend Ameisen. Dann waren es plötzlich keine Ameisen mehr, sondern genauso viele glühende Nadeln, die auf Tobbi einstachen. Und aus den Nadeln wurden glühende Messer. Zum Schluss tat es überall gleichzeitig weh: in Kniescheiben, Rücken, Ohrläppchen und Haarspitzen. Tobbi hatte noch nie in seinem Leben solche Schmerzen erdulden müssen, nicht einmal beim Zahnarzt!

»Es tut schlimm weh, nicht wahr?«, sagte das Eskimomädchen mitleidig.

»E-esss g-geht ssss ...«, knirschte Tobbi mit zusammengebissenen Zähnen. Dabei zischte er wie eine Dampflokomotive und die Tränen kullerten ihm über die Backen. Dagegen konnte er einfach nichts machen.

»Du bist sehr tapfer«, sagte der Eskimojunge anerkennend.

Robbi rannte auf und ab und ließ die Antenne trübsinnig hängen.

»Diese dämliche Kälte ... klick ... diese dämliche Kälte ... klick!«, schimpfte er erbittert vor sich hin und fühlte sich selber hundeelend.

»Gleich sind die Schmerzen vorbei«, tröstete das Eskimomädchen und sie schmierte Tobbis Hände und Füße mit einer grüngelben Salbe ein.

Wirklich, die Schmerzen waren auf einmal wie weggeblasen!

»Eine Wundersalbe!«, stöhnte Tobbi erleichtert. Er stieß einen Seufzer aus, der mindestens dreieinhalb Meter lang war.

»Nicht wahr, die Salbe tut gut?«, meinte das Mädchen. »Nu-nu-tai-tai-tai, meine Urgroßmutter, hat sie selber erfunden.«

Es war wirklich eine gute Salbe, die die Urgroßmutter da zusammengebraut hatte. Das Rezept war ungefähr so: Auf einen Marmeladeneimer voll reinem Walrossflossenspeck kamen drei Schöpfkellen voll Eisbärentatzenschmalz, sieben Schneeeulen-Eidotter, drei mittelgroße Dorschlebern, dreizehn Gramm pulverisierter Seebären-

Backenzahn, ein Esslöffel voll getrocknete, geriebene Moschusochsen-Ohrenspitzen und eine Messerspitze Vanillezucker.

Dann wurde Tobbi neu eingekleidet.

Die Strümpfe waren dreidoppelt gestrickt aus Moschusochsenwolle, die warmen Stiefel aus weichem Seehundsbauchfell mit sammetweichen Schneeeulen-Daunen ausgepolstert; Jacke und Hose waren aus zähem Seelöwenleder geschneidert und innen mit Eisbärenpelz gefüttert, die Kapuze bestand aus lauter molligen Blaufuchsschwänzen und die Handschuhe aus Vielfraßpelz. Damit man sie nicht so leicht verlieren konnte, wurden sie an einer Kordel aus geflochtenen Seebären-Schnurrbarthaaren um den Hals getragen.

»Na, wie fühlst du dich jetzt?«, erkundigte sich der Eskimojunge.

»So mollig wie in einem Backofen!« Tobbi sprang vom Schlitten und legte seinen Rettern die Arme um die Schultern. »Vielen Dank, dass ihr mir so schnell geholfen habt! Ich fürchte, wäret ihr nur zehn Minuten später gekommen, ich wäre wohl nur noch ein Eiszapfen gewesen.«

»Es wurde allerdings höchste Zeit«, pflichtete der Junge bei. »Die Kälte ist hier tödlich, wenn man nicht die richtigen Kleider hat. Ihr seid wohl zum ersten Mal in dieser Gegend.«

»Ja. Zum allerersten Mal!«, bestätigte Tobbi. »Entschuldigt, ich habe noch nicht unsere Namen genannt: Ich heiße Tobbi. Und das ist mein Freund Robbi, ein Roboter aus der dritten Robotklasse.«

Robbi wackelte höflich mit der Antenne und machte eine besonders tiefe Verbeugung vor der kleinen Eskimodame. Schließlich wusste er, was sich gehört.

»Ich heiße Na-na und meine Schwester heißt Nu-nu«, nannte der Eskimojunge ihre Namen.

»Haben Roboter auch ein eisernes Herz?«, wollte Nu-nu gleich wissen.

»Ewig diese dummen Fragen! Dass du dir das nicht abgewöhnen kannst!«, sagte Na-na ärgerlich.

»Oh – klick – das macht nichts.« Robbi setzte sein freundlichstes Roboterlächeln auf und schwindelte glattweg: »Du hast ganz recht, kleine Eisfee, wir Roboter haben ein eisernes Herz.« Dabei hatte er keine Ahnung, wie sein Roboterherz aussah, weil er es noch nie gesehen hatte.

»Siehst du, er hat ein eisernes Herz! Und ›kleine Eisfee‹ hat er zu mir gesagt!«, triumphierte Nu-nu. Und zu Rob-

bi sagte sie: »Ich glaube, du bist ein sehr netter Roboter. Du gefällst mir.«

»Oh – klick – danke viel ... Quatsch! Vielen Dank!, wollte ich sagen Du gefällst mir auch. Hm – klick.« Robbi war völlig durcheinander. Das hatte noch niemand zu ihm gesagt. Vor allem kein Mädchen. Und wenn ein Roboter hätte rot werden können, wäre er jetzt so rot gewesen wie eine Tomate.

Na-na zeigte auf das Fliewatüüt.

»Seid ihr damit hergeflogen?«, fragte er interessiert.

»Nein, ein Delfin, genauer gesagt, der schnellste Delfin der Welt hat uns hierher geschleppt«, gab Tobbi Auskunft. »Wir konnten leider nicht fliegen, weil uns der Lebertran fehlte.«

»Lebertran ...? Braucht ihr etwa Lebertran?«

»Dringend sogar. Als Treibstoff«, erläuterte der Roboter.

»Könnt ihr uns vielleicht Lebertran besorgen?«, fragte Tobbi begierig.

Na-na und Nu-nu lachten beide laut los.

»Nichts leichter als das!«, erklärte Na-na. »Ihr hättet es gar nicht besser treffen können – unser Vater ...«

»... hat nämlich eine kleine Lebertranfabrik. Wir haben sogar einen Beutel mit Lebertran auf unserem Schlitten«, nahm Nu-nu ihm das Wort aus dem Mund.

»Lebertranfabrik? Gerettet!«, jubelte Tobbi.

Und Robbi fügte hinzu: »Dann sind wir also doch in der richtigen Gegend gelandet!«

Nu-nu holte den Seehundsfellbeutel mit Lebertran; Robbi füllte den Tank und eine Minute später lief der

Fliewatüüt-Motor. Er lief so ruhig und gleichmäßig, als hätte er nie etwas anderes als Lebertran geschluckt.

»Wie wär's, wenn wir jetzt zu uns nach Hause fahren. Dort bekommt ihr etwas Warmes zu essen und dann bitten wir meinen Vater, dass er euch Lebertran gibt«, schlug Na-na vor.

»Darf ich mitfliegen? Ich darf doch?«, bettelte Nu-nu und schaute Robbi mit ihren Brombeeraugen an.

»Da seht ihr's!«, sagte Na-na vorwurfsvoll. »Immer muss sie sich vordrängeln.«

Robbi kniff das rote Auge zu und blinzelte Tobbi zu. Tobbi blinzelte zurück und meinte:

»Ich möchte gern eine Schlittenfahrt machen – wenn ich darf.«

»Natürlich darfst du! Steig nur auf!«, sagte Na-na schon wieder versöhnt.

Tobbi setzte sich auf den Schlitten und Nu-nu ließ sich von Robbi in den Kopilotensitz helfen.

Die erste Schlittenreise wurde für Tobbi genauso ein unvergessliches Erlebnis wie die erste Flugreise für Nu-nu.

Unterwegs tröstete Tobbi seinen Kutscher Na-na: »Den nächsten Flug machen wir beide zusammen. Ich kann nämlich auch fliegen.«

Oben im Fliewatüüt erklärte Nu-nu begeistert: »Du, ich könnte den ganzen Tag fliegen. Robbi, flieg bitte noch einen Kreis. Robbi, jetzt noch eine Acht!«

Der kleine Roboter flog gehorsam Kreise und Achten; aber die Flugfiguren wurden von Mal zu Mal schlechter. Und zuletzt machte das Fliewatüüt sogar ganz merkwürdige Schaukelbewegungen in der Luft.

Tobbi, der das während der Schlittenfahrt beobachtete, meinte verwundert: »Was macht Robbi denn da oben? Dem wird doch wohl nicht die Hand am Steuerknüppel festgefroren sein?« Aber er ahnte natürlich nicht, dass es seinem Roboterfreund oben in der Luft sehr schlecht ging.

Robbi verspürte eine sonderbare Müdigkeit, wie er sie bisher in seinem Roboterleben noch nie gefühlt hatte. Sein Kopf war schwer wie ein Bleiklumpen und seine Gedanken schienen zu einem Eisblock zusammengefroren zu sein. Seine Bewegungen wurden immer langsamer und schwerfälliger. Das Fliewatüüt begann in der Luft zu torkeln.

»Sind – wir – bald – da? Ich glaube ... ich ...«, brachte Robbi mühsam Wort für Wort heraus. Er versuchte krampfhaft die Augen offen zu halten.

Nu-nu schaute hinab.

»Wir sind da!«, rief sie. »Unter uns ist unser Schneehaus.« Sie drehte sich um und schaute besorgt auf den kleinen Roboter. »Fehlt dir was?«

Robbi gab keine Antwort. Er klickte ein paar Mal verzweifelt vor sich hin und krampfte seine Hände um das Steuer. Dann riss er den Gashebel zurück. Das Fliewatüüt fiel förmlich vom Himmel herunter. Mit einem harten Bums setzte es auf dem Eis auf, dabei hüpfte es wie ein Gummiball. Es klirrte und klapperte. Nu-nu wurde gehörig durchgeschüttelt und wusste nicht, wie ihr geschah. Robbis Kopf aber war nach vorn auf die Steuersäule gesunken.

»Robbi! Robbiiii!«, schrie die kleine Nu-nu verstört und rüttelte ihn an der Schulter. »Was hast du? Robbi, wach auf!«

Aber der kleine Roboter rührte sich nicht.

Na-na und Tobbi, die diese missglückte Landung von weitem beobachtet hatten, kamen mit dem Hundeschlitten herangeprescht.

»Mit Robbi muss irgendetwas los sein!«, keuchte Tobbi, sprang vom Schlitten und rannte auf das Fliewatüüt zu. »Eine solche ›Bumslandung‹ hat er noch nie gemacht.«

»Er ist ohnmächtig«, schluchzte Nu-nu.

Tobbi versuchte den Freund wachzurütteln, aber Robbi gab im Augenblick kein Lebenszeichen von sich.

»Schnell, wir müssen ihn in unser warmes Schneehaus transportieren!«, befahl Na-na, der inzwischen herangekommen war, nachdem er den Schlittenhunden befohlen hatte sich nicht von der Stelle zu rühren.

Es war ein schweres Stück Arbeit, den kleinen Roboter aus dem Sitz zu heben und ihn in das Schneehaus zu schaffen; aber mit vereinten Kräften gelang es.

»Nu-nu-tai, es ist ein Unglück passiert«, war das Erste, was Na-na zu seiner Mutter sagte, die in einem großen, eisernen Kochtopf rührte. Sie war eine kleine, rundliche Eskimofrau und hatte genau dieselben Brombeeraugen wie ihre Tochter Nu-nu.

»Er ist ohnmächtig, der liebe, kleine Roboter«, weinte Nu-nu von neuem los. »Wir müssen ihm schnell helfen.«

»Legt ihn dort auf das weiche Eisbärenfell«, sagte Nu-nu-tai und ließ den Kochlöffel los. »Ich werde sofort heißen Lebertran bereiten. Das wird ihm guttun.«

Tobbi, der sich ganz schnell vor der Eskimofrau verbeugt und seinen Namen gemurmelt hatte, kniete nun neben seinem Freund nieder.

»Robbi, lieber Robbi«, flehte er, »sag doch was. Nur ein einziges Wort! Bitte!«

Da öffnete der kleine Roboter mühsam das rote Roboterauge und murmelte undeutlich:

»Tobbi, du ... klick ... oberes Fach links ... Notrolle ... weißes Schriftband ... alles ... tun ... was ...« Erschöpft klappte er das rote Auge wieder zu.

Jemand anderes als Tobbi hätte mit diesen dahergestammelten Wortfetzen gar nichts anfangen können. Tobbi aber erinnerte sich sofort, dass Robbi zu Beginn ihrer Bekanntschaft von einer »Erste-Hilfe-Rolle« für Roboter gesprochen hatte. Blitzschnell öffnete er das angegebene Fach, holte die kleine weiße Rolle hervor und entrollte sie.

»Verflixt! Lochschrift ...«, stöhnte er und spulte eilig noch mehr Papier ab. »Aha – hier kommt schon die Druckschrift ... Erste Hilfe ... bei Arm- und Beinbrüchen – nein ... übergroßer Hitze – auch nicht aber hier: bei übermäßiger Kälte ... das ist es!« Tobbi las die Anweisungen gründlich durch. Dann führte er sie nacheinander aus, wobei er wieder laut vor sich hin murmelte: »Rechte, untere Klappe öffnen! ... An der linken Wandseite Drehknopf auf Stellung ›3‹ schalten zum Vorheizen – eine Minute warten – dann auf Stellung ›6‹ schalten ... obere, blaue Taste – gleich Notautomatik – eindrücken ... warten ... bei beginnenden Lebenszeichen noch einmal drücken ...«

Genau drei Minuten später schlug Robbi beide Roboteraugen wieder auf. Tobbi, dessen Zeigefinger die ganze Zeit über auf der blauen Taste lag, drückte sie ein.

»Du ... du hast die Notrolle gefunden?«, sagte Robbi leise und stockend, aber man merkte deutlich, wie er sich von Sekunde zu Sekunde erholte.

»Ja, ich habe sie gefunden und alles genau ausgeführt.«

Tobbi stieß einen langen, erleichterten Seufzer aus und schaute den Freund liebevoll an. »Bist du wieder in Ordnung?«

Robbi richtete sich auf.

»Ich fühle mich wieder tipptopp, klick«, erklärte er dankbar. »Zu dumm, dass mir die ›Erste-Hilfe-Rolle‹ erst eingefallen ist, als es fast schon zu spät war! Zuletzt sah ich bunte Sterne vor den Augen. Ich konnte gerade noch landen; dann verlor ich die Besinnung. Ehrlich gesagt, eine sehr schlechte Landung. Doch es hätte nicht viel gefehlt und wir wären abgestürzt.« Robbi drückte Tobbis Hand und wackelte dankbar mit der Antenne. »Du hast mir das Leben gerettet. Ich danke dir!«, sagte er leise.

Nu-nu, Na-na und ihre Mutter Nu-nu-tai hatten staunend zugeschaut und nicht gewagt ein einziges Wort zu sprechen, um Tobbi nicht zu stören. Jetzt freuten sie sich alle über die glückliche Errettung des kleinen Roboters. Und am meisten freute sich das Eskimomädchen Nu-nu, die in dem Schneehaus umhertanzte.

Übrigens, die Eltern von Nu-nu und Na-na sowie die Großeltern und Urgroßeltern väterlicherseits wohnten alle zusammen in dieser merkwürdigen Schneehütte. Sie sah wie ein riesiger, weißer Bienenkorb aus und war nicht ganz halb so groß wie ein gewöhnliches Haus aus Ziegelsteinen. Eigentlich war es nur eine Sommerwohnung; denn die Eskimofamilie hielt sich nur während der Sommermonate in der Nordpolgegend auf, um Lebertran zu kochen.

Das Schneehaus – die Eskimos nannten es »Iglu« – besaß ein schmales, rechteckiges Türloch und ringsherum eine Anzahl von kleinen, quadratischen Löchern, durch welche Licht und Luft in das Innere gelangen konnten. Nachts wurden diese Löcher – bis auf zwei – mit Fellresten zugestopft und die Türöffnung wurde einfach mit einem Eisbärenfell verhängt. Solch unbequeme Arbeiten wie »Fensterscheiben putzen« und »Türklinken polieren« brauchten die Eskimohausfrauen also nicht zu tun.

»Was gibt's denn heute zum Mittagessen?«, schnupperte Nu-nu.

Nu-nu-tai lachte, wobei ihr Mund so breit wurde, dass er fast bis an die Ohrläppchen reichte.

»Geschmorte Vielfraßrippchen mit Seetangpüree gibt es, du Topfgucker.«

»Magst du so was?«, fragte sie den Roboter, der inzwischen von seinem Fell aufgestanden war.

»Wir Roboter essen nichts«, klärte er das kleine Eskimomädchen auf.

»Aber ich muss schon sagen – geschmorte Vielfraßrippchen klingt – klick – ungewöhnlich appetitlich.«

»Und du?«, wendete sich Na-na an Tobbi.

»Ich ...? Ich habe solch ein Gericht noch nie gegessen. Aber ich glaube, es wird mir vorzüglich schmecken«, sagte Tobbi tapfer. Er war so unsagbar glücklich über Robbis Rettung und fühlte sich so mollig warm in seiner Fellkleidung, dass er notfalls auch »Eisbärennasen-Gulasch mit gezuckerten Schneebällen« gegessen hätte.

»Na also! Dann ist ja alles in Ordnung«, meinte Nu-nu-tai. »Aber jetzt raus mit euch! Das Essen ist erst in einer halben Stunde fertig. Nu-nu und Na-na, zeigt euren neuen Freunden indessen die Lebertranfabrik.«

Die Eskimolebertranfabrik hatte nicht die geringste Ähnlichkeit mit irgendeiner anderen Fabrik. Zunächst einmal fehlte das Dach. Das war aber höchstens ein Vorteil, weil so der lästige Trangestank besser abziehen konnte. Außen bestand die Fabrik nur aus mannshohen Schneemauern, die ein großes Rechteck bildeten. Der eigentliche Trankochapparat stand in der Mitte. An drei zimmerhohen Walfischrippen, die eine Art Dreibein bildeten, hing ein großer Kupferkessel. Darunter prasselte ein lustiges Feuer, praktischerweise mit den gleichen Speckwürfeln angeheizt, die auch zu Lebertran verkocht wurden. Holz und Kohlen gab es nämlich in dieser Gegend nicht. Und in dem Kessel schmurgelten dann die großen Walfischspeckwürfel, so lange, bis sie den reinen, gelben Lebertran ausschwitzten. Der Vorgang war also genauso, als wenn man Schweinespeck zu Schmalz ausbrät, nur dass hier der Kessel und die Speckwürfel größer waren und der Tran nicht farblos, sondern eben goldgelb aussah.

Vor dem Kessel stand Urgroßmutter Nu-nu-tai-tai-tai und rührte pausenlos mit einem großen Walrossbein-Löffel darin herum. Damit der fertige Lebertran später keinen angebrannten Beigeschmack bekam.

Ihr Mann, Urgroßvater Na-na-tak-tak-tak, holte schuhkartongroße Speckstücke von einem Haufen und schob sie seinem Sohn, Großvater Na-na-tak-tak zu. Der schnitt sie einmal kreuz und quer in vier kleinere Würfel. Und je nach Bedarf warf er davon eine Schürze voll in den Trankessel. Seine Frau, Großmutter Nu-nu-tai-tai, füllte den fertigen Lebertran dann mit einer großen Schöpfkelle in

bereitliegende Seehundsfellbeutel ab. Na-na-tak, ihr Sohn und Na-nas und Nu-nus Vater, war der Chef der Firma. Er stöpselte die Beutel mit geschnitzten Eisbären-Backenzähnen zu, wog sie und notierte alles in ein Notizbuch, das er sich um den Hals gehängt hatte.

Man konnte deutlich erkennen, dass es sich hier um einen reinen Familienbetrieb handelte.

Die Sache mit den Eskimonamen hörte sich zunächst etwas verwirrend an, war aber in Wirklichkeit ganz einfach: Na-nas Vater hieß Na-na-tak. Und »tak« hieß »Vater«. Weil Na-nas Großvater aber der Vater von Na-nas Vater war, wurde noch ein »tak« hinten angehängt. Nanas Urgroßvater war wiederum der Vater von Na-nas Großvater und deshalb wurde ihm noch ein drittes »tak«

angebaumelt. Bei den Eskimomüttern, Großmüttern und Urgroßmüttern wurde es genauso gemacht, mit dem Unterschied, dass man bei ihnen ein »tai« anhängte, »tai« hieß nämlich »Mutter«. Nu-nus Ururgroßvater hätte also Na-na-tak-tak-tak-tak heißen müssen und seine Ururgroßmutter Nu-nu-tai-tai-tai-tai. Aber alle beide waren schon vor fünf Jahren gestorben ...

Ja, so einfach war die Geschichte mit den Eskimonamen.

Na-na machte seine Freunde mit der ganzen Familie bekannt. Und alle waren sehr freundlich zu den beiden.

Nu-nu flüsterte ihrem Vater etwas ins Ohr.

»Aber gewiss!«, sagte Na-na-tak. »Gewiss sollen sie ihren Lebertran haben. Vom allerbesten. Und so viel sie wollen!«

»Feierabend!«, rief Nu-nu-tai-tai-tai und klopfte mit dem Rührlöffel gegen die Kesselwand, dass es dröhnte. »Feierabend!«

Ihr Sohn, Na-na-tak-tak, warf zwei Dutzend Schaufeln Schnee auf das Feuer, damit es ausging. Für heute war Schluss mit der Arbeit.

Dabei hätten die Eskimos, wenn sie nur gewollt hätten, Tag und Nacht arbeiten können, weil es zur Zeit hier oben gar keine Nacht gab. Es wurde einfach nie dunkel! Das klingt unglaublich – ist aber so. In der Gegend um den Nordpol herum herrscht nämlich ein halbes Jahr lang, im Polarsommer, ewiger Tag. Die Sonne geht nicht unter. Während des anderen halben Jahres, im Polarwinter, herrscht dagegen ewige Nacht, denn die Sonne geht einfach nicht auf.

Die geschmorten Vielfraßrippchen mundeten Tobbi ganz ausgezeichnet. Sie waren sogar noch eine Idee pikanter als gebratene Schweinsrippen. Auch gegen das Seetangpüree war nichts einzuwenden, es schmeckte fast wie Spinat.

Nach dem Essen wurde Tobbi gebeten seine Geschichte zu erzählen. Die Eskimofamilie war schon sehr gespannt darauf, weil sie nur selten erfuhren, was es in der übrigen Welt Neues gab.

Und während sie gespannt zuhörten, verrichtete jeder von ihnen noch nebenbei eine kleine Arbeit: Nu-nu-tai-tai und Nu-nu-tai-tai-tai strickten. Nu-nu-tai stopfte Strümpfe. Na-na-tak-tak nähte Lebertranbeutel auf Vorrat und Na-na-tak-tak-tak hatte einen Haufen Eisbärenzähne vor sich liegen, aus denen er Verschlussstöpsel schnitzte. Na-na-tak, als Firmenchef, kümmerte sich um die Buchführung.

»Ja, und nun müssen wir uns auf die Suche nach dem Nordpol machen«, schloss Tobbi seinen Bericht. »Weiß vielleicht einer zufällig, ob dort jemand wohnt, dessen Name mit einem ›Z‹ anfängt?«

»Zurzeit wohnt ein Nordpolforscher direkt auf dem Nordpol. Wir beliefern ihn sogar mit Lampenlebertran und anderen Sachen«, wusste Na-na-tak zu sagen. »Leider habe ich den Namen wieder vergessen. Ich schreibe mir nur die Namen der auswärtigen Kunden auf. Weiß einer von euch den Namen?«, wendete er sich an seine Familie.

»Wir nennen ihn nur den Nordpolforscher«, meinte Na-na-tak-tak. »Aber ich glaube, es kommt ein O in seinem Namen vor.«

»Nein, ein U und ein F«, war Na-na-tak-tak-taks Meinung.

»Was redet ihr da?«, wollte Uroma Nu-nu-tai-tai-tai wissen.

»Wir können uns nicht einig werden, wie der Nordpolforscher heißt«, schrie ihr Na-na-tak-tak ins Ohr.

»Ach was, er hieß ›Nebenbei‹, nein, ›Untendrunter‹! Oder war‘s ›Mittendrin‹...? So was Ähnliches war's!«, brummte Nu-nu-tai-tai-tai ärgerlich vor sich hin, weil sie selber nicht auf den Namen kommen konnte.

»Wir müssen es aber genau wissen«, erklärte Tobbi. »Wie kommen wir am besten zum Nordpol?«

Na-na-tak klappte sein Geschäftsbuch zu.

»Wisst ihr was?«, sagte er. »Nu-nu und Na-na können euch hinführen und dabei gleich die Waren mitnehmen, die der Nordpolforscher bis Ende dieser Woche bestellt hat. Einverstanden?«

»Einverstanden!«, stimmte die ganze Eskimofamilie begeistert zu und man vereinbarte, dass die Reise gleich morgen früh losgehen sollte.

Jetzt hatte die kleine Nu-nu, die die ganze Zeit über an einigen Pelzstücken gestichelt hatte, noch eine Überraschung für den Roboter.

»Das habe ich für dich genäht, Robbi«, sagte sie und streifte ihm eine Pelzkappe über den Roboterkopf, die oben ein Loch für die Antenne und an beiden Seiten je ein Loch für die Ohrmuscheln hatte. Außerdem zog sie ihm noch ein Paar Fellschuhe über die Eisenfüße. Damit er in Zukunft nicht so leicht ausrutschen konnte!

Robbi sagte nur »klick« und wackelte gerührt mit der Antenne. So sehr freute er sich!

Und auch für Tobbi gab es noch eine Überraschung: Er bekam nämlich die Pelzkleider, die er anhatte, von Nanas Mutter geschenkt.

NEUNTES KAPITEL

Vieles ist sonderbar: der Abschied bei den Eskimos zum Beispiel. Polarlichter sind nicht nur sonderbar, sondern auch wunderschön. Eisbären zeigen eine sonderbare und wenig schöne Art friedlichen Reisenden gegenüber; und ein gelehrter Nordpolforscher hat außer einem sonderbaren Namen auch noch eine sonderbare Vorliebe für sonderbare Suppen.

Am nächsten Morgen gab es gleich nach dem Frühstück viel zu tun: Die kleine Expedition musste für die Reise zum Nordpol ausgerüstet werden. Und deshalb wurde die Arbeit in der Lebertranfabrik um eine Stunde verschoben. Nur Urgroßvater Na-na-tak-tak-tak lief noch schnell hinüber, um das Feuer unter dem Trankessel anzuheizen.

Die vier Frauen schmierten bergeweise Brote nach Eskimoart. Als Reiseproviant. Nu-nu-tai schnitt nur Brotscheiben ab. Nu-nu-tai-tai bestrich sie mit Walfischmargarine oder Eisbärentatzenschmalz und Nu-nu-tai-tai-tai belegte sie mit den allerfeinsten Delikatessen: gepökeltem Walrossnacken, zartrosa Eisbärenschinken, hart gekochten Schnee-Euleneiern, Murmeltierpfötchen in Aspik und wohlschmeckender Seelöwenleberwurst. Und zwar ganz dick – wie es Urgroßmütter so an sich haben. Die kleine Nu-nu packte die fertigen Schnitten dann sorgfältig in weiche Lederbeutel und brachte sie zum Schlitten.

Vater Na-na-tak füllte eigenhändig fünf große Seehundsbeutel mit goldgelbem Lebertran der Marke 1 a »Extraprima«, und die schenkte er Robbi und Tobbi als Treibstoff für das Fliewatüüt. Robbi verstaute sie sorgfältig im Gepäckraum. Dabei kontrollierte er jeden Beutel, ob der Verschlussstöpsel auch ganz fest saß.

»Damit können wir – klick – bis ans Ende der Welt fliegen!«, rief er glücklich.

Na-na-tak-tak schnallte die Ausrüstung fest: vier pelzgefütterte Schlafsäcke, ein Seebärenfellzelt für vier Personen, zwei Kochtöpfe, vier Becher, einen Trankocher und einen Beutel mit kleinen Walfischspeckwürfeln, um den Kocher anzuheizen.

Und Na-na-tak-tak-tak, der inzwischen wiedergekommen war, brachte die Sachen herbei, die der Nordpolforscher bestellt hatte: drei Paar warme Socken, die Großmutter Nu-nu-tai-tai gestrickt hatte; zwei noch wärmere, lange Unterhosen, die jedoch Urgroßmutter Nu-nu-tai-tai-tai gestrickt hatte; einen neuen Docht und drei Beutel besonders dünnen Lampenlebertran Marke 4 c für seine Tranlampe und noch fünf Kilo hauchdünn geschnittene Eisbärenschinkenscheiben, die der Nordpolforscher mit Vorliebe zum Frühstück aß.

Na-na kümmerte sich um die sechs Schlittenhunde. Zuerst schirrte er sie an und dann packte er das Hundefutter ein: gesalzenen, getrockneten Dorsch und Markknochen.

Es bestand übrigens gar keine Gefahr, dass die Nahrungsmittel verderben konnten – die ganze Gegend um den Nordpol herum war eine einzige große Tiefkühltruhe.

Nur Tobbi hatte nichts zu tun. Das bedeutete aber nicht, dass er nichts tat: Er ließ sich von Robbi Bleistift, Schreibheft und Zeichenblock geben und machte sich Aufzeichnungen, damit er später in der Schule über die Lebensgewohnheiten der Eskimos berichten konnte. Denn von seinen Klassenkameraden war noch niemand so hoch droben im Norden gewesen. Selbst der Lehrer nicht. Zum Schluss machte er sogar noch ein paar Zeichnungen: einen Grundriss von der Lebertranfabrik mit allen Einrichtungen; eine Ansicht von dem Eskimoschneehaus, wie die ganze Eskimofamilie davorstand, und eine kleine Skizze von dem Hundeschlitten mit den weißgelben Kufen aus Walfischschwanzgräten. Nur das Porträt von Urgroßmutter Nu-nu-tai-tai-tai ging ihm daneben – sie hatte einfach zu viele Runzeln. Man konnte sie nicht alle aufs Papier bringen ...

Dann kam der Abschied.

Und es war ein Abschied nach Eskimoart: Die ganze Familie trat in einer Linie an. Die Urgroßeltern standen ganz rechts, die Eltern ganz links und die Großeltern in der Mitte. Na-na, Nu-nu, Tobbi und Robbi schritten nun diese Linie ab – genau wie bei einer Parade – und tippten jedem Familienmitglied mit dem Zeigefinger der rechten Hand ganz kurz auf die Nasenspitze. Und alle tippten auf die gleiche Weise zurück. Dabei wurde nicht ein einziges Wort gesprochen. Aber als dann alle die Reihe durch waren, riefen die vier Abreisenden im Chor:

»Auf Wiedersehen und Dank, Dank, Dank!«

Und die Familie antwortete ebenfalls im Chor:

»Gute Reise! Macht's gut – gut – gut!«

Das war alles und es war wirklich eine überaus praktische Art des Abschiednehmens. So gab es kein Menschenknäuel, bei dem jeder dem anderen kreuz und quer die Hand schütteln wollte und nicht konnte, weil immer gerade ein anderer Arm im Wege war. Und es gab auch kein Geschrei und Gerufe, bei dem jeder unbedingt etwas sagen wollte und keiner den anderen verstand. Gewinkt wurde auch nicht.

»Man kann von fremden Völkern eine Menge lernen«, sagte Tobbi, dem diese Art des Abschieds sehr gefiel.

»Das ist mir auch schon aufgefallen«, brummte der Roboter und rückte seinen Eisenpopo auf dem Schlitten zurecht.

Er und Nu-nu sollten den ersten Teil der Reise zusammen auf dem Hundeschlitten machen, während Tobbi und Na-na mit dem Fliewatüüt flogen. So war es abgemacht. Übrigens konnte die kleine Nu-nu genauso gut kutschieren wie ihr größerer Bruder. Solche Dinge lernt man bei den Eskimos von Kindesbeinen an, so, wie anderswo die Kinder lernen sich auf den Zebrastreifen zurechtzufinden.

Dann ging die Reise los.

Nu-nu knallte mit der Peitsche und rief: »Laika, Schwarzer Tiger, Faulpelz, Max, Moritz, Bummler – hühott!«

Tobbi vergewisserte sich, ob Na-na sich auch richtig angeschnallt hatte. Dann sagte er:

»Achtung! Wir starten. Fertig – Vollgas!«

Na-na brauchte die Kommandos natürlich nicht zu wiederholen, weil er ja nur Fluggast und kein ausgebildeter Kopilot war.

Uroma Nu-nu-tai-tai-tai schüttelte den runzligen Kopf und schrie ihrem Mann, Uropa Na-na-tak-tak-tak, ins rechte Ohr:

»Sie sollten lieber schön unten auf dem Eis bleiben, anstatt mit einem Tüdellüt durch die Luft zu kutschieren! Zu unserer Zeit gab's das nicht.«

»Davon verstehst du nichts, Frau«, schrie der Uropa zurück. »Außerdem heißt das nicht Tüdellüt, sondern Fliewa-tüüt!«

»Was du immer zu mäkeln hast!«, sagte Nu-nu-tai-tai-tai ärgerlich. »Ich habe ja auch Tütatüüt gesagt.«

Sie hatte es nämlich nicht gern, wenn der Urgroßvater sie verbesserte.

Die Reise zum Nordpol dauerte etwas über drei Tage. Und da es nicht Nacht wurde, machten sie Halt, wenn sie eine genügend große Entfernung zurückgelegt hatten. Dann schlugen sie das Seebärenfellzelt auf, versorgten die Hunde, aßen mit gutem Appetit und krochen anschließend in die molligen Schlafsäcke.

Die Entfernung bis zum Pol war nicht über die Maßen groß. Die Gegend sah nach allen Richtungen hin gleich aus, wohin man auch schaute. Wegweiser gab es nicht. Es gab auch keine auffälligen Landschaftsmerkmale wie Berge, Flüsse, Seen oder Wälder, nach denen sie ihre Marschrichtung hätten bestimmen können. Trotzdem brauchten sie sich um den Weg keine Sorgen zu machen: Die Hunde fanden ihn! Sie waren schon mehrere Male am Nordpol gewesen und jetzt rochen sie den Weg. Nach jeder Rast streckte Laika, der Leithund, seine Nase in die Luft und schnupperte. Dann heulte er kurz auf. Damit wollte er sagen: Ich habe die Richtung. Von mir aus kann's weitergehen. Und er irrte sich nie.

Die Fliewatüüt-Besatzungen wechselten sich ab. Mal flog Tobbi mit Na-na, dann wieder Robbi mit Nu-nu zusammen. Besonders Nu-nu konnte vom Fliegen nie genug bekommen. Robbi musste Achten und Kreise fliegen und hundert Fragen beantworten, was er auch geduldig tat.

Während der ganzen Reise hatten sie nur zwei Erlebnisse, die besonders erwähnenswert waren. Das erste Erlebnis war ein Naturschauspiel von seltener Schönheit und Farbenpracht.

Es war gleich am ersten Reisetag. Sie schlugen das Zelt auf und bewarfen es untenherum mit Schnee, damit der Wind nicht hineinpfeifen konnte. Rund um das Fliewatüüt bauten sie einen halbkreisförmigen Schutzwall aus Schneequadern auf. Sie fütterten die Hunde. Dann setzten sie sich gemütlich um das flackernde Feuer des Lebertrankochers. Tobbi legte ab und zu einen Walfischspeckwürfel nach. Nu-nu schmolz einen Kochtopf voll Schnee, um einen schönen heißen Tee zu brühen. Und Schnee mussten sie schmelzen, weil es auf dem Eis bekanntlich keine Quellen gibt, aus denen man Trinkwasser schöpfen kann. Aber selbst ein Kochtopf voll Schnee ergibt, wenn alles geschmolzen ist, nur sehr wenig Wasser. Deshalb ging Nana hinaus, um den Topf ein zweites Mal zu füllen.

»Schnell!«, schrie er plötzlich. »Kommt schnell – ein Nordlicht!«

Nu-nu, Tobbi und Robbi stürzten hinaus. Dann standen sie stumm und schauten voller Staunen auf eine wunderschöne Erscheinung am Himmel.

»Das ist eine ›grüne Sonne‹. So nennt man diese Art von Nordlichtern«, erklärte Na-na. »Ich habe sie schon öfter gesehen.«

Wirklich – eine riesengroße Sonnenhälfte füllte fast den halben Himmel aus. Aber der Sonnenkern war nicht glühend weiß oder rot wie bei der richtigen Sonne, sondern olivgrün. Nur der äußerste Rand flimmerte ganz hellgrün. Über diesen Lichtbogen wanderten flammende Strahlen hin und her, die unten schneeweiß waren, dann ins Grünliche überwechselten und an den Spitzen rosa schimmerten.

Die »grüne Sonne« hielt sich drei Minuten am Himmel, dann floss sie auseinander. Sie löste sich in Lichtfäden auf, die kreuz und quer durcheinanderirrten, als wüssten sie nicht, was sie nun machen sollten. Aber dann ordnete sich die unruhige Gesellschaft wie auf ein Kommando zu einer neuen Lichterscheinung. Sie war noch viel schöner und farbenprächtiger als die vorige.

»Das sind die ›Himmelsgardinen‹. Die sieht man nicht so häufig wie die ›grüne Sonne‹«, sagte Na-na ehrfürchtig und fügte noch hinzu: »Ich habe sie erst zweimal gesehen.«

Die »Himmelsgardinen« bildeten hoch über ihren Köpfen fast einen Kreis. Man konnte glauben, sie seien für ein riesiges Turmzimmerfenster angefertigt worden. Aber eigentlich waren nur die Fransen von den Gardinen zu sehen: Drei faltige Fransenbänder schwebten überein-

ander in der Luft. Und es sah aus, als würden sie von einem sanften Wind angeblasen, denn die Riesenfalten pendelten langsam hin und her. Dabei wechselten sie dauernd ihre Farbe. War der untere Saum rot-weiß-grün, dann war der mittlere grün-rot-weiß und der obere weiß-grün-rot. Und wurde die untere weiß-grün-rot, dann veränderten die andern beiden ebenfalls blitzschnell ihre Farben.

Aber auch die »Himmelsgardinen« lösten sich auf. Sie wurden einfach vom Wind auseinandergeweht. Die Fetzen irrten jedoch nicht ziellos umher wie eben die Lichtfäden; sie vereinigten sich zu einem Ring, der sich sehr schnell drehte und dabei in allen Regenbogenfarben schimmerte. Dann platzte der Ring auseinander und die beiden freien Enden fuhren wie die Kometen rechts und links zur Erde nieder. Zwei Strahlenbündel standen jetzt wie Säulen auf dem Horizont. Doch dann wuchsen sie in sanftem Bogen in den Himmel, wobei sie immer dünner wurden. Und als sie sich fast berührten, schrie Na-na:

»Seht! Seht doch bloß!«

Dort, wo sich die beiden Bogenhälften berühren wollten, strahlte jetzt ein neunzackiger Stern, und seine Spitzen wechselten die Farbe, genau wie die Himmelsvorhänge.

»D-d-das muss die berühmte ›Nordlichtkrone‹ sein!«, stotterte Na-na ganz aufgeregt. »Eine ›Nordlichtkrone‹ entsteht nur alle fünfzig Jahre einmal. Und selbst das ist nicht sicher. Ich selbst habe sie noch niemals gesehen. Na-na-tak und Na-na-tak-tak auch nicht. Nur Na-na-tak-

tak-tak hat die Nordlichtkrone ein einziges Mal in seinem Leben gesehen und uns davon erzählt.«

Kaum hatte Na-na das letzte Wort gesprochen, da hob sich der Bogen etwas von der Erde ab. Die ganze riesige Lichtbrücke wurde fahlblau, dann zitronengelb und zuletzt blutrot. Und dann war sie vom Himmel verschwunden, als hätte sie irgendjemand einfach wie eine Lampe ausgeschaltet.

»So etwas Schönes kann nur eine Fee an den Himmel zaubern«, sagte das Eskimomädchen Nu-nu überzeugt.

»Ich weiß es nicht – wirklich nicht!«, meinte ihr Bruder.

»Auch ich finde keine Erklärung«, gab Tobbi zu. Nur der Roboter schaukelte unentschlossen mit seiner Antenne und brummte vor sich hin: »Wird wohl wieder mal mit der Elektrizität zusammenhängen. Klick! Wie so viele Dinge ...«

Aber ob das stimmte, wusste auch er nicht.

Am zweiten Tag machten sie um die Mittagszeit Rast. Es sollte die letzte Rast sein, denn zum Pol war es nun nicht mehr weit.

Tobbi und Na-na fütterten die Hunde mit einer Portion Trockenfisch. Dann bauten sie einen Schneemann. Nur so zum Spaß. Sie wollten gerade ihrem Schneemann einen Kopf aufsetzen, da begannen die Hunde zu heulen.

»Still!«, befahl Na-na. »Laika, kannst du nicht für Ordnung sorgen? Ihr habt doch wirklich genug zu essen ...« Er brach mitten im Satz ab und schrie entsetzt: »Da! Ein Eisbär! Wir sind verloren, wenn der hierherkommt!«

Der Eisbär war noch etwa fünfzig Meter entfernt und kam gemächlich auf das kleine Lager zugetrottet, wobei er alle paar Schritte stehen blieb und brummte. Eisbären können friedliche Absichten haben und nur neugierig sein. Sie können aber auch schlecht gelaunt und angriffslustig sein. Das hängt davon ab, ob ein Eisbär gut gefrühstückt hat oder nicht. Und das kann man leider nicht vorher feststellen.

Tobbi stand stocksteif neben dem Schneemann. Er wagte sich nicht zu rühren. Nu-nu begann bitterlich zu weinen.

Robbi legte schützend seinen Arm um sie und sagte tröstend: »Nicht weinen, kleine Eisfee. Robbi wird das schon in Ordnung bringen.« Und den beiden anderen rief er zu: »Bleibt da, wo ihr seid, und rührt euch nicht vom Fleck!«

Dann stolzierte er, ein eherner Ritter, langsam auf den Eisbären zu. Seine Antenne ragte kerzengerade in die Luft ohne auch nur um einen halben Millimeter zu schwanken.

Der Eisbär fand die Sache komisch. Er war gewohnt, dass man vor ihm weglief und ihm nicht entgegenkam. Er setzte sich rücklings in den Schnee, um sich den Fall zu überlegen. Dabei schaute er Robbi aus kleinen, tückischen Augen an und zwischendurch brummte er. Entweder war er ärgerlich oder hungrig. Wahrscheinlich beides.

Aber da der Roboter unbeirrt voranschritt, rückte der Eisbär auch wieder fünf Schritte vor und fuhr sich ein paar Mal mit der rosa Zunge über die spitze Schnauze.

Wahrscheinlich war sein Hunger doch größer als sein Ärger.

Sechs Schritte vor dem Eisbären blieb Robbi stehen. Der weiße Koloss stellte sich drohend auf die Hinterbeine. Den drei anderen stockte der Atem, als sie das sahen.

Da!

Robbis Teleskoparm schoss unheimlich schnell heraus und beutelte den Bären kräftig am rechten Ohr.

Der Eisbär schaute ganz verdutzt; dann klapste er mit der Tatze zu. Aber Robbis Arm war schon nicht mehr da.

So spielten sie eine Zeit lang Katze und Maus. Der kleine Roboter war die Maus und der Eisbär eine Riesenkatze, die mit den Pfoten zuschlug, doch immer zu spät.

Dann aber wollte sich der Bär wütend auf Robbi stürzen. Er kam nicht dazu. Robbi wurde nun auch wütend.

»Na warte, Freundchen …«, knurrte er drohend und drückte die obere, grüne Taste. Der Finger glühte auf, der Teleskoparm schoss vor und – dann zischte es auf der feuchten Eisbärennase. So als wäre ein Tropfen Suppe auf die heiße Herdplatte gefallen.

Das hält natürlich auch kein Eisbär aus. Er gab die Sache auf, presste eine Tatze gegen die schmerzende Eisbärennase und nahm auf drei Tatzen Reißaus.

»Bravo! Bravo, Robbi!«, schrien Tobbi und Na-na.

Nu-nu sagte gar nichts, sondern lief hin und gab Robbi einen Kuss auf die Roboterbacke.

Den Nordpol erreichten sie am Nachmittag.

Er unterschied sich in nichts von der übrigen Gegend. Wenn nicht der große Schneehügel gewesen wäre, unter dem sich die Hütte des Forschers verbarg, und das eiserne Ofenrohr, aus dem sich der Rauch kräuselte, und vor allen Dingen nicht die Fahnenstange, an der die blaue Flagge mit dem großen, weißen »N« auswehte, hätte niemand hier den berühmten Nordpol vermutet.

»Da wären wir also!«, knurrte Robbi und stieg etwas steifbeinig vom Schlitten.

Na-na pochte laut an die Tür.

»Nur herein – wenn's kein Eisbär ist!«, rief eine fröhliche Stimme.

Die vier Reisenden drängten sich nacheinander in die Hütte.

Der Nordpolforscher saß auf einem Schemel vor dem eisernen Ofen und rührte seine Moschusochsenschwanzsuppe um. Gleichzeitig badete er seine Füße in einem Bottich mit heißem Wasser. Von seinem Gesicht war nur die Nase und eine große Hornbrille zu sehen. Alles andere wurde von einem dichten, feuerroten Nordpolforscherbart verdeckt. Aber an der Stimme konnte man hören, dass er ein vergnügter Mann war.

»Halli-hallo! Da seid ihr ja!«, begrüßte er seine Gäste. »Ich hatte euch heute noch gar nicht erwartet. Entschuldigt, wenn ich nicht zur Begrüßung an der Tür erschienen bin – aber meine Füße und meine Suppe ... Ich muss dauernd umrühren, sonst brennt sie mir an.«

»Macht nichts, Herr Nordpolforscher. Wir sind ja auch drei Tage früher gekommen.« Na-na zeigte auf Tobbi und Robbi. »Wir haben zwei Freunde mitgebracht, die gerne mit Ihnen sprechen wollen: Ein Erfinder, er heißt Tobbi, und Robbi ...«

»Das ist ein kleiner Roboter und er geht in die dritte Robotklasse, er kann fliegen und mit Eisbären kämpfen«, sprudelte Nu-nu ohne Pause hervor.

»Potz Blitz! Das ist wahrhaftig ein seltener Besuch«, sagte der rotbärtige Forscher, richtete sich in seinem Bottich auf und reichte jedem die Hand. Und zu Tobbi und Robbi sagte er noch: »Sehr erfreut, zwei Kollegen von der Technik zu treffen! Hiermit heiße ich die Herren feierlich am Nordpol willkommen.«

»Und ich freue mich, einen richtigen Nordpolforscher kennenzulernen«, bedankte sich Tobbi mit einer Verbeugung.

»Habe die Ehre!«, murmelte der Roboter und wackelte weltmännisch mit der Antenne.

»Habt ihr eigentlich schon gegessen?«, erkundigte sich der Nordpolforscher. »Ich glaube, die Suppe reicht für alle, wenn wir sie mit ein paar Broten strecken.«

Aber alle vier versicherten, dass sie unterwegs ausreichend gegessen hätten und nudelsatt seien.

»Na gut, dann muss ich euch jetzt etwas voressen. Ich habe nämlich einen Mordshunger.«

Der Forscher trocknete seine Füße ab, zog ein Paar frisch gewaschene Wollsocken über und schlüpfte in seine Pantoffeln. Dann setzte er sich an den Tisch und aß mit großem Appetit drei Teller aufgewärmte Moschusochsenschwanzsuppe. Er kochte meistens gleich für vier Tage, um Zeit für seine Forschungsarbeit einzusparen.

Nu-nu und Na-na schirrten inzwischen die Hunde aus und fütterten sie, während Tobbi und Robbi die Schlafsäcke und die bestellten Waren in die Hütte transportierten.

Dann versammelten sich alle um den kleinen Tisch.

»So«, sagte der Forscher und schaute Tobbi und Robbi prüfend an, »ihr beiden wolltet mich also sprechen. Was kann ich für euch tun?«

»Sie könnten uns Ihren Namen sagen«, brachte Tobbi sein Anliegen vor. »Das klingt komisch, aber wir brauchen ihn für die zweite Roboteraufgabe.«

»Unbedingt. Klick!«, bestätigte der Roboter.

»Ja, wenn's weiter nichts ist! Entschuldigt, dass ich mich nicht schon längst vorgestellt habe: Ich heiße Obenauf, Dr. Obenauf. Wie es gesprochen wird«, schmunzelte der Nordpolforscher.

»Obenauf ...?«, wiederholte Tobbi enttäuscht und schaute seinen Freund Robbi an. »Du, das kommt aber mit dem Anfangsbuchstaben nicht hin.«

»Nein, ein ›O‹ können wir nicht gebrauchen.«

Robbi holte das Heft mit den Roboter-Prüfungsaufgaben hervor und beide schauten sich die zweite Aufgabe noch einmal genau an.

»Tut mir leid, wenn euch mein Name nicht zusagt«, meinte Dr. Obenauf bedauernd. »Aber so steht er in meinem Taufschein, und das ist amtlich. Und wenn etwas amtlich ist, kann man nicht mehr daran rütteln. Welcher Buchstabe passt euch denn besser?«

»Ein ›Z‹ muss es sein!«, erklärte Tobbi.

»Ein ›Z‹ soll es also sein. Soso ...« Nordpolforscher Dr. Obenauf rückte nachdenklich an seiner Hornbrille. Dann aber schlug er sich klatschend auf die Schenkel und lachte los: »Hahaha! Dass ich nicht gleich darauf gekommen bin – ich heiße auch Zacharias. Mit Vornamen. Würde das passen? Ganz genau heiße ich: Zacharias Peter Paul Obenauf.«

»Zacharias mit ›Z‹. Klick! Das ist goldrichtig!«, stieß Robbi erleichtert hervor.

Tobbi wiederholte die Prüfungsfrage: »Wer steht am Nordpol und fängt mit ›Z‹ an?« Dann gab er sich selber die Antwort: »Zacharias Peter Paul Obenauf! Stimmt genau!« Dann fügte er empört hinzu: »Der Vorname war also gemeint! Da soll nun einer draufkommen ... So eine gemeine Falle!«

»Prüfungsfragen sind meistens ziemlich gemein«, bestätigte auch Zacharias Peter Paul Obenauf. »Ich weiß das aus Erfahrung, denn ich habe viele Prüfungen machen müssen.«

Und dann jubelten alle begeistert: »Zacharias, der Nordpolforscher, er lebe hoch – hoch – hoch!«, so laut, dass die ganze Nordpolforscherhütte wackelte.

»Freut mich, dass mein Name endlich einmal Anklang findet«, schmunzelte der Forscher. »Ich fand ihn schon fast etwas altmodisch. Als Junge wollte ich nämlich immer ›Sigismund‹ heißen.«

Tobbi ließ sich das himmelblaue Notizbuch von Robbi geben, um sofort die Lösung der zweiten Roboter-Prüfungsfrage aufzuschreiben:

Zweite Aufgabe

Frage: Wer steht am Nordpol und fängt mit »Z« an?

Antwort: Zacharias Peter Paul Obenauf, Doktor und Nordpolforscher. Und um die Richtigkeit zu bestätigen, setzte Nordpolforscher Zacharias Obenauf seinen vollen Namenszug mit allen Vornamen in schwungvoller Schrift darunter.

Anschließend berichtete Tobbi zum vierten Mal all ihre Erlebnisse. Und mit jedem Mal wurde der Bericht länger, weil ja immer etwas Neues dazukam. Aber wer eine Auskunft haben möchte, muss auch zu einer Gegenleistung bereit sein und erklären, warum er diese Auskunft braucht.

»... und nun müssen wir uns auf die Suche nach einer dreieckigen Burg mit dreieckigen Türmen machen, in der wir ein Geheimnis ergründen sollen«, schloss Tobbi seinen Bericht.

»Was für ein Geheimnis?«, wollte Na-na wissen.

»Vielleicht Gespenster in weißen Nachthemden?«, meinte Nu-nu furchtsam. »Huch – denen möchte ich aber nicht begegnen.«

»Das Geheimnis sollen wir ja gerade herausfinden«, bemerkte Tobbi.

»Und einen Kurzbericht soll ich schreiben. Pfui! Klick!«, knurrte Robbi giftig, denn dazu verspürte er gar keine Lust.

»In welcher Gegend könnte man solch eine komische Burg finden?«, fragte Tobbi den Nordpolforscher.

»Eine dreieckige Burg? Mit dreieckigen Türmen …? Ungewöhnlich. Höchst ungewöhnlich …«, murmelte Zacharias und zupfte nachdenklich an seinem Bart. Er hatte sieben Jahre Geografie studiert und wusste ziemlich gut in der Welt Bescheid. »Die sonderbarsten Burgen gibt es in England«, sagte er schließlich, »und die allersonderbarsten in Schottland. Ja, wenn ich eine dreieckige Burg mit einem Geheimnis zu suchen hätte – ich würde in Schottland mit der Suche beginnen.«

Tobbi bedankte sich für die Auskunft und kramte den kleinen Kompass hervor, den der nette Erste Offizier ihnen geschenkt hatte.

»Wie ist von hier aus die Richtung nach Schottland?«, fragte er.

Zacharias Peter Paul Obenauf schüttelte bedauernd den Kopf.

»Den Kompass pack nur wieder weg, Tobbi«, meinte er. »Er wird dir nichts nützen. Hier in der Nordpolgegend arbeitet er viel zu ungenau, als dass man sich nach ihm richten könnte.«

»Warum denn?«, erkundigte sich Robbi.

»Nun, das hängt mit dem magnetischen Pol zusammen. Ich könnte euch das zwar ganz genau erklären, aber es ist so kompliziert, dass ihr es nicht begreifen würdet. Jedenfalls noch nicht. Aber ihr dürft mir ruhig glauben, es verhält sich so. Das mit dem Kompass ist auch weiter nicht schlimm, vom Nordpol aus gibt es nur eine Richtung, in die ihr fliegen könnt: nach Süden! Das hört sich zwar etwas merkwürdig an, stimmt aber. Schottland liegt also von hier aus gesehen im Süden. Wenn ihr eine gute Strecke vom Nordpol entfernt seid, braucht ihr euch bloß noch einmal nach dem Weg erkundigen. Das habt ihr doch bisher auch immer so gemacht.«

»Wir könnten eine Möwe oder eine Wildgans um Auskunft bitten. Die kommen viel in der Welt herum«, meinte Tobbi.

»Richtig!«, stimmte Zacharias Obenauf zu. »Wildgänse haben als Zugvögel einen besonders guten Richtungssinn. Bei denen seid ihr an der richtigen Adresse.«

Nun füllte der Nordpolforscher neuen Lebertran in die Lampe und holte eine Dose Kekse hervor, die er seinen Gästen anbot.

»Was erforscht ein Nordpolforscher am Nordpol?«, wollte Tobbi noch gerne wissen.

Zacharias Obenauf reichte die Keksdose herum. Nachdem sich alle bedient hatten, begann er von seiner Forschungsarbeit zu erzählen:

»Zuerst muss ich euch natürlich sagen, dass ich den Nordpol nicht selber entdeckt habe. Das hat vor nicht ganz sechzig Jahren ein Forscher getan, der Robert Peary hieß. Trotzdem gibt es hier am Nordpol noch viele Dinge zu erforschen. Ich beobachte zum Beispiel alles, was mit dem Wetter zusammenhängt. Draußen vor der Hütte steht mein kleines Instrumentenhäuschen mit vielen Messapparaten, die ich dreimal am Tag ablesen muss. Ich messe die Temperatur, die Feuchtigkeit der Luft, den Luftdruck, Windstärke und Windrichtung und noch ein paar Dinge mehr ...«

Zacharias Obenauf unterbrach sich und fragte verwundert: »Was schreibst du denn da, Tobbi?«

»Ich schreibe mir das Wichtigste auf«, sagte Tobbi, der eifrig Notizen in sein himmelblaues Buch machte.

»Das finde ich gut!«, lobte der Nordpolforscher. »Ich muss meine Messergebnisse nämlich auch jedes Mal aufschreiben; denn die vielen Zahlen könnte ich unmöglich im Kopf behalten. Das brächte höchstens ein Roboter fertig.« Er nickte Robbi freundlich zu, der seinerseits geschmeichelt mit der Antenne wackelte. Dann sprach er weiter: »Übrigens lasse ich auch noch jeden Mittag einen großen Luftballon steigen. An dem ist ein kleiner Kasten mit Messinstrumenten befestigt und ein winziger Sender, der mir die Ergebnisse nach unten funkt. Auf diese

Weise erfahre ich, wie das Wetter hoch droben in der Luft ist. Ja, und nebenbei mache ich hier noch magnetische Messungen und lote die Meerestiefe aus, wo immer sich eine Spalte im Eis zeigt. Ich messe auch die Dicke des Eises und versuche festzustellen, wie viel Eis während eines Jahres abtaut oder dazufriert. Außerdem beobachte ich nachts noch den Sternenhimmel und die wunderschönen Polarlichter. Gerade bei diesen herrlichen Licht-

erscheinungen gibt es noch manches Geheimnis zu ergründen. Es ist zwar einsam hier oben, aber ihr seht, ein Forscher hat so viel zu tun, dass er gar keine Langeweile verspüren kann.«

»Und was geschieht mit den vielen Forschungsergebnissen?«, erkundigte sich Robbi.

»Wenn ich wieder zu Hause bin, schreibe ich davon ein dickes, wissenschaftliches Buch«, sagte Zacharias Obenauf und zeigte zwischen Daumen und Zeigefinger, wie dick sein Buch etwa werden würde. »So, und jetzt – marsch, in die Schlafsäcke! Sonst seid ihr morgen nicht ausgeschlafen.«

Fünf Minuten später schliefen alle fest, außer Robbi, der nur die Augen geschlossen hatte. Da zog der Nordpolforscher Pelzstiefel und Pelzjacke an. Leise ging er nach draußen zu dem kleinen Instrumentenhäuschen, um wieder einmal seine vielen Thermometer, Barometer, Feuchtigkeitsmesser und die anderen Instrumente abzulesen.

Am nächsten Morgen kam der unvermeidliche Abschied; denn Tobbi und Robbi wollten direkt vom Pol aus nach Schottland starten. Eine Reise, bei der man von einer Roboter-Prüfungsaufgabe gehetzt wird, hat einen Nachteil: Kaum hat man neue Freunde gefunden, da muss man sie auch schon wieder verlassen.

»Grüßt eure ganze Eskimofamilie und vielen Dank für alles!«, waren Tobbis Abschiedsworte an Nu-nu und Nana. Und zu Zacharias Obenauf, dem freundlichen Nordpolforscher, sagte er: »Besten Dank für den Bericht und den guten Tipp mit Schottland. Und wenn Sie Ihr dickes

Buch geschrieben haben, müssen Sie mir unbedingt eins schicken. Ich möcht's nämlich gerne lesen.«

»Das geht in Ordnung!«, schmunzelte der rotbärtige Nordpolforscher und klopfte ihm auf die Schulter. »Ich erwähne ganz bestimmt euren netten Besuch in meinem Buch.«

Robbi musste für Nu-nu zum Abschied ein paar Mal mit der Antenne wackeln und dreimal hintereinander »kleine Eisfee« sagen, weil ihr das so gut gefallen hatte:

»Auf Wiedersehen, klick! Kleine Eisfee – kleine Eisfee – kleine Eisfee.«

Zum Dank bekam er einen Kuss auf seine Roboternase.

Als sie schon angeschnallt in ihrem Fliewatüüt saßen, rief Na-na ihnen noch zu: »Falls ihr wieder einmal Lebertran braucht: Postkarte genügt!«

Und als sie schon drei Meter über der Eisfläche schwebten, schrie Zacharias Peter Paul Obenauf: »Ich drücke euch die Daumen! Haltet die Ohren steif, Jungens! Und nicht vergessen: Forscher sind zähe Kerle, lasst euch nicht unterkriegen!«

ZEHNTES KAPITEL

Wer etwas finden will, muss Fragen stellen.
Eine Graugans verbessert ihren Kurs nach Schottland,
was wieder beweist, dass man sich nur an die
richtigen Leute wenden muss.
Dreieckige Gespensterburgen sind fast noch seltener als
»weiße Mohren« und dementsprechend schwer zu finden.
Und mit Ungeheuern kann man auch angenehme
Überraschungen erleben ...

»Lebertran ist genau der richtige Treibstoff für ein Fliewatüüt«, bemerkte der kleine Roboter und lauschte zufrieden auf das gleichmäßige Brummen des Motors. »Es ist sogar noch besser als Tante Paulas Himbeersaft.«

»Und außerdem viel sparsamer im Verbrauch«, lobte Tobbi.

Dann hing jeder wieder seinen Gedanken nach.

Robbi dachte gerührt an das kleine Eskimomädchen Nu-nu, das ihn einen »lieben Roboter« genannt hatte. Tobbi dachte an den freundlichen Nordpolforscher und Wissenschaftler Zacharias Peter Paul Obenauf, der später ein Buch schreiben wollte. Und er nahm sich ganz fest vor auch einmal ein besonders guter Forscher auf technischem Gebiet zu werden.

Die Reise nach Schottland war viel eintöniger als die Hinreise vom gelb-schwarz geringelten Leuchtturm zum Nordpol. Damals hatten sie Fridolin, den drolligen »Heringsnimmersatt«, zum Begleiter gehabt und obendrein noch den Jux mit der Wasserskifahrt und der Drachenfliegerei. Und jetzt gab es eben nur – Wasser.

»Es gibt – klick – viel zu viel Wasser«, beschwerte sich Robbi missmutig.

»Ganz bestimmt gibt es mehr Wasser als Land auf der Erde«, erwiderte Tobbi nachdenklich. »Wir sind die meiste Zeit über dem Wasser geflogen.«

Trotzdem mochte er das blaue, weite Meer noch sehr gern. Vielleicht lag es daran, dass er gut schwimmen konnte.

Gegen Abend, als die Sonne ihre letzten rotgoldenen Strahlen über das Meer sandte, entdeckten sie den riesigen Eisberg.

»Alle Achtung, das ist aber ein Brocken!«, sagte der Roboter beeindruckt, als sie über dem Eiskoloss kreisten.

»Du, darauf könnte glatt ein ganzer Hauptbahnhof Platz finden«, schätzte Tobbi die Größe ab.

Der Eisriese trieb langsam mit der Strömung nach Süden. Die beiden Flieger wagten aber nicht zu landen, weil es auf dem Eisberg keine einzige ebene Stelle gab, die eine gefahrlose Landung ermöglicht hätte, und eine Bruchlandung wollten sie natürlich nicht riskieren. Auf der einen Seite ragte ein nadelspitzer Eiszacken wie ein riesiger Giraffenhals steil in den Himmel und sonst war an dem Berg alles bucklig, zerklüftet und schroff wie ein Steinbruch. Aber das Schönste an dem Eisberg waren seine Farben. Die untergehende Sonne verwandelte ihn in ein wahres Edelsteingebirge, das aus lauter verschiedenen Sorten zusammengesetzt zu sein schien: blutig rote Rubine, grüne Smaragde, wasserklare Diamanten, blaue Saphire und gelbe Topase.

Um die Mittagszeit des dritten Flugtages hatten sie eine sehr nützliche Begegnung mit einer Graugans. Sie kam von Nordwesten her angeflogen, sah das Fliewatüüt, stutzte einen Augenblick und näherte sich dann auf Armeslänge.

»Mahlzeit, die Herrschaften!«, begrüßte sie die Flieger ein wenig außer Atem. »Ich möchte nicht betteln – aber wenn die Herren zufällig ein paar Brotrinden erübrigen könnten, wäre ich sehr dankbar. Sie dürfen ruhig trocken oder auch steinhart sein, das würde mir gar nichts ausmachen. Bin leider etwas knapp mit Reiseproviant.«

»Gewiss können wir aushelfen«, erklärte Tobbi bereitwillig. »Weltreisende müssen sich schließlich gegenseitig unterstützen.«

Er nahm drei Scheiben von dem Eskimobrot aus dem neuen Proviantbeutel – die Holzkiste hatten sie ja verheizt –, zerbrach sie in kleine Stückchen und begann sie der Graugans zuzuwerfen, die ganz glückliche Augen machte.

»Oh, danke viel tausendmal ... schnapp ... vorzüglich ... schnapp ... hilfsbereite Leute werden ... schnapp ... immer seltener, besonders ... schnapp ... auf den Meeren. Würde Ihnen ... schnapp ... auch gerne einen Gefallen ... schnapp ... erweisen ... schnapp ... Oh, zu gütig ... schnapp das genügt ... schnapp ...«, setzte die Graugans bruchstückweise die Unterhaltung fort, während sie die Brotbrocken geschickt im Fluge aufschnappte.

»Vielleicht können Sie uns doch einen Gefallen tun«, nahm Tobbi jetzt die günstige Gelegenheit wahr. »Ist dies die genaue Richtung nach Schottland?«

»Nach Schottland? ... schnapp ...« Die Graugans schluckte schnell den letzten Bissen hinunter und sagte hilfsbereit: »Moment! Das können wir gleich feststellen!« Sie richtete nun ihren Flug haargenau parallel zu dem Fliewatüüt ein und schloss für drei Sekunden die Augen. »Sie müssen ein klein wenig mehr West steuern. Aber nur einen Tick!«, riet sie dann.

Robbi berichtigte sofort den Kurs.

»Recht so!«, lobte die Graugans, nachdem sie den neuen Kurs überprüft hatte. »Wissen Sie, ich bin im Norden Schottlands geboren worden. Und obgleich ich später nie wieder dort gewesen bin, kann ich mich noch genau an die Richtung erinnern. Wir Graugänse haben nämlich ein außergewöhnlich gutes Ortsgedächtnis. Jetzt will ich mich mit meinem Mann in Wien treffen, er macht dort jedes Jahr eine Kur. Dann reisen wir gemeinsam nach Afrika weiter.«

»Wir wünschen eine gute Reise. Und vielen Dank!«, verabschiedete sich Tobbi.

»Nicht doch – ich habe zu danken«, wehrte die Graugans bescheiden ab. »Also dann: Servus! So sagt man in Wien«, rief sie den beiden noch zu, tauchte unter dem Fliewatüüt hindurch und sauste mit klatschenden Flügelschlägen nach Südosten.

Ab Mittag machten sie besonders gute Fahrt, weil ein starker Rückenwind ihre Geschwindigkeit erhöhte.

»Land in Sicht! Land in Sicht!«, schrie der kleine Roboter am späten Nachmittag plötzlich.

Es dauerte keine halbe Minute, da hatte Tobbi den dunklen Streifen am Horizont ebenfalls entdeckt.

»Das muss Schottland sein!«, riefen beide überglücklich.

Ganz genau wussten sie es natürlich nicht. Die Graugans konnte sich ja auch geirrt haben; aber eigentlich hatte sie einen sehr vertrauenerweckenden Eindruck gemacht.

Der dunstig blaue Streifen verwandelte sich nun schnell in eine weißgelbe Strandlinie, hinter welcher grüne Hügel anstiegen.

»Bin ich froh, dass wir wieder festes Land unter uns haben!«, sagte Robbi erleichtert. »Ich mag kein Wasser mehr sehen.«

»Ich freue mich auch schon darauf, wieder Häuser, Bäume und Menschen zu sehen«, gab Tobbi ehrlich zu.

Zunächst flogen sie ein paar Mal an der Küste auf und ab. Aber weder war ein altes Schloss noch eine verfallene Ritterburg zu entdecken. Und schon gar keine, die dreieckig war!

»Hier haben wir kein Glück«, meinte Tobbi, »wir müssen unsere Burg weiter im Inneren des Landes suchen.«

»Wie du meinst«, brummte der Roboter, drehte eine Steilkurve und schwenkte in Richtung auf das Landesinnere ein.

Nun flogen sie über grüne Hügel und sanfte Täler. Davon gab es hier mehr als genug. Nur Städte und Dörfer waren selten. Dafür sahen sie zahlreiche Seen in den Tälern: runde, ovale, längliche und krumme.

Ab und zu entdeckten sie auch ein Schloss oder eine Burg. Aber wenn sie dann näher heranflogen, um sie genauer in Augenschein zu nehmen, mussten sie feststellen, dass es doch nicht die gesuchte Burg war. Diese Burgen mit ihren runden Türmen und viereckigen Mauern sahen viel zu vernünftig aus. Etwas ganz Verrücktes, etwas Dreieckiges, war nicht dabei.

Schon sank die Dämmerung über das Land. Die Hügel verloren ihre grüne Farbe, die Formen verwischten sich. Und wie in jeder Nacht, wenn der Mond schien, verwandelte sich das Wasser der Flüsse und Seen wieder in gleißendes Silber.

Plötzlich schnüffelte Tobbi durch die Nase.

»Es stinkt!«, stellte er fest. »Es stinkt nach verbranntem Öl!«

Robbi schnupperte ebenfalls; aber seine Roboternase war nicht so empfindlich wie Tobbis Menschennase.

»Nee, ich kann nichts riechen«, behauptete er.

»Ganz bestimmt! Es wird immer schlimmer!« Tobbi drehte sich um und blickte nach hinten. »Um Himmels willen, Robbi! Unsere Propellerwelle qualmt schon!«, schrie er aufgeregt.

»Waaas ...?«

Robbi nahm augenblicklich das Gas zurück. Dann warf er ganz schnell einen Blick auf die Landschaft; aber nirgends war ein günstiger Platz für eine sofortige Notlandung. So weit er blicken konnte, gab es nur dichten Wald, keine Lichtung.

»Nichts zu machen«, knirschte er, »ringsum Wald und auf den Baumwipfeln können wir nicht gut landen.«

»Sind wir verloren?« Es gelang Tobbi sogar, seiner Stimme einen ruhigen Klang zu geben, obgleich sein Herz wie wild pochte.

»Nur ruhig Blut!«, sagte Robbi fest. »Uns passiert schon nichts. Schnell, nimm die Ölkanne hier. Da ist Lebertran drin, geht genauso gut wie Maschinenöl. Klettere nach hinten und benetze die Welle dauernd mit Tran. Sie darf uns nicht festbrennen! Und wenn's schlimmer wird, sagst du mir Bescheid.«

Tobbi kletterte blitzschnell nach hinten in den kleinen Gepäckraum und machte sich unverzüglich an seine Arbeit. Die Propellerwelle war schon so heiß, dass der Lebertran wie in einer Bratpfanne zischte, brutzelte und stank. »Du, Tobbi«, rief der Roboter plötzlich, »genau vor uns sehe ich jetzt einen großen See. Dort können wir notwassern. So lange müssen wir durchhalten. Was macht die Welle?«

»Glühend heiß. Der Tran zischt«, meldete Tobbi kurz.

Robbi nahm den Gashebel noch weiter zurück.

»Nicht nachlassen mit dem Ölen!«, mahnte er.

Der See kam näher. Aber leider sank auch das Fliewatüüt immer tiefer, weil die Luftschraube sich ja nur noch sehr langsam drehen durfte. Die Baumwipfel waren schon bedenklich dicht unter dem Fahrgestell. Robbi kontrollierte laufend den Abstand und er musste seine ganze Steuerkunst aufbieten, um die Maschine überhaupt in der Luft zu halten. Die Lage war wirklich mehr als brenzlig.

Tobbi hatte keine Zeit, sich umzuschauen. Er ölte unermüdlich und der Schweiß lief ihm dabei in kleinen Bächen von der Stirn.

Ganz nahe war der See jetzt – vielleicht noch fünfzig Meter entfernt. Aber das Fliewatüüt flog nur sehr, sehr langsam ...

Da! Ein besonders hoher Tannenwipfel streifte das Fahrgestell. Die kleine Maschine geriet gefährlich ins Schaukeln. Robbi riskierte es, nochmal kurz Gas zu geben ... ein, nein – zwei Meter an Höhe gewann er.

Noch dreißig Meter bis zum See ...

Noch zwanzig ... zehn ... fünf ... ein steiler Abhang ...

»Geschafft!«, jubelte der Roboter und riss den roten Gashebel zurück.

Das Fliewatüüt sauste wie ein Fahrstuhl nach unten. Mit lautem Platschen tauchte es in das Wasser ein.

»Puh!«, stöhnte Robbi. »Wir werden dieses ekelhafte Wasser einfach nicht los.« Aber seine Stimme hörte sich sehr erleichtert an.

»Egal! Hauptsache, wir sind gerettet!« Tobbi pustete die Luft aus, die er in der letzten halben Minute vor Aufregung angehalten hatte. Dann fuhr er fort: »Hoffentlich lässt sich unsere Propellerwelle überhaupt reparieren.«

»Wird schon gehen«, beruhigte Robbi ihn. »Nur gut, dass du's noch eben rechtzeitig bemerkt hast. Eine heiß gelaufene Welle ist eine böse Geschichte. Wenn sie richtig festbrennt, sitzt sie wie angeschweißt und mit den Werkzeugen, die ich dabeihabe, ist sie nicht wieder in Gang zu bringen.«

Tobbi kraxelte wieder nach vorn auf den Kopilotensitz, während Robbi jetzt nach hinten stieg, um den Schaden zu untersuchen.

Inzwischen warf Tobbi einen Blick über den See. Er war ungefähr vier Kilometer breit. Dabei schien er sehr lang zu sein, weder nach der einen noch nach der anderen Seite war ein Ende zu sehen. Die Bergwände ragten zu beiden Seiten steil empor. Das kleine Fliewatüüt wirkte wie eine Fliege in der Badewanne.

Das Wasser sah hier unten tintenschwarz aus, es war so glatt wie ein Bettlaken, an dem Tante Paula eine Weile herumgezupft hatte. Nur, jetzt gerade strich ein leiser Windhauch darüber, da kräuselte sich das Wasser, so wie die Haut auf der heißen Milch, wenn man versucht sie an den Tassenrand zu blasen.

Robbi klirrte mit den Werkzeugen. Er war dabei, eine große Schraubenmutter wieder fest anzuziehen.

»Wie steht's?«, erkundigte sich Tobbi gespannt.

»Noch mal gut gegangen!«, meinte der Roboter. »Eine Mutter hatte sich gelöst und deshalb ist das Schmieröl herausgetropft. Ich habe nachgefüllt, aber wir müssen diese Stelle in Zukunft öfter kontrollieren. Starten können wir noch nicht gleich – die Welle muss erst etwas abkühlen.«

Robbi beugte sich nach unten und wischte mit einem Lappen das ausgelaufene Öl auf ...

»He! Du! Bist du ein Reporter?«, sagte eine hohe, piepsige Stimme unmittelbar neben Tobbi. Tobbi drehte sich um.

»Oh, lieber Gott, hilf mir!«, betete er mit bebenden Lippen.

Dann duckte er sich tief in seinen Sitz, sodass nur noch ein blondes Haarbüschel von ihm zu sehen war. Sein Herz wollte zerspringen, solch einen fürchterlichen Schrecken hatte er bekommen! Ein entsetzliches Untier hatte ihn eben aus riesengroßen, bernsteingelben Kulleraugen angeschaut.

»Fehlt dir was? Warum stöhnst du?«, fragte Robbi besorgt. Er war mit seiner Arbeit fertig und gerade dabei, das Werkzeug wegzupacken.

»H-h-hilf mir ... e-ein U-Unge-h-heuer!«, würgte Tobbi mühsam heraus.

»Nanana, so schlimm wird's schon nicht sein. Ich komm ja schon«, sagte der kleine Roboter etwas ungläubig, und während er sich rücklings in seinen Sitz schob, murmelte er vor sich hin: »Erst tagelang nichts als Wasser, dann eine heiß gelaufene Propellerwelle mit Notlandung und nun auch noch ein Ungeheuer ... Jetzt reicht's, klick!«

Als er aufschaute, sah er die Bescherung mit eigenen Roboteraugen: Ein riesengroßer Tierkopf schwamm auf dem Wasser. Und was für ein Kopf! Er war ohne Übertreibung fast dreimal so groß wie das Fliewatüüt. Allein die bernsteingelben Kulleraugen des Untiers hatten die Größe von Suppenterrinen. Von Suppenterrinen, die jeweils für eine neunköpfige Familie ausgereicht hätten. Tobbi hatte recht, das war einwandfrei ein Ungeheuer. »Was mag von dem Biest noch alles unter der Wasseroberfläche verborgen sein!«, murmelte der Roboter erstaunt.

»Bist du ein Reporter?«, richtete der Riesenkopf nun dieselbe Frage an Robbi.

Robbi ließ sich nicht erschrecken. Ungeheuer – ganz gleich, wie sie aussahen – ließen einen Roboter aus der dritten Robotklasse kalt. Er war nur ärgerlich, dass sein bester Freund so erschreckt wurde.

»Unsinn! Klick! Ich bin kein Reporter!«, erklärte er unwirsch, fügte aber dann etwas freundlicher hinzu: »Ich bin ein Roboter. Dritte Robotklasse.«

Das Ungeheuer wackelte ratlos mit den Pinselohren.

»Was ist ein Roboter?«, fragte es.

»Ein Roboter? Das ist ein sehr technisches Wesen. Na ja – klick ... eben ein Roboter.«

»Aha. Und der, der sich da unten versteckt hat, wer ist das?«

Tobbi rührte sich nicht vom Fleck. Aber Robbi gab unbeirrt Auskunft:

»Das ist auch keiner von der Zeitung. Das ist mein Freund Tobbi. Ein Erfinder. Dritte Volksschulklasse.«

»Mhm ... und was wollt ihr auf meinem See?«, quiekte das Ungeheuer.

»Eine Propellerwelle reparieren.«

»Und was ist eine Propellerwelle?«

»Eine Propellerwelle ist eine runde Stange, mit der die Luftschraube gedreht wird.«

»Und was ist eine Luftschraube?«

Robbi seufzte. Dieses Riesentier hatte zwar einen großen Kopf, aber keinen blassen Schimmer von Technik. Doch da es nicht bösartig zu sein schien, erklärte er geduldig: »Also, eine Luftschraube ist ein Propeller. Und ein Propeller ist dieser vierflügelige Quirl hier oben. Wenn der sich schnell dreht, kann man fliegen.«

»Fliegen ... soso ...«, quäkte das Ungeheuer. Jedenfalls schien es mit der Auskunft zufrieden zu sein, denn es begann nun selber zu erzählen: »Ihr sollt wissen, dass ich keine Reporter leiden kann. Sie schleichen dauernd um den See herum und wollen mich fotografieren, weil ich in den Zeitungen abgebildet werden soll. Ich will aber nicht in die Zeitung!« Das Ungeheuer schnaubte entrüstet durch die Nasenlöcher, sodass das Fliewatüüt heftig ins Schaukeln geriet.

»Lass das! Du kippst uns ja um!«, protestierte Robbi.

»Oh, das wollte ich nicht«, entschuldigte sich das Untier und hörte augenblicklich mit dem Schnauben auf. Dann beklagte es sich wieder weinerlich: »Dauernd sind die Kerle hinter mir her. Ich kann mich nur noch nachts blicken lassen oder so wie jetzt, wenn die Sonne untergegangen ist. Das ist gemein! Das ist furchtbar grässlich schrecklich schlimm ... huhu huhuhu ... huhuhuhuhu ...«

Das Ungeheuer heulte wie ein Schlittenhund, denn es hatte ein sehr weiches Gemüt. Dabei klappte es die gewaltigen Augenlider über die gelben Suppenterrinenaugen und aus den Augenwinkeln klatschten zwei Riesentränen aufs Wasser. Das hörte sich an, als würden zwei Eimer Wasser ausgegossen.

»Gewiss, Reporter sind lästig. Das gebe ich zu. Aber du solltest dir das nicht so zu Herzen nehmen«, versuchte Robbi das heulende Untier zu trösten, während er es genau betrachtete.

Es war ein Ungeheuer, daran gab es keinen Zweifel. Aber so »ungeheuerlich« sah es gar nicht aus. Eher komisch. Die riesige, hängende Unterlippe, die jetzt so weinerlich zitterte, erinnerte an ein Kamel, der borstige Bart darunter an einen Ziegenbock, die beiden langen, gelben Stoßzähne an einen Elefanten, mit dem Unterschied, dass sie wie ein Korkenzieher gedreht waren. Die spitzen Pinselohren schienen von einem Luchs zu stammen. Nur war alles eben viel, viel größer. Die Schnurrhaare, die seitlich aus der Oberlippe herausragten, hatten beispielsweise die Länge von Besenstielen und waren auch so dick. Vielleicht sogar noch eine Idee dicker. Die Augenwimpern waren so stark wie sechszöllige Nägel und sie standen so dicht wie die Borsten einer Drahtbürste.

Nein, *schön* war das Ungeheuer nicht!

»Entschuldige, sind wir hier in Schottland?«, erkundigte sich der kleine Roboter nun. »Wir sind uns da nicht so ganz sicher.«

»Gewiss seid ihr in Schottland«, bestätigte das Ungeheuer und hörte sofort mit dem Weinen auf. »Das hier ist 'n berühmter schottischer See – der Loch Ness. Und ich bin noch berühmter.«

»Tatsächlich? Und wer bist du, wenn ich fragen darf?«

»Ich –«, sagte das Ungeheuer stolz und klappte die Augenlider zur Hälfte über die Kulleraugen, »ich bin das weltberühmte Ungeheuer vom Loch Ness! Du darfst ›Nessie‹ zu mir sagen. Dein Erfinderfreund auch. Warum versteckt er sich?«

»Er ist ein Mensch, Nessie, und Menschen können sich nur langsam an Ungeheuer gewöhnen«, entschuldigte Robbi seinen Freund.

»Mhm ... aha ...«, quiekte Nessie geschmeichelt darüber, dass sie einen so gefährlichen Eindruck auf Tobbi gemacht hatte.

Robbi beugte sich hinunter und flüsterte Tobbi ins Ohr: »Du kannst hochkommen. Diese Nessie sieht zwar ein bisschen ungewöhnlich aus und einen Reportertick hat sie auch, aber sonst ist sie völlig harmlos.«

»Meinst du ...?« Tobbi klang immer noch ängstlich.

»Du kannst es mir schon glauben!«, redete Robbi ihm gut zu.

Tobbi richtete sich auf und versuchte Nessie zu betrachten, ohne dass sein Herz gleich wieder einen Trommelwirbel schlug. Es gelang, denn jetzt kam ihm das Ungeheuer gar nicht mehr so schrecklich vor. Nessie zitterte mit dem Besenstielschnurrbart, klapperte mit den Augenlidern und entblößte dann die Zähne zu einem freundlichen Ungeheuerlächeln.

»Freut mich dich kennenzulernen, Nessie«, sagte Tobbi tapfer.

Das war zwar glatt geschwindelt, aber hier war wirklich einmal ein äußerster Notfall eingetreten, bei dem Schwindeln erlaubt war.

»Du musst sehr groß sein. Wie groß bist du genau?«, fragte Tobbi neugierig.

»Furchtbar schrecklich ungeheuer riesig groß«, lautete Nessies Auskunft.

»Kannst du es nicht in Metern sagen? Oder vielleicht in Zentimetern?«, schaltete sich Robbi ein. Ihm war Nessies Größenangabe einfach zu ungenau.

»Was sind Meter? Was sind Zen... Zenti...« Nessie blieb hilflos mitten im Wort stecken.

Der Roboter schüttelte den Kopf.

»Weißt du was, Nessie? Wir messen dich einfach«, erklärte Tobbi plötzlich. »Dann wissen wir deine Größe genau.«

»Messen ... oooooh ... furchtbar schrecklich herrlich!«, quiekte Nessie, obwohl sie keine Ahnung hatte, was »messen« bedeutete.

»Wir nehmen eine Leine«, erklärte Tobbi nun, »und messen zuerst das, was von dir unter Wasser ist. Dann kommen Hals und Kopf an die Reihe. Beides zählen wir zusammen und damit haben wir deine Höhe. Begriffen?«

»Nein«, sagte Nessie kläglich.

»Ich auch nicht!«, brummte Robbi.

»Dann zeichne ich es euch eben auf«, sagte Tobbi kurz entschlossen. Er ließ sich Bleistift und Zeichenblock von

Robbi geben. »Du, Robbi«, bat er, »während ich zeichne, könntest du schon einen möglichst schweren Schraubenschlüssel an die Drachenleine knoten.«

»Geht in Ordnung.« Der Roboter machte sich unverzüglich an die Arbeit, ohne unnötige Fragen zu stellen.

Weil Tobbi einige Angaben für seine Skizze brauchte, stellte er dem Ungeheuer nun ein paar Fragen.

»Wie viele Beine hast du, Nessie?«

»Vier«, antwortete Nessie prompt.

»Alle gleich lang?«

»Meine Hinterbeine sind ein bisschen länger als meine Vorderbeine. Aber nicht viel.«

Tobbi zeichnete eifrig. Und Nessies Augen leuchteten so hell, dass keine Lampe nötig war.

»Wie steht es mit deinem Hals? Lang oder kurz?«

»Ooooooh, lang – sehr lang!« Nessie klapperte verzückt mit den borstigen Augenlidern. »Ich habe ihn schön aufgedreht, so sagt man, glaub ich. Sonst könnte ich meinen Kopf nicht so tief halten.«

»Aha, du hast den Hals zu einer Spirale aufgedreht«, verbesserte Tobbi.

»Spirale! Das muss ich mir merken!«, piepste Nessie. »Soll ich meinen Hals mal ausstrecken? Ihr werdet staunen ...«

»Später!«, vertröstete Tobbi sie und skizzierte Nessies »Spiralhals«. »Stehst du mit den Beinen auf dem Grund des Loch Ness?«, erkundigte er sich sicherheitshalber.

»Ganz tief unten. Dort ist molliger, weicher Schlamm«, quäkte Nessie selig und versuchte dabei, mit einem Suppenterrinenauge auf Tobbis Zeichnung zu schielen.

»Hast du auch einen Schwanz?«

Nessie ließ die riesengroße Unterlippe hängen und zitterte entrüstet mit ihrem Besenstielschnurrbart.

»Was hast du denn geglaubt?!«, beschwerte sie sich. »Der Schwanz ist das Allerschönste an mir – ein furchtbar schrecklich prächtig schön langer Schwanz! Mit meiner Schwanzspitze kann ich das Wasser zu Schaum schlagen oder große Wellen machen. Soll ich mal?«

»Bitte nicht!«, wehrte Tobbi ab. »Wenn das Fliewatüüt schaukelt, kann ich nicht zeichnen.«

»Na, dann eben nicht«, maulte Nessie enttäuscht.

Tobbi fertigte drei Skizzen an. Skizze Nr. 1 zeigte Nessie, wie sie auf dem Grund des Loch Ness stand, den Hals zu einer Spirale aufgedreht. Auf Nr. 2 hatte sie Hals und Kopf steil in die Höhe gereckt, damit die Höhe gemessen werden konnte. Und auf der letzten Zeichnung hatte Nessie Kopf und Schwanz parallel zur Wasseroberfläche ausgestreckt, so, wie es sein musste, wenn die Länge gemessen werden sollte. Aus der zweiten Zeichnung ging klar hervor, dass Nessies Höhe in zwei Abschnitten gemessen werden musste: Von der Wasseroberfläche bis zum Seegrund, wo die Füße standen, und vom höchsten Punkt ihres Kopfes bis hinunter zur Wasseroberfläche. Beide Strecken mussten dann addiert werden.

Nachdem Tobbi den beiden anderen seine Zeichnungen erklärt hatte, begannen sie mit den Messungen.

Robbi senkte den Bindfaden mit dem Schraubenschlüssel langsam bis auf den Seegrund ab.

»Unten!«, meldete er, als die Leine schlaff wurde.

»Leine einholen und Meter abzählen!«, befahl Tobbi.

Das war für Robbi eine Kleinigkeit. Wenn er seine Arme seitlich ausstreckte, so maß er von der Spitze eines Eisenfingers bis zur Fingerspitze an seinem anderen Arm genau einen Meter oder hundert Zentimeter oder tausend Millimeter. Und auf seinem linken Arm war noch eine Einteilung für die Zentimeter eingeritzt, ähnlich wie bei einem Zollstock. So konnte er mit seinen Armen messen.

»... zwei klick ... fünf klick ... fünfzehn klick ... zwanzig klick ... nimmt kein Ende klick ... fünfundzwanzig klick! Fünfundzwanzig Meter und achtundvierzig Zentimeter«, verkündete Robbi laut.

Tobbi notierte die Zahl in sein Notizbuch.

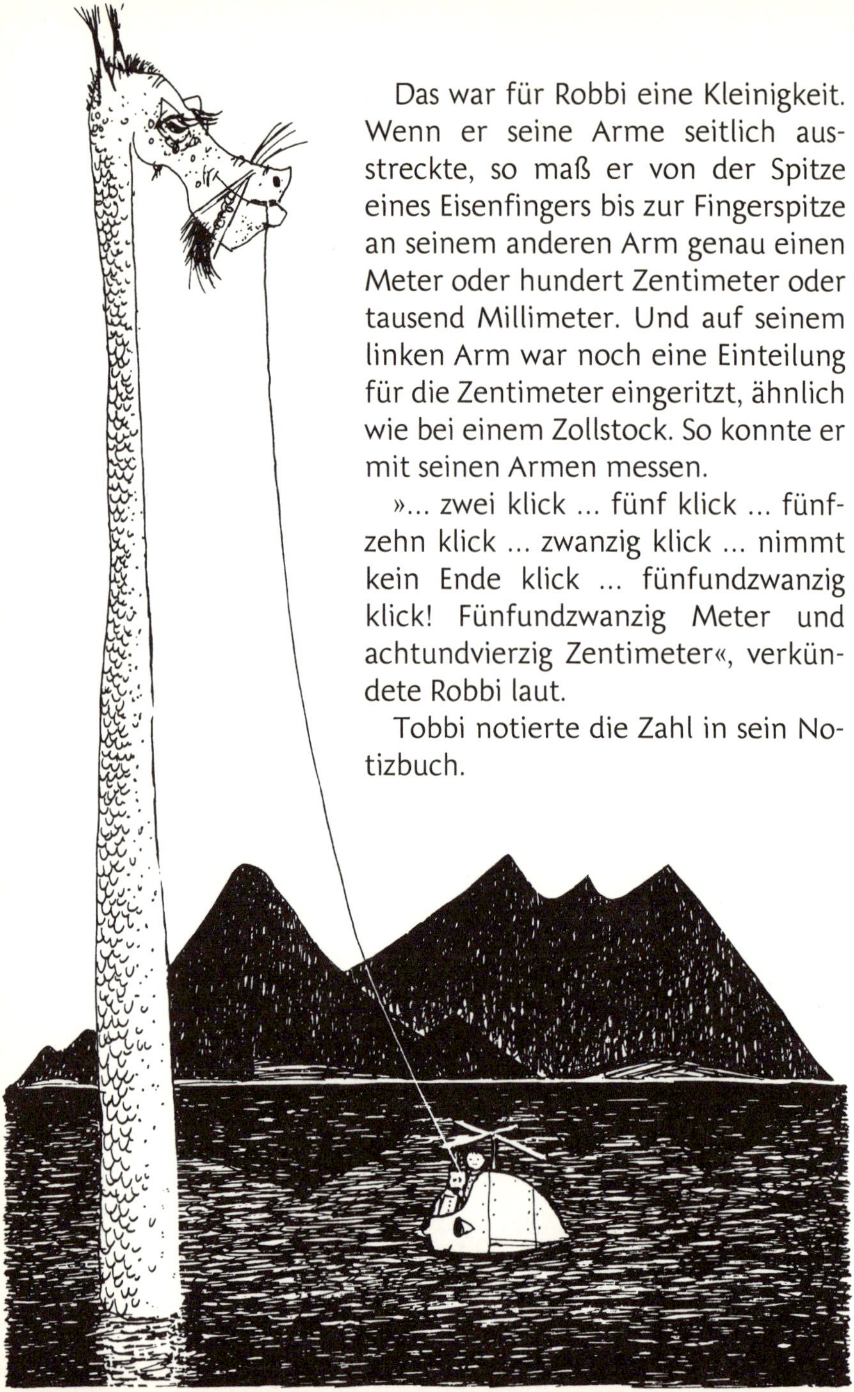

Jetzt knotete der Roboter eine Schlaufe in das Ende der Drachenleine.

»Mund auf, Nessie!«, kommandierte Tobbi.

Gehorsam öffnete das Ungeheuer einen riesigen, blutroten Rachen, in dem ein ganzes Auto hätte Platz finden können. Der kleine Roboter hängte die Schlaufe über den mittleren von Nessies unteren Zähnen.

»Wenn ich dreimal an der Leine zupfe, ziehst du deinen Hals wieder ein. Jetzt streckst du ihn aus. Verstanden?«

»Jawohl«, piepste Nessie und begann gehorsam ihren Hals aus dem Wasser zu recken.

Er wuchs wie ein Fabrikschornstein in die Höhe, und es dauerte nicht lange, da war Nessies Kopf nur noch an den gelb leuchtenden Augen zu erkennen.

Tobbi zupfte dreimal an der Leine. Nessie zog ihren prächtigen Hals ein, während der Roboter wieder die Meter auszählte.

»Achtundzwanzig Meter und achtundachtzig Zentimeter, klick. Macht zusammen – klick – vierundfünfzig Meter und sechsunddreißig Zentimeter«, gab Robbi gleich das Endergebnis bekannt. Er hatte sofort beide Strecken zusammengezählt.

Tobbi schrieb die Zahl auf und dann kam Nessies Länge an die Reihe.

Das nächste Kommando lautete: »Hals und Schwanz ausstrecken, aber ganz langsam.«

Tobbi schaltete den Hebel mit dem blauen Knopf auf die Stellung »Wasserantrieb« und dann fuhren sie mit Nessies Kopf in eine Richtung.

»Weiter geht's nicht«, prustete Nessie schließlich.

Nun fuhr Tobbi einen Bogen und steuerte das Fliewatüüt in Richtung Schwanzspitze, die ganz in der Ferne an einem weißen Schaumwirbel zu erkennen war.

»Nicht rühren, bis ich dreimal an der Leine zupfe!«, schärfte Tobbi dem Riesenungeheuer noch ein.

Der kleine Roboter rollte die Drachenleine ab und zählte. Als sie das Schwanzende erreicht hatten, rief er: »Fertig!«

Tobbi zupfte dreimal an der Leine und wendete um. Robbi rollte die Leine auf. Nessie zog Kopf und Schwanz ein. In der Mitte trafen sie sich dann wieder.

»Fünfundsechzig Meter und – klick – dreizehn Zentimeter«, gab Robbi das Ergebnis ihrer Messung bekannt.

»Merk dir, Nessie, du bist genau fünfundsechzig Meter und dreizehn Zentimeter lang«, wiederholte Tobbi, während er die Zahl notierte.

»Oooooooouuuuuuuuh ... fünfundsechzig ...?«, lispelte Nessie ehrfürchtig. Und dann: »Ach – wie hoch bin ich noch?«

Tobbi sagte es ihr zweimal langsam und deutlich.

»Vierundfünfzig Meter«, sprach Nessie nach und wiegte den Kopf hin und her, um gleich hinterher zu fragen:

»Ach – wie lang bin ich noch?«

»Herrje, Nessie, du hast ja ein Gedächtnis wie ein Sieb«, platzte Robbi heraus. Es war ihm unbegreiflich, dass man sich zwei einfache Zahlen nicht merken konnte.

»Ja, wie ein Sieb«, meinte Nessie kläglich. Es war ihr selber peinlich, dass sie ein so schlechtes Gedächtnis hatte.

Tobbi ließ sich noch ein Zeichenblatt geben.

»Besser, ich schreibe dir alles auf«, sagte er.

Zuerst malte er einen schönen Rand. Dann schrieb er genau wie ein Forscher alle wichtigen Tatsachen auf, die er über Nessie erfahren hatte. Und »Loch Ness« musste Nessie buchstabieren.

Als Tobbi mit seiner Arbeit fertig war, erkundigte sich der kleine Roboter sorgenvoll:

»Wohin nun mit dem Zettel? Nessie lebt im Wasser, und wenn das Papier nass wird, war die ganze Arbeit umsonst.«

Tobbi rieb sich nachdenklich die Nase.

»Tja ... wohin damit?«

»Ich habe einen hohlen Zahn«, meldete sich Nessie schüchtern, vielleicht ...«

»Hohler Zahn? Genau das Richtige!«, schrie Tobbi begeistert. Er faltete das Zeichenblatt zweimal, rollte es zu einem Röhrchen zusammen und gab es Robbi mit der Bemerkung: »Stopf das in ihren hohlen Zahn. Das ist eine Arbeit für deinen Teleskoparm.«

Die gute Nessie öffnete bereitwillig ihr Ungeheuermaul. Robbi fuhr den Teleskoparm aus und schob das wichtige Papierröllchen in den zweiten unteren Zahn von links. Das war nämlich der hohle Zahn. Obendrauf presste er noch einen Klumpen Fensterkitt, den er zufällig bei sich hatte. Nun war der Zahn abgedichtet und kein Wasser konnte von oben hineinfließen, wenn Nessie ihr Maul unter Wasser öffnete.

»Erledigt!«, meldete Robbi und fuhr seinen Teleskoparm ein. »Zeit für den Start.«

»Ja, höchste Zeit«, stimmte Tobbi zu.

Der Roboter hatte schon die Hand auf den roten Knopf des Gashebels gelegt und sie wollten sich gerade verabschieden – da fiel Tobbi noch etwas Wichtiges ein. Er fragte: »Du kennst wohl nicht zufällig eine dreieckige Burg mit dreieckigen Türmen, Nessie?« Viel Hoffnung auf eine brauchbare Antwort machte er sich allerdings nicht.

Zu seinem großen Erstaunen erklärte das Ungeheuer: »Ich habe einmal zwei Reporter belauscht. Die haben von einer dreieckigen Burg gesprochen, die ›Plumpudding Castle‹ heißt. Dort soll es nicht geheuer sein.« Nessies Namensgedächtnis schien besser zu sein als ihr Zahlengedächtnis.

»Und wo liegt dieses Plumpudding Castle?«

»Dort ungefähr.« Nessie drehte ihren Kopf in die Richtung, in der nach ihrer Meinung Plumpudding Castle zu suchen war, fügte aber vorsichtshalber hinzu: »Ganz genau weiß ich's allerdings auch nicht.«

»Wir wissen nun wenigstens schon den Namen und dann können wir weiterfragen«, sagte Tobbi befriedigt. »Schönen Dank, Nessie. Und auf Wiedersehen!«

»Auf Wiedersehen«, rief Robbi.

»Auf Wiedersehen! Und noch ganz schrecklich furchtbar vielen Dank für das Messen«, piepste Nessie in den höchsten Tönen und zitterte zum Abschied gerührt mit der Unterlippe.

Der Roboter gab Gas. Das Fliewatüüt stieg senkrecht in die Höhe, einem sternklaren Nachthimmel zu.

Und Nessie, das berühmte Ungeheuer vom Loch Ness, erhob ihren Hals achtundzwanzig Meter und achtundzwanzig Zentimeter hoch aus dem See und schaute dem Fliewatüüt mit leuchtenden Suppenterrinenaugen nach. Dabei fuhr sie mit der Zunge liebevoll über den hohlen Zahn, der den kostbaren Zettel enthielt.

»Das waren einmal zwei liebe, nette Zweibeiner …«, murmelte sie glücklich.

ELFTES KAPITEL

Plumpudding Castle rückt näher. Tobbi spielt einen Millionär und Robbi den dazugehörigen Chauffeur. Ein höflicher Polizist weiß den richtigen Weg. Ein Bahnhofsvorsteher wird wütend, weil ihm die rote Dienstmütze vom Kopf gewirbelt wird. Und wenn man auf eine Burg hinabschaut, auf der es nur so von Dreiecken wimmelt, dann fragt man sich: »Ob es wohl dreieckige Gespenster gibt?«

Der Mond hatte es in dieser Nacht nicht besonders eilig. Er bummelte gemütlich rund um die Erde herum. Dabei leuchtete er die Bergspitzen an, dass sie einen goldenen Schimmer bekamen, schaute in alle Täler hinein und vergaß auch nicht einen forschenden Blick auf die Städte und Dörfer zu werfen.

Suchte er etwas?

Nein, eigentlich suchte der Mond nichts Besonderes. Er war nur neugierig, ob es auf der Erde in irgendeinem Winkel etwas Neues zu entdecken gäbe. In den letzten Wochen war nämlich gar zu wenig passiert.

Über Schottlands Hügeln sah er plötzlich das Fliewatüüt.

»Sieh mal einer an!«, schmunzelte er. »Da ist ja der Ausreißer aus Tütermoor wieder. Was mag der kleine Nachtfalter nur in Schottland suchen?«

Und weil er sehr neugierig war, beschloss der Mond das Fliewatüüt nicht aus den Augen zu verlieren.

Tobbi und Robbi hatten andere Sorgen. Zwar gab es mit der reparierten Propellerwelle keinen Ärger mehr, sie surrte wie eine gut geölte Nähmaschine. Aber jetzt stand ihnen die schwierige Aufgabe bevor, bei Nacht eine dreieckige Ritterburg ausfindig zu machen, die Plumpudding Castle hieß. Und das konnte noch ein böses Stückchen Arbeit werden.

Tobbi lehnte sich bequem in seinen Kopilotensitz zurück. Nachts übernahm der kleine Roboter das Fliegen meistens selber, zumindest, wenn sie besonders tief fliegen mussten.

»Eigentlich war die gute Nessie doch ein sehr nettes Ungeheuer«, bemerkte Tobbi versonnen.

»Das kann man wohl sagen«, pflichtete der Roboter ihm bei. »Sie war nicht nur ein nettes Ungeheuer – sie war auch friedfertig. Und friedfertige Ungeheuer sollen fast ausgestorben sein, wird gesagt.«

Während er sprach, warf Robbi einen prüfenden Blick auf die matt glänzende Asphaltstraße, um den Höhenabstand zu schätzen. Er wollte nicht zu hoch, aber auch nicht zu tief fliegen.

»Was mag das Geheimnis von Plumpudding Castle sein? Ob es Gespenster sind?«, stellte Tobbi nun die Frage, die ihm schon lange im Kopf herumging.

»Keine Ahnung!«, brummte Robbi. »Ich habe nicht so viel Phantasie, um mir ein Geheimnis vorzustellen. Auf jeden Fall glaube ich, dass es auf der Burg nur so von Eulen, Fledermäusen, Spinnen und solchen Tieren wimmeln wird. Aber Gespenster? Nein, daran glaube ich nicht! Und falls wir doch welchen begegnen sollten, dann überlass sie ruhig mir. Etwas anderes macht mir Sorgen: Wenn wir doch bloß erst diese blödsinnige Burg gefunden hätten!«

»Wir finden sie bestimmt!«, beruhigte Tobbi den Freund. »Das ist eine Aufgabe, die du ruhig *mir* überlassen kannst.«

Er war sehr erleichtert, dass Robbi die Gespenster übernehmen wollte. Das heißt, falls es überhaupt welche gab. Gespenster behagten Tobbi genauso wenig wie Riesenungeheuer. Nur Nessie machte da eine Ausnahme, eben weil sie ein ungewöhnlich nettes Ungeheuer war.

Robbi zog das Fliewatüüt zwanzig Meter höher.

»Übrigens – was die Gespenster anbetrifft«, setzte er die Unterhaltung fort, »die sollen sich nur in Acht nehmen! Ich habe es dir noch nicht erzählt: Ich kann mich selber in eine Art von Gespenst verwandeln. Dazu brauche ich nur meine goldene Taste zu drücken. Und falls das notwendig sein sollte, tu ich das auch! Aber wie gesagt, ich glaube nicht an Gespenster und in der Robotschule habe ich auch nichts darüber gehört.«

»Na, hoffentlich hast du recht«, seufzte Tobbi.

Der Mond und die vielen glitzernden Sterne sorgten für eine erstklassige Nachtbeleuchtung. Es war natürlich nicht so hell wie am Tage; aber da sie sehr niedrig flogen, konnte selbst Tobbi Straßen, Flüsse, Häuser und Bäume ganz gut erkennen. Auf die Hügel und Hochspannungsleitungen mussten sie besonders achten und rechtzeitig wieder in die Höhe steigen.

»Vor uns liegt ein größeres Dorf«, berichtete Robbi.

Tobbi hatte einen Einfall.

»Lass uns landen«, bat er, »vielleicht treffen wir einen Polizisten, den wir nach Plumpudding Castle fragen können. Polizisten wissen immer gut in der Umgebung Bescheid.«

»Muss es gerade ein Polizist sein?«, knurrte Robbi unbehaglich. Trotzdem setzte er sofort zur Landung an. Tobbi war der Pfadfinder und er hatte in solchen Fällen zu entscheiden, was geschehen sollte.

Kurze Zeit später rollte das Fliewatüüt über eine schmale Landstraße dem nahen Dorf entgegen.

»Was machen wir aber, wenn uns der Polizist nach dem Führerschein fragt? Oder nach der Autonummer?«, meinte Robbi besorgt.

»Habe ich mir schon genau überlegt«, war Tobbis Antwort. »Halt bitte mal an!« Und dann setzte er Robbi seinen Plan auseinander. »Wir verkleiden uns jetzt. Ich spiele einen Millionär, der eine alte Burg kaufen möchte, und du bist mein Chauffeur. Du brauchst nicht zu reden und es wird wohl nicht auffallen, dass wir in einem Fliewatüüt reisen. Polizisten wissen nämlich sehr gut, dass Millionäre manchmal etwas übergeschnappt sind und in den merkwürdigsten Autos fahren.«

»Verstehe. Hoffentlich klappt's!«, brummte der kleine Roboter.

Tobbi kramte schnell die Pelzkleider hervor, die sie von Nu-nu und Na-na geschenkt bekommen hatten. Robbi musste wieder seine Roboter-Spezialpelzkappe überstreifen und außerdem noch Tobbis Pelzjacke anziehen. So war er in der Dunkelheit nicht sofort als Roboter zu erkennen. Tobbi selber stülpte sich die Pelzmütze aus Blaufuchsschwänzen auf. Dazu band er sich noch einen Schal um den Hals, sodass von seinem Gesicht nicht mehr viel zu erkennen war.

Dann übte er ein paar Mal, mit verstellter, möglichst tiefer Stimme zu sprechen.

»Das klappt schon sehr gut«, sagte Robbi anerkennend.

»Also dann los!«, befahl Tobbi.

»Toi, toi, toi!«, machte der Roboter. Das hatte er dem Glücklichen Matthias abgeschaut.

Die kurze Entfernung bis zum Dorf war rasch bewältigt. Und als sie durch die Hauptstraße rollten, mussten sie feststellen, dass nur noch wenige Fenster erleuchtet und die Bürgersteige menschenleer waren.

Sie hielten eifrig nach allen Seiten Umschau.

»Kein Polizist zu sehen«, stellte Tobbi enttäuscht fest.

»Nicht mal ein Uniformknopf!«, beklagte sich Robbi. »Hoffentlich gibt's in Schottland überhaupt Polizisten.«

»In jedem Land gibt es Polizisten«, sagte Tobbi. »Wir müssen eben weitersuchen.«

Und tatsächlich, sie hatten schon beinahe die Hoffnung aufgegeben, da erblickten sie endlich einen Mann in Uniform, mit einem hohen Polizeihelm auf dem Kopf. Er stand am Dorfausgang, vor einer Tankstelle, um die Fahrzeuge zu kontrollieren. Heute langweilte er sich besonders, denn es waren so wenige Autos vorbeigekommen.

Robbi rollte mit dem Fliewatüüt haargenau vor seine Füße.

»Ach, verzeihen Sie, Herr Wachtmeister, wie kommen

wir am besten nach Burg Plumpudding Castle?«, fragte Tobbi mit seinem allertiefsten Brummbass. »Mein Chauffeur kann leider den Weg nicht finden.«

Jetzt musste sich zeigen, ob die Verkleidung gut war. Anscheinend schöpfte der Polizist keinen Verdacht, denn er legte grüßend die Hand an den hohen Helm und antwortete zuvorkommend: »Nach Plumpudding Castle, Sir? Immer geradeaus, Sir. An der Brücke biegen Sie links ab.

Dann kommen mehrere scharfe Kurven. Da müssen Sie Obacht geben, Sir. Rechts – links – rechts – links, so geht das immer, Sir. Dann kommen Sie in eine kleine Stadt, ›Littletown‹ heißt sie. Durch Littletown fahren Sie geradewegs hindurch, Sir, und dann können Sie Plumpudding Castle schon sehen. Die Burg ist dreieckig, mit dreieckigen Türmen, und sie ist viele hundert Jahre alt, Sir.«

»Vielen Dank!«, brummelte Tobbi. »Eine dreieckige Burg suchen wir gerade.«

Der Polizist warf Tobbi einen forschenden Blick zu und dem wurde schon ganz ungemütlich zumute. Aber der Beamte sagte nur: »Wenn ich mir eine Frage erlauben darf, Sir. Was suchen Sie auf Burg Plumpudding Castle? Dort wagt sich sonst kein Mensch hin. Es soll dort – hm – spuken. So wird jedenfalls erzählt. Aber ich will nichts gesagt haben ...«

Robbi gab seinem Freund einen Rippenstoß und der sagte sofort: »Bitte, erzählen Sie, Herr Wachtmeister.«

»Nun – ja – man munkelt, dass dort nach Mitternacht gelblicher Rauch aufsteigen soll. Und einige Leute wollen sogar ein Gespenst gesehen haben.« Der Polizist zuckte mit den Achseln, als ob er selber nicht so recht daran glaube, und fuhr fort: »Aber eines steht fest – hier in der Umgegend von Plumpudding Castle verschwinden massenweise silberne Löffel und niemand weiß, wohin. Und die Leute müssen Türen und Fenster schließen, weil ihr Silbergeld und vor allem auch das Kupfergeld gestohlen wird. Sogar aus den Milchtöpfen, die morgens vor der Tür stehen, verschwindet das Geld. Aber keiner hat bisher herausfinden können, wer es stiehlt.«

»Also doch ein Gespenst! Schöne Aussichten«, murmelte Tobbi sorgenvoll.

»Wie bitte ...?«, meinte der freundliche Polizeibeamte.

»Oh, nichts«, erwiderte Tobbi schnell und brummte, so tief er konnte: »Ich möchte mir ein Spukschloss kaufen. Ich bin nämlich Millionär.«

»Sie sind Millionär, Sir? Das ist natürlich etwas anderes, Sir.«

Tobbi beschloss sich rasch zu verabschieden, möglicherweise kam der Polizist doch noch auf die Idee, nach dem Führerschein zu fragen.

»Gute Nacht, Herr Wachtmeister, und vielen Dank!«

Und der Polizeibeamte legte noch einmal seine Hand an den Polizeihelm und sagte: »Gute Reise, Sir.«

Robbi fuhr sofort an. Tobbi winkte zum Abschied lässig mit der Hand.

»Das ist noch mal gut gegangen«, sagte Tobbi erleichtert und streifte sich Pelzkappe und Schal ab, denn er schwitzte vor Aufregung. »Es hat sich gelohnt, wir wissen jetzt, wo Plumpudding Castle liegt.«

»Den Millionär hast du prima nachgemacht«, lobte Robbi begeistert. »Weißt du eigentlich, weshalb der Polizist immer ›Sir‹ zu dir gesagt hat?«

»Ich glaube, das ist so was wie eine höfliche Anrede in Schottland. So ähnlich wie ›mein Herr‹ bei uns«, versuchte Tobbi die Sache zu erklären.

Die Straße wurde nun sehr holperig. Von einer Brücke war noch nichts zu sehen.

»Wir sollten wieder starten«, schlug Tobbi vor, »man sieht ja vor lauter Bäumen nichts.«

Robbi nickte. Er fühlte sich ohnehin am wohlsten in der Luft.

Kaum schwebten sie über der Straße, da sahen sie auch schon die Brücke, von der der Wachtmeister gesprochen hatte. Unter ihnen tauchte ein blinkender Flusslauf auf, der sich unter der Brücke hindurchschlängelte, um ganz in der Ferne wieder von der Dunkelheit verschlungen zu werden.

Robbi spähte angestrengt nach vorn.

»Ich kann Häuser erkennen und einen Kirchturm – eine kleine Stadt. Sie liegt direkt am Fluss«, meldete er aufgeregt.

»Das ist Littletown!«, sagte Tobbi überzeugt. »Du sagst, der Fluss führt unmittelbar an der Stadt vorbei? Dann nehmen wir ihn wieder als Wegweiser. Mit den Flüssen hat es bisher noch immer geklappt.«

»Und wenn das nun nicht Littletown ist?«, fragte Robbi zweifelnd.

»Wir prüfen es eben nach, wenn wir da sind.«

»Wie willst du das nachprüfen?«

»Ganz einfach: An jedem Bahnhof befindet sich ein großes Schild mit dem Namen der Stadt. Und in jeder Stadt gibt es schließlich einen Bahnhof«, lautete Tobbis Erklärung.

»Gut. Du wirst es schon wissen«, sagte der kleine Roboter beruhigt und gab Vollgas. Mit Polizisten, Bahnhöfen, Schiffen, Schildern und solchen Sachen kannte er sich nicht aus.

Zwei Minuten später, als sie über dem Bahnhof schwebten, zeigte sich, dass Tobbi recht behalten hatte:

»Littletown« stand in großen, schwarzen Buchstaben unter der Bahnhofsuhr. Sie konnten es deutlich lesen, so nahe und so niedrig flog der Roboter an dem Bahnhofsgebäude vorbei. Tobbi hätte das niemals gewagt, schon gar nicht bei Nacht! Dabei hatte Robbi ihn mittlerweile zu einem tüchtigen Piloten herangebildet.

Leider passierte bei dem Tiefflug ein unbeabsichtigtes Missgeschick: Dem Bahnhofsvorsteher wurde die rote Mütze durch die Propellerböen vom Kopf gefegt.

»Mir die Dienstmütze vom Kopf zu blasen! Das ist Beamtenbeleidigung!«, schrie der Bahnhofsvorsteher empört und schwenkte drohend die runde Kelle, mit der er den Zügen das Abfahrtssignal gab.

Aber da war das Fliewatüüt schon hinter der Güterabfertigung verschwunden.

»Immer diese Flugzeuge! Na wartet ...«, brummte der Bahnhofsvorsteher giftig vor sich hin. Und er beschloss diesen unverschämten Vorfall seiner vorgesetzten Dienststelle mit der genauen Uhrzeit zu melden.

Tobbi und Robbi hatten den Zwischenfall nicht bemerkt, sonst hätten sie ihn gewiss bedauert.

»Plumpudding Castle ... Plumpudding Castle! Klick! Klick! Klick!«, jubelte Robbi außer sich vor Freude, als er die große Burg erblickte.

»Ja, ich sehe sie auch«, sagte Tobbi ein wenig beklommen. Er wusste nicht recht, ob er sich nun freuen oder Herzklopfen bekommen sollte.

Gerade vor ihnen, dort, wo sich der Fluss in zwei Arme gabelte, die ein großes »O« bildeten, lag ihr ersehntes Reiseziel: die dreieckige Ritterburg mit den dreieckigen Türmen. Sie stand wehrhaft und trotzig auf der kleinen Insel, die von den Flussarmen umklammert wurde. Vier gewaltige Türme ragten drohend in den Nachthimmel und der Mond übergoss sie teilweise mit einem gleißenden Silberlicht.

»Da! Da!« Tobbi schrie es ganz heiser vor Aufregung.

»Tatsächlich, gelber Qualm«, knurrte der kleine Roboter. »Hätt ich nie geglaubt!«

Eine dicke, gelbe Rauchsäule stieg hinter dem mittleren Turm empor, der übrigens etwas höher war als die drei andern Türme. Und oben, wo der Rauch auseinanderquoll, bekam er ganz helle, leuchtende Ränder, ähnlich, wie man es bei einem Sonnenuntergang beobachten kann.

Zuerst kreisten sie mehrmals um die Burg, dann stoppte Robbi das Fliewatüüt mitten drüber und hielt es auf der Stelle, sodass sie alles in Ruhe von oben betrachten konnten.

Alles an Plumpudding Castle war dreieckig. Die Burgmauern bildeten das größte Dreieck. An allen drei Ecken der Mauer stand jeweils ein dreieckiger Turm. In der Mitte stand der vierte Turm. Wie gesagt, er war der größte von allen und natürlich ebenfalls dreieckig. Um ihn herum standen drei Gebäude, die zusammen wieder ein Dreieck bildeten. Jedes dieser Gebäude besaß dreiunddreißig dreieckige Fenster und drei dreieckige Türen. Auch die Türme hatten dreieckige Fenster, nur dass sie ein wenig kleiner waren als die an den Gebäuden. Auf dem Burghof vor der Zugbrücke befand sich noch ein kleiner, dreieckiger Brunnen.

Tobbi schüttelte benommen den Kopf.

»Ich werd noch mal von Dreiecken träumen«, stöhnte er.

»Fehlt bloß noch, dass uns dort unten dreieckige Gespenster über den Weg laufen!«, witzelte Robbi.

»Hast du schon welche gesehen?«, fragte Tobbi gespannt.

»Nee«, brummte Robbi, »noch nicht mal 'ne Eule. Wart nur die Zeit ab, wahrscheinlich bekommen wir sie früher zu Gesicht als uns lieb ist. Wo soll ich landen? Auf dem Burghof?«

»Auf keinen Fall in der Burg!«, erklärte Tobbi entschieden. »Was ist, wenn irgendwer unser Fliewatüüt entdeckt und womöglich beschädigt? Dann können wir einpacken! Mit der Roboter-Prüfungsaufgabe ist es Essig und nach

Hause kommen wir auch nicht wieder. Das wäre nicht auszudenken!«

»Stimmt!«, gab Robbi kleinlaut zu.

Tobbi durchdachte die Lage. Alles musste gründlich überlegt werden. Zu schnelle und unüberlegte Entschlüsse könnten sie später leicht in eine schlimme Lage bringen. Schließlich meinte er:

»Es wird das Beste sein, wenn wir die Burgmauern noch ein paar Mal von außen umfliegen – ganz tief. Wir schauen uns alles genau an und erkunden einen Weg, wie wir in die Burg hineingelangen können. Die Zugbrücke ist hochgezogen ...«

»Und wo bleiben wir mit dem Fliewatüüt?«, unterbrach Robbi ihn.

»Das Fliewatüüt stellen wir in dem kleinen Wäldchen dort drüben am Flussufer ab. Wenn wir es mit ein paar Tannenzweigen tarnen, wird es so leicht niemand finden.«

Robbi nickte und begann seine Runden um die Burgmauer zu fliegen. Das heißt, es waren keine Runden, er musste Dreiecke fliegen, weil Plumpudding Castles Burgmauern ja ein riesengroßes Dreieck bildeten. Robbi flog so langsam und so tief, als es irgend ging, so konnten sie alles in Ruhe betrachten.

Der eine Flussarm war wesentlich schmaler als der andere. Eigentlich war er schon kein Fluss mehr, sondern eher ein breiter Graben. Deshalb befand sich auch das Burgtor mit der Zugbrücke an dieser Seite. Die Zugbrücke zeigte steil nach oben und machte ganz den Eindruck, als sei sie hundert Jahre nicht mehr in Gebrauch gewesen. Die mächtigen Eisenketten, deren Glieder doppelt so groß waren wie Tobbis Hand, bedeckte eine dicke Schicht Rost. Das Burgtor hatte eine dreieckige, die Zugbrücke dagegen eine rechteckige Form. Eine dreieckige Zugbrücke war dem Ahnherrn und Erbauer von Plumpudding Castle wohl doch zu unpraktisch gewesen. Dafür wimmelte es auf dem steinernen Wappen über dem Tor wieder von Dreiecken. Auf dem Wappenhelm thronten gleich drei auf die Spitze gestellte Dreiecke übereinander. Das Wappenschild war dreieckig. Und der Wappen-

löwe darauf trieb es ganz toll – er stand auf einem Dreieck, trug stolz eine dreieckige Mähne, eine dreieckige Quaste am Schwanz und aus lauter Übermut balancierte er zwei übereinanderstehende Dreiecke auf seiner platten Löwennase.

»Durch das Burgtor können wir nicht hineingelangen«, stellte der Roboter sachlich fest. »Das Ding ist hoffnungslos eingerostet.«

»Moment mal!« Tobbi tippte ihm auf die Schulter: »Lagen da nicht eben ein paar Steine im Burggraben?«

Robbi wendete und stoppte das Fliewatüüt über der fraglichen Stelle. Tobbi hatte richtig beobachtet: Deutlich war eine Reihe von Steinquadern zu erkennen, die ganz dicht unter der Wasseroberfläche eine Art Brücke zur Insel bildeten.

»Ich glaube, wir könnten über die Steine balancieren«, meinte Tobbi. »Oder möchtest du lieber nicht?«

»Na, es gibt Dinge, die ich lieber möchte«, brummte der Roboter und warf einen schiefen Blick auf die Unterwasserbrücke. »Aber wenn's sein muss ...«

»Ich helf dir schon dabei«, versprach Tobbi. »Aber mir ist noch nicht klar, wie wir auf diese himmelhohe Burgmauer hinaufgelangen sollen.«

»Lass uns erst mal auf der Insel sein, dann kannst du die Burgmauer ruhig mir überlassen«, erwiderte Robbi zuversichtlich.

Nun verlief alles genau nach Plan.

Sie landeten unmittelbar vor dem Wäldchen. Dann schoben sie das Fliewatüüt unter eine Tanne, deren weit überhängende Zweige ein natürliches Versteck bildeten.

Robbi brach einige Tannenzweige ab, die Tobbi zur Tarnung über die Maschine breitete.

Dann beratschlagten sie, was sie alles auf ihre Expedition in die geheimnisvolle, dreieckige Ritterburg mitnehmen wollten. Da der kleine Roboter alle möglichen Werkzeuge in seinen Fächern hatte, steckte Tobbi sich nur ein paar Scheiben trockenes Brot und die Tüte mit Backobst in die Tasche. Er nahm an, dass er unterwegs Hunger bekommen könnte; denn wie lange sie sich in Plumpudding Castle aufhalten mussten, um das Geheimnis zu ergründen, war vorher nicht abzusehen.

Sie stapften schon auf den Burggraben zu, da rief Robbi plötzlich: »Halt! Ich brauche unbedingt den Rettungsring.«

Schnell kehrte er um, holte den Ring aus dem Gepäckraum und stieg brummend in den gelbschwarzen Reifen hinein. Das war übrigens eine sehr vernünftige Vorsichtsmaßnahme für einen Nichtschwimmer.

»Du siehst aus wie ein Spiegelei, bei dem das Eigelb nach außen gerutscht ist«, kicherte Tobbi.

Robbi musste selber lachen.

»Besser ein Spiegelei als ein lebensmüder Roboter«, antwortete er schlagfertig.

Die Überquerung des Burggrabens verlief ohne Unfall, obgleich die Steine mit Algen bewachsen und daher glitschig waren. Das Wasser reichte ihnen bis zu den Knöcheln. Robbi hielt sich leise schimpfend an Tobbi fest. Er musste sich sehr vorsehen, dass er mit seinen glatten Eisensohlen nicht ausrutschte. Aber schließlich erreichten sie doch ihr Ziel an der Mauer und Robbi meinte:

»Ich seh's ein – ich werde wohl doch einen Roboter-Schwimmkurs mitmachen müssen.«

Die Burgmauer war aus verschieden großen Steinquadern zusammengefügt. Sie passten so haargenau aufeinander, dass es nirgends Ritzen und Spalten gab, in die man zum Klettern die Finger- und Fußspitzen hätte hineinschieben können.

Tobbi schaute mutlos in die Höhe. Robbi aber kniff das rote Roboterauge zu und visierte mit dem grünen Auge die Mauerkrone an.

»Es geht gerade eben«, sagte er befriedigt.

»Was geht?«, fragte Tobbi gespannt.

»Wart's ab!«, war Robbis geheimnisvolle Antwort.

Und nun zeigte er wieder einmal ein atemberaubendes Roboterkunststück. Der Teleskoparm wanderte senkrecht in die Höhe. Zwei starke Eisenfinger pressten sich um die Mauerkante, ein Druck auf die untere, blaue Teleskoptaste und – dann zog sich Robbi an seinem eigenen Teleskoparm nach oben. Schnell packte er mit der anderen Hand zu, machte einen Klimmzug, und schon stand er oben auf der Burgmauer!

Tobbi sperrte den Mund auf vor lauter Staunen. Aber noch bevor er ein Wort sagen konnte, war Robbis Teleskoparm schon wieder unten, packte ihn fest an seinem Kragen und der »Teleskoplift« sauste mit ihm nach oben.

»Das wär's!«, sagte der Roboter, als er seinen verblüfften Freund auf die Mauerkrone stellte.

»Nicht zu glauben! Was ein Roboter alles kann!«, brummte der Mond, der alles mit angeschaut hatte. »Ich hab's ja geahnt, dass heute Nacht noch etwas Aufregendes passieren würde ...«

Und vor lauter Neugierde tat er etwas, was er noch niemals getan hatte und was er eigentlich auch gar nicht hätte tun dürfen: Er blieb eine halbe Minute lang unbeweglich am Nachthimmel stehen. Das war einmalig in der Weltgeschichte! Aber sonderbarerweise fiel es niemanden auf. Nicht einmal die großen Sternwarten, die doch jede Nacht den Himmel nach neuen Sternen und Kometen absuchen, merkten etwas von diesem ungewöhnlichen Vorfall.

Robbi und Tobbi marschierten nun im Gänsemarsch auf der Burgmauer entlang. Neben der Zugbrücke gelangten sie über eine steile, ausgetretene Steintreppe in den Burghof hinab. Dort verharrten sie einige Augenblicke und der Roboter untersuchte die Ecken und Winkel, die besonders finster waren.

»Siehst du etwas?«, erkundigte sich Tobbi leise.

»Jedenfalls kein Gespenst«, antwortete Robbi seelenruhig. »Nur eine Eule. Sie hockt dort oben in der Turmmauer.«

Der Roboter zeigte nach links, wo sich in halber Turmhöhe eine schmale Schießscharte befand, in der zwei feurige Punkte glühten. Dann meinte er:

»Hier draußen gibt es nichts Besonderes. Wir müssen versuchen, in das Hauptgebäude zu gelangen.«

Von der gelben Qualmsäule war nichts mehr zu entdecken, nur der Rauchgeruch war noch spürbar.

Als sie den Burghof überquerten, warfen sie noch einen Blick in den Brunnen. Er war nicht sehr tief und enthielt keinen Tropfen Wasser. Wahrscheinlich war er schon seit vielen Jahren ausgetrocknet.

Dann stiegen sie dreizehn Steinstufen bis zu dem großen, dreieckigen Eingangsportal empor. Die beiden Türflügel waren aus schweren Eichenbohlen zusammengefügt. Das Holz war im Verlauf der vielen Jahre schwarz und rissig geworden, aber auch steinhart. Vier lange, eiserne Scharniere, sehr kunstvoll geschmiedet, verbanden die Torflügel mit dem Mauerwerk. Den Türgriff bildete ein Löwenkopf aus Bronze, dem man einen Ring durch die Nase gezogen hatte und der überdies noch ein Dreieck zwischen den Zähnen hielt. Wie konnte es auch anders sein!

Robbi drückte die Löwenklinke kräftig herunter.

»Nanu? Nicht mal abgeschlossen?«, sagte er verwundert, denn er hatte sich schon darauf gefasst gemacht, seinen längsten und kräftigsten Haken gebrauchen zu müssen. »Und die Scharniere scheinen auch geölt zu sein. Ich glaube, hier sind wir richtig.«

»Meinst du ...?« Tobbis Stimme klang ein wenig unsicher.

Und als sich der rechte Torflügel knarrend öffnete, stellte sich auch das lästige Herzklopfen wieder ein.

ZWÖLFTES KAPITEL

Vorsicht – es gespenstert! Aber es wäre eine Schande, wenn es auf einer dreieckigen Burg nicht gespenstern würde. Robbi tritt respektlos auf einen grünlich schimmernden Totenkopf. Hinter Sir Joshua dem Ersten von Plumpudding Castle verbirgt sich etwas. Und noch etwas: Geheimgänge ohne Ausgänge sollten glattweg verboten werden!

»Halt ... keinen Schritt ... wei-t-er!«, buchstabierte Tobbi mühsam.

Diese Warnung stand in grünlich leuchtenden Blockbuchstaben auf den Steinfliesen des Fußbodens zu lesen.

»Hm ... klick –«, sagte Robbi, »man ist hier wenig gastfreundlich. Aber in einer alten Ritterburg müssen wir eben auf einige Überraschungen gefasst sein.«

Tobbi stellte sich vorsichtshalber hinter Robbis viereckigen Rücken. Schaurige, grün schimmernde Warnungen lagen ihm nicht. Außerdem waren solche gespenstischen Dinge nicht seine Aufgabe. Das hatte der Roboter übernommen.

Eines stand fest – wer auch immer diese grüne Warnung auf den Fußboden gemalt haben mochte, er hatte keine schöne Handschrift. Er hätte in Schönschrift ein »Ungenügend« verdient. Die Buchstaben tanzten fast alle aus der Reihe, dazu waren sie krakelig und schief und ein paar von ihnen waren halb umgefallen. Aber das war noch nicht alles.

Direkt unter der Schrift leuchtete ein Totenkopf in der gleichen gespenstisch grünen Farbe. So ein Totenkopf mit gekreuzten Knochen, wie man sie auf den Giftflaschen in jeder Apotheke sehen kann. Doch auch der war nicht besonders gut gelungen.

Einem Roboter aus der dritten Robotklasse durfte man jedenfalls mit solchen Kinkerlitzchen nicht kommen. Und zum Gruseln bringen konnte man ihn damit auch nicht.

»Pah! Ein Totenkopf! Das sind ja uralte Kamellen!«, knurrte Robbi verächtlich und wackelte missbilligend mit der Antenne.

»Wird's schon gefährlich?«, flüsterte Tobbi.

»Gefährlich? Dass ich nicht lache! Klick!« Der kleine Roboter zeigte auf die Malerei. »Wahrscheinlich ist das Zeug ganz gewöhnliche Leuchtfarbe. Die ist völlig ungefährlich. Die Ziffern auf den Armbanduhren werden häufig aus solcher Leuchtfarbe gemacht, damit man auch im Dunkeln die Uhrzeit ablesen kann.«

»Aber was soll das Ganze bedeuten?«

»Es soll sicher solche Besucher wie uns von der Burg abhalten. Damit haben sie bei uns kein Glück!«, erklärte Robbi und trat seelenruhig mitten auf den grün schimmernden Totenkopf.

»Wir werden eine Taschenlampe brauchen«, meinte Tobbi jetzt. »Und ich habe meine zu Hause in der Nachttischschublade gelassen.«

»Wir brauchen keine Taschenlampe, ich habe meinen Lichtfinger.« Robbi drückte die untere rote Taste ein. »Siehst du!«, sagte er.

Der linke obere Finger an seiner Teleskophand strahlte einen Lichtkegel aus, der sich genau wie bei einer Stablampe trichterförmig verbreiterte. Aber Robbis merkwürdiger Lichtfinger war nicht nur viel praktischer als eine Taschenlampe, die man gar zu leicht vergessen konnte, er leuchtete auch viel heller.

An sich benötigte der kleine Roboter kein Licht, aber er knipste es Tobbi zuliebe an, der in der Dunkelheit nichts sehen konnte. Er fuhr den Teleskoparm aus und ließ den grellen Lichtstrahl über alle Wände geistern.

Sie standen in einer Halle. Sie war etwa so groß wie eine Turnhalle und auch fast so hoch. Vor ihnen an der Wand waren drei von diesen absonderlichen, dreieckigen

Fenstern, die sie schon von draußen gesehen hatten. Sie ließen drei Strahlen blassgelben Mondlichts herein, die wie leuchtende, dreieckige Balken aussahen. Rechts und links gab es je eine dreieckige Türöffnung ohne Tür. Sie führten beide in einen rabenschwarzen Gang hinein. Sonst gab es in der Halle nichts Bemerkenswertes zu sehen. Nicht einmal eine alte, ausgediente Ritterrüstung stand dort herum, und das hätten sie in der Halle einer uralten Burg eigentlich erwartet.

»Welchen Gang nehmen wir?«, fragte Robbi. »Rechts oder links?«

»Rechts«, antwortete Tobbi auf gut Glück.

Er hätte genauso gut »links« sagen können. Das wäre vollkommen gleich geblieben, denn beide Türöffnungen waren gleich groß, gleich dreieckig und gleich finster. So finster wie das Innere eines Schornsteins.

»Also rechts. Na gut!«, sagte der kleine Roboter und marschierte voran in den dunklen Tunnel.

Tobbi folgte ihm dicht auf den Fersen, so dicht, dass er dem guten Robbi beinahe auf die Eisenfersen trat. Seine linke Hand legte er fest auf Robbis Schulter, um ihn nicht zu verlieren. Robbis Fingerlampe tanzte wie ein Irrlicht an dem weit ausgefahrenen Teleskoparm voraus.

Der Gang roch so muffig, wie Gänge riechen, wenn sie fünfzig, achtzig oder gar hundert Jahre nicht gelüftet worden sind. Nach den vielen Spinnweben und der dicken Staubschicht zu rechnen, musste es mindestens schon hundertfünfzig Jahre her sein, seitdem hier zum letzten Mal Staub gewischt worden war.

Klipp ... klipp ... klipp ...

Das waren Robbis Plätteisenschritte, die auf dem Steinfußboden hallten. Viel zu laut hallten!

Tobbi klopfte seinem Vordermann auf die Schulter.

»Halt eben an, Robbi«, sagte er, »deine Schritte dröhnen so laut, dass sie weithin zu hören sind. So geht das nicht. Dagegen müssen wir etwas tun.«

»So, meinst du?« Dem Roboter waren die lauten Schritte noch gar nicht aufgefallen.

»Zieh deine Seehundsfellschuhe über«, schlug Tobbi vor.

»Seehundsfellschuhe? Gute Idee!«

Kurze Zeit später schlich Robbi lautlos durch den Gang. So leise wie vor ihrem Abflug auf Tante Paulas rotem Läufer. Tobbis Schritte waren sowieso kaum zu hören, weil er Gummisohlen trug.

Zwanzig Schritte gingen sie geradeaus. Dann machte der Gang einen scharfen Knick nach rechts und nach weiteren fünfzehn Schritten bog er wieder ebenso scharf nach links ab.

»In Plumpudding Castle scheint es einen Irrgarten von Gängen zu geben«, flüsterte Tobbi.

»Scheint so«, brummte der Roboter und ließ den Lichtkegel der Fingerlampe über die Wände huschen. »Nanu – hier sind ja Bilder! Eine ganze Menge sogar.«

»Dann muss das eine Ahnengalerie sein«, erriet Tobbi ganz richtig.

Robbi leuchtete die Bilder an.

Rechts hingen die Porträts der Burgherren. Sie blickten aus reich verschnörkelten Goldrahmen herab. Von dem Gold war allerdings nur hin und wieder ein kleines Fleckchen zu sehen, weil alles von einer dicken Staubschicht bedeckt war. Alle Ritter hatten prächtige Rüstungen an und glänzende Helme auf den Köpfen, aber sie machten ausnahmslos finstere Gesichter. Wahrscheinlich hatten sie sich malen lassen, als sie mit schlechter Laune zu Hause saßen, weil es gerade nichts zu kämpfen gab.

Die Burgfrauen hingen ihnen gegenüber auf der linken Gangseite. Sie schauten sehr viel freundlicher, aber auch ein bisschen wehmütig aus ihren Silberrahmen herab. Wahrscheinlich hatte es ihnen schon zu Lebzeiten nicht sonderlich in dieser verrückten, finsteren und staubigen Burg gefallen.

Und wer weiß – vielleicht hatten sie sogar in dreieckigen Betten schlafen müssen.

»Ob's hier wohl Geheimgänge gibt?«, raunte Tobbi bedeutungsvoll. »Hinter alten Bildern und so ...«

»Hm ... Unmöglich wäre das nicht«, meinte Robbi nachdenklich. »Warte, ich schalte sofort mein grünes Röntgenauge ein.«

Tobbi hielt den Atem an, so gespannt war er.

Robbi untersuchte die Mauer und alle Bilder der näheren Umgebung.

»Ich kann nichts finden, was auf einen Geheimgang schließen lässt«, berichtete er und entschuldigend fügte er noch hinzu: »Tut mir leid, nichts zu machen. Weißt du, die Mauern in diesen alten Ritterburgen sind ganz gemein dick. Ich komm da einfach nicht durch.«

Sie tappten weiter und entdeckten immer neue Bilder. Es mussten geradezu unwahrscheinlich viele »Plumpuddings« auf Plumpudding Castle gewohnt haben.

Der kleine Roboter ließ den Lichtstrahl auf einem besonders großen Bild verweilen. Es war größer als alle anderen, die sie bisher gesehen hatten.

»Nanu?«, staunte Robbi. »Was soll denn das bedeuten?«

»Nun schlägt's dreizehn!«, stieß Tobbi nicht weniger verblüfft hervor.

Mit dem Bild hatte es in der Tat eine merkwürdige Bewandtnis: Das Allerwichtigste an dem Bild, das Porträt des Ritters, fehlte! Der Rahmen war zwar nicht leer, die Leinwand war vorhanden und auch der Hintergrund des Bildes, ein düsteres, beinahe schwarzes Braun, das kreuz

und quer von unzähligen Rissen durchzogen war. Aber mittendrin, dort, wo eigentlich jemand abgebildet sein müsste, leuchtete ein weißer Fleck. Dieser Fleck hatte genau die Umrisse eines Mannes und es sah aus, als sei derjenige einfach aus seinem Goldrahmen herausgestiegen und hätte nur seinen weißen Schatten zurückgelassen.

»Ich glaube, der Mann, der hier abgebildet war, hat keine Ritterrüstung angehabt. Und statt des Helms trug er einen hohen, spitzen Hut«, sagte Tobbi, nachdem er den weißen Schattenriss eine Weile studiert hatte.

»Mit drei übereinanderstehenden Dreiecken obendrauf«, flüsterte Robbi und zeigte mit einem Finger seines Teleskoparms auf die betreffende Stelle.

»Genau wie auf dem steinernen Wappen über der Zugbrücke.« Tobbi wurde ganz aufgeregt. »Sieh mal, er hat den rechten Arm abgewinkelt und in der Hand hält er einen kleinen Stock oder Stab. Was mag das nur zu bedeuten haben?«

Der kleine Roboter wackelte ratlos mit der Antenne.

»Und oben wieder die drei Dreiecke! Merkwürdig! Äußerst merkwürdig ...«

»Du, ich glaube, dort hing der Ahnherr von Plumpudding Castle«, wisperte Tobbi ehrfürchtig.

Robbi leuchtete mit dem Lichtfinger ein silbernes Schildchen an, welches mit vier kleinen Stiften auf dem unteren Teil des Rahmens befestigt war.

»Lies bitte mal vor«, bat er.

Und Tobbi las nun mit gedämpfter Stimme vor, was in einer zierlichen, verschnörkelten Schrift zu lesen stand:

Sir Joshua der Erste von Plumpudding,
genannt „Der Zaubergraf",
Gründer und Erbauer
von Plumpudding Castle,
der Stammburg aller Plumpuddings.

»Ich weiß nicht ...« Tobbi runzelte nachdenklich die Stirn: »Du, Robbi, versuch's hier noch einmal mit dem Röntgenauge«, bat er eindringlich.

Kaum hatte der Roboter die bewusste obere, rote Taste gedrückt, als er auch schon erregt ausrief: »Tatsächlich – ein Loch hinter dem Bild! Ich kann es genau erkennen!«

»Das muss ein Geheimgang sein!«, sagte Tobbi hastig. »Komm, wir wollen versuchen das Bild wegzurücken.«

Das war leichter gesagt als getan. Sie bemühten sich Sir Joshua den Ersten von seinem angestammten Platz zu rücken. Sie zogen – sie hoben – sie drückten – sie schoben. Es nützte nichts. Das große Bild blieb wie angeschmiedet an seinem Platz.

»Verflixt – es geht nicht!«, sagte Robbi verbissen. »Soll ich's mit Gewalt versuchen?«

»Warte noch!«

Tobbi kniete nieder und tastete behutsam über die Unterseite des Rahmens. Er hatte erst kürzlich in einem Abenteuerbuch etwas von verborgenen Knöpfen und Riegeln gelesen. Und tatsächlich: In der Mitte, direkt unter dem Silberschild, fühlte er eine kleine Erhöhung. Er drückte. Nichts rührte sich. Er schob nach rechts. Wieder nichts. Aber als er probierte den Buckel nach links zu schieben, gab dieser plötzlich nach.

»Ich hab's.« Tobbi richtete sich auf.

»Was hast du?«, fragte der kleine Roboter verdutzt.

»Den geheimen Sperrriegel natürlich. Jetzt müsste es gehen!«

Nach einigen Versuchen hatten sie den Bogen heraus: Das große Ahnenbild ließ sich wie ein Kippfenster nach oben klappen. Eine Öffnung, etwas schmaler als ein Badehandtuch, wurde sichtbar und ein modriger Geruch stieg ihnen in die Nasen.

»Das ist ein Geheimgang, daran gibt es keinen Zweifel«, meinte Tobbi sachverständig.

»Wollen wir ihn untersuchen?« Robbi schaukelte tatendurstig mit der Antenne. Tobbi nickte.

Der Roboter machte den Anfang. Es war für ihn kein leichtes Stück Arbeit, sich durch den schmalen Einstieg zu zwängen. Tobbi musste tüchtig nachschieben. Und kaum war er verschwunden, da schimpfte Robbi auch schon los: »Hier ist es eng wie in einer Knackwurstpelle! Nicht mal seine Arme kann man vernünftig bewegen. Klick!«

Wenn Robbi seine Arme nicht ordentlich bewegen konnte, wurde er ärgerlich, und wenn er seinen geliebten Teleskoparm nicht einsetzen konnte, kam er sich gleich wie ein halber Roboter vor.

Tobbi schaffte es allein. Mit den Beinen voran fädelte er sich durch die Mauerspalte wie ein Faden durchs Nadelöhr.

»Uff, man macht was mit in diesen alten Ritterburgen«, stöhnte er.

Sie mussten sich mühsam Schritt für Schritt vorantasten. Der Gang war so eng, dass sie mit den Ellenbogen an den feuchten Mauern entlangschurrten. Spinnweben hafteten an Tobbis Kleidern und an Robbis empfindlicher Antenne hing sogar ein ganzes Büschel von diesen klebrigen Fäden.

Einundzwanzig Schritte geradeaus – viereinhalb Schritte nach links. Dann kam eine enge Treppe. Elf Stufen nach oben – fünf Schritte nach rechts. Der Gang war zu Ende.

Aber eine schlimme Überraschung stand ihnen bevor: Eine steinerne Stirnwand aus Granit glitzerte im Lichtschein von Robbis Lampe und nirgends war ein Ausgang zu entdecken!

»Keine Tür! Das hat uns gerade noch gefehlt!«, schimpfte Robbi.

»Du, vielleicht gibt es hier wieder eine Geheimtür wie hinter dem Ahnenbild«, sagte Tobbi hoffnungsvoll.

»Gut. Ich nehme jetzt das Mauerwerk unter die Lupe«, erwiderte der Roboter. Und während er alles mit der ihm eigenen Gründlichkeit untersuchte, erstattete er seinem Freund laufend Bericht: »... die Wand besteht aus einer einzigen großen Granitplatte, so massiv wie eine Panzerplatte ... Halt! Was ist das? Ringsherum verläuft eine winzige Fuge ... hm ... sie ist aber so haarfein, dass ich nicht mal ein dünnes Blatt Papier hineinzwängen könnte ... Vorzügliche Handwerksarbeit, muss ich schon sagen ... Ich schalte das grüne Auge ein ... Nein, nichts zu wollen – die Mauern sind wieder zu dick!« Robbi richtete sich auf und meinte abschließend: »Nirgends ein Mechanismus zu entdecken, der auf eine geheime Tür hindeuten würde, außer den feinen Fugen.« Er klopfte ein paar Mal kräftig gegen die Granitwand.

»Hohl klingt's auch nicht«, bemerkte Tobbi niedergeschlagen.

Sie versuchten nun mit vereinten Kräften zu stoßen, zu schieben und zu drücken – vergebens! Die steinerne Wand widerstand allen ihren Bemühungen, sie rührte sich auch nicht um einen einzigen Millimeter von ihrem Platz.

Robbi schüttelte verdrießlich die Antenne.

»Mit diesem Geheimgang sind wir reingefallen«, brummelte er. »Wir müssen umkehren und uns durch den engen Gang zurückquetschen, fürchte ich. Ekelhaft! Klick!«

»Du, Robbi – eines versteh ich nicht«, murmelte Tobbi nachdenklich, »wenn es keinen Ausgang gäbe, wäre doch der ganze Geheimgang Blödsinn.«

»Natürlich. Klick!«, bestätigte Robbi ärgerlich. »Aber was hilft uns das! Ich kann nicht einmal mit meinen technischen Mitteln feststellen, wie wir hier herausgelangen. Und wenn es tatsächlich doch eine Geheimtür geben sollte, dann müssen diese Ritter sie verflixt gut getarnt haben. Klick!« Robbi war wütend auf sich selber, eben weil er nichts entdecken konnte.

»Hihi ... hihihi ...«

Was war das? Jemand kicherte ...?

Tobbi und Robbi drehten sich blitzschnell um.

»Hallo! Guten Abend! Oder besser: Gute Nacht! Ich höre, die Herren können den Ausgang nicht finden?«, piepste ein feines Stimmchen vom Fußboden her.

»W-w-wer spricht denn da?«, stammelte Tobbi erschrocken.

»Ich bin's – Polly!«, erwiderte die Stimme.

Zu ihren Füßen – kaum einen Meter entfernt – entdeckten sie nun zwei grünlich schimmernde Lichtpünktchen, etwa doppelt so groß wie Streichholzköpfe.

Robbi rief verblüfft: »Eine Maus! Tobbi, eine wunderhübsche kleine Maus.« Und damit der Freund auch etwas sehen konnte, schwenkte er seinen Lichtfinger nach unten.

Tobbi atmete erleichtert auf. Es stimmte – eine zierliche Maus mit einem Fell aus grauem Samt, weißen Pfötchen und einer weißen Schwanzspitze saß mitten auf dem Lichtkreis, den Robbis Lampe auf den Fußboden zeichnete. Ihre Knopfaugen, die im Dunkeln so grün geleuchtet hatten, funkelten vergnügt und ihr langer Mauseschnurrbart zitterte erwartungsvoll.

Sie richtete sich auf, legte ihren Schwanz elegant über die linke Vorderpfote, was sehr vornehm aussah, und lispelte: »Vielen Dank für das Kompliment. Mein Name ist Polly MacMouse. ›Mouse‹ mit einem weichen ›sss‹, wenn ich bitten darf. Und mit wem habe ich die Ehre?« Polly vergaß ihre guten Manieren auch in einem muffigen Geheimgang nicht.

Tobbi, der sich mittlerweile von der Überraschung erholt hatte, stellte sich und seinen Roboterfreund höflich vor. Zum Schluss erkundigte er sich:

»Sie wohnen hier auf Plumpudding Castle?«

»So ist es!«, bestätigte die Maus. »Ich bin die letzte Maus vom Stamme der ›MacMouse‹. Meine Vorfahren haben alle hier gelebt. Eigentlich heiße ich ja Polly MacMouse von Plumpudding Castle. Unsere Familie ist nämlich adelig. Doch das nur nebenbei ... Für den täglichen Gebrauch ist dieser Name viel zu lang, daher schlage ich vor, dass wir uns gegenseitig beim Vornamen nennen. Sie gefallen mir.«

»Gern!«, stimmten Tobbi und Robbi diesem Vorschlag erfreut zu. Diese überraschende Bekanntschaft in der geheimnisvollen, dreieckigen Burg war ihnen sehr angenehm.

Tobbi hockte sich hin und begann zu erzählen. Im Augenblick hatte er ihre missliche Lage ganz vergessen.

»Weißt du, Polly, wir sind nicht zu unserem Vergnügen hierhergekommen. Wir haben die Aufgabe das Geheimnis von Plumpudding Castle zu ergründen.« Da Polly MacMouse runde, erstaunte Augen machte, berichtete Tobbi wieder einmal ganz kurz, wie die Sache mit der Roboter-Prüfungsaufgabe zusammenhing, und dazu erzählte er noch die wichtigsten und interessantesten Erlebnisse ihrer Reise.

»Oh!« und »Ah!«, rief Polly MacMouse ein über das andere Mal und immer, wenn es besonders spannend und gefährlich wurde, machte sie vor lauter Aufregung einen Knoten in ihren langen Mauseschwanz. Solch eine Geschichte mit so viel Technik hatte sie noch nie in ihrem Leben gehört. Als Tobbi seine Erzählung beendete, sagte sie begeistert: »Ich helfe euch! Ich helfe euch! Wollt ihr?«

»Und ob! Klick!«, freute sich Robbi. Und Tobbi stellte sofort eine wichtige Frage: »Ist dir etwas von einem Geheimnis auf Plumpudding Castle bekannt?«

»Hm ...« Die Maus wiegte nachdenklich den Kopf hin und her. »Wisst ihr, alte Ritterburgen sind meistens irgendwie geheimnisvoll. Und ganz besonders, wenn sie dreieckig sind. Leider kann ich euch nichts Genaues sagen. Ich habe mich bisher wenig um Geheimnisse kümmern können. Man hat genug zu tun sich sein täglich Brot zu suchen. Die Brotkrumen sind knapp, das Körnerfutter kann man sich nur mit Mühe und Not beschaffen und an eine saftige Speckschwarte wage ich schon gar nicht mehr zu denken.« Polly seufzte. »Ihr habt wohl nicht zufällig einen Bonbon oder ein Stückchen Zucker für mich? Ich weiß schon nicht mehr, wie Süßigkeiten riechen.«

Robbi schüttelte bedauernd den Kopf.

»Leider nein«, sagte er. »Wir Roboter haben nur technische Dinge bei uns. Wenn es ein Bohrer wäre oder ein Schraubenzieher ... ja, damit könnte ich aushelfen.«

»Moment mal!«, rief Tobbi dazwischen und griff in seine Hosentasche. »Bonbons und Zucker habe ich zwar nicht, aber etwas Süßsaures – wie wäre es mit einem Stückchen Backobst, Polly?«

»Backobst? Oooh ... wundervoll!«, piepste Polly erfreut. »Mir läuft schon das Wasser im Mund zusammen.«

Tobbi warf ihr einen Apfelring zu.

Und noch während die Maus genießerisch daran knabberte, meinte sie: »Um noch einmal auf das Geheimnis zu kommen, mir ist gerade etwas eingefallen: Ghosty müsste eigentlich etwas darüber wissen.«

»Ghosty ...? Ist das auch eine Maus?«, erkundigte sich Robbi interessiert.

»Hihi«, lachte Polly, »falsch geraten! – Ghosty ist das Burggespenst von Plumpudding Castle. Ein urururaltes Gespenst übrigens.«

»Auch das noch!«, seufzte Tobbi, denn er hatte insgeheim gehofft, dass es ohne Gespenster abgehen würde.

Aber Polly, die seine Abneigung gegen Gespenster merkte, tröstete ihn: »Mach dir keine Sorgen, Tobbi. Ghosty ist ein sehr vernünftiges Gespenst und man kommt prächtig mit ihm aus, es sei denn, er ärgert sich gerade. Aber ich kann euch verraten, er gespenstert erstklassig, wenn er will. Dabei kann er seinen Kopf auf den Schultern tragen oder auch unter den Arm klemmen. Ja, manchmal trägt er ihn auch wie ein Einkaufsnetz an den Haaren. Und ob ihr es glaubt oder nicht: Ganz gleich, wo er seinen Kopf trägt – er kann immer sprechen!« Polly schaute ihre Zuhörer triumphierend an, als könnte sie selbst so gut gespenstern. Dann fuhr sie fort: »Gewöhnlich ist Ghostys Kopf schneeweiß, wie es allgemein bei Gespenstern Mode ist. Er kann ihn aber auch in jeder beliebigen Farbe aufleuchten lassen. Zum Beispiel zitronengelb, wenn er besonders guter Laune ist, ziegelrot, wenn er sich ärgert, und violett, wenn er eine Stinkwut hat. Das sieht furchtbar komisch aus. Aber man darf um Himmels willen nicht lachen, das nimmt er übel.«

»Donnerwetter! Klick!«, sagte der Roboter beeindruckt. »Und dabei habe ich felsenfest angenommen, es gäbe keine Gespenster! Und das hat man mir auch in der Robotschule eingetrichtert.«

»Na ja, auch eine Robotschule kann eben nicht alles wissen«, setzte Polly den beiden nun auseinander. »Und im Allgemeinen stimmt das auch, die Gespenster sind bis auf einige wenige schon ausgestorben. Und diese paar übrig gebliebenen Gespenster kann man eben bei uns in Schottland auf alten Burgen oder Schlössern antreffen. Aber wie gesagt, die Burgen müssen schon sehr alt sein – so wie Plumpudding Castle.«

Polly atmete tief ein und kam dann mit einer ganz besonderen Überraschung heraus: »So, Freunde, nun will euch die gute Polly den Trick mit der Geheimtür verraten, damit ihr einseht, dass ich auch zu etwas nütze bin.«

»Waas? Klick? Doch eine Geheimtür?«, rief Robbi erregt.

»Muss man vielleicht ›Simsalabim‹ rufen?«, fragte Tobbi gespannt. »Eine andere Vorrichtung zum Öffnen haben wir nämlich nicht finden können.«

»Nicht ›Simsalabim‹«, sagte Polly MacMouse und trippelte bis dicht an die linke Mauerseite heran, »aber der Trick ist wirklich kaum zu entdecken. Tröstet euch, ich hätte es auch nie gefunden, wenn ich nicht heimlich dem guten Ghosty zugeschaut hätte, als er sich unbeobachtet fühlte. Hier, dieser Stein ist das Patent.« – Polly machte eine eindrucksvolle Pause.

Robbi richtete den Lichtkegel des Lichtfingers auf die fragliche Stelle. Ganz unten an der Wand, kaum zwei Handlängen von seinem rechten Eisenfuß entfernt und zwei Fingerbreit über dem Fußboden, ragte ein einzelner Stein ein wenig aus der übrigen Mauer heraus. Dieser Stein war etwa so groß wie eine Postkarte und besaß auch deren Form.

Polly legte nun ihre Pfote darauf und erklärte stolz: »Auf diesen Stein muss man kräftig drücken. Das müsst ihr allerdings selber tun; meine Kräfte reichen dazu nicht.«

»Da soll nun jemand draufkommen!«, knurrte Robbi, besann sich aber nicht erst lange und drückte mit seinem Plätteisenfuß kräftig gegen den postkartengroßen Stein.

Es knackte leise. Dann knirschte es. Ja, und dann sank die Granitwand, vor der sie so hilflos gestanden hatten, wie von Geisterhänden bewegt, langsam in den Fußboden hinein. Eine rechteckige Öffnung wurde frei. Und dahinter zeigte sich ein gruseliges Dämmerlicht.

»Na, was habe ich euch gesagt?«, lispelte Polly MacMouse stolz. »Wenn mir die Herren jetzt folgen wollen? Die berühmte Waffenkammer von Plumpudding Castle erwartet uns!«

DREIZEHNTES KAPITEL

Ein Burggeheimnis ist nicht leicht zu enträtseln. Robbi hat einen verständlichen Wunsch an eine gute Fee. Ein echtes, schottisches Burggespenst weigert sich Fragen zu beantworten. Darüber verliert Robbi die Geduld, was wiederum Polly MacMouse nicht recht ist. Wenn aber uralte Ritterrüstungen in den Burggängen herummarschieren, so ist das Zauberei!

Die Waffenkammer befand sich im ersten Stockwerk des mittleren Turmes. Der Raum war ziemlich hoch und selbstverständlich dreieckig. In jeder der drei Turmwände waren drei dreieckige Fensteröffnungen in einer Reihe nebeneinander angeordnet. Fahles, gelbgrünes Mondlicht erfüllte die Waffenkammer von Plumpudding Castle mit einem gruseligen Dämmerlicht.

Tobbi stand stocksteif auf einem Fleck. Er spürte zwar nicht direkt Angst, aber ein bisschen ungemütlich und beklommen war ihm zumute. Deshalb drängte er sich auch dicht an die Seite des kleinen Roboters. Und plötzlich, als er sich genauer umschaute, durchfuhr ihn ein arger Schreck.

»Da! Da stehen welche!«, stieß er hervor.

»Das sind bloß alte Ritterrüstungen«, klärte Polly MacMouse ihn auf.

»Und sie sind leer«, fügte Robbi beruhigend hinzu, »ich habe sie allesamt schon durchleuchtet.«

Langsam ließ er seinen Lichtfinger über die stummen,

starren Gestalten wandern, die wie Schildwachen an den Wänden aufgereiht standen.

Tobbi atmete erleichtert auf. Dann meinte er: »Die sehen ja fast wie Tiefseetaucher aus.«

Damit hatte er nicht unrecht.

Zwar hatten die Ritterhelme keine gläsernen Fenster so wie die Taucherhelme, aber die eisernen Rüstungen sahen genauso plump und unförmig aus wie ihre Kollegen aus der Tiefsee.

»Kein Wunder, dass wir unterwegs keine Ritterrüstungen gesehen haben, die haben sich ja alle hier versammelt«, bemerkte der kleine Roboter trocken.

»Hier ist es interessant, nicht wahr?«, piepste Polly MacMouse stolz, als gehöre die Waffenkammer von Plumpudding Castle ihr persönlich. »Es wäre nett, wenn mich einer von euch auf die Schulter nehmen könnte. Dann brauche ich nicht so zu schreien. Außerdem macht ihr mir viel zu große Schritte, euer Tempo kann ich auf die Dauer nicht mithalten.«

Tobbi beugte sich sofort herunter und Polly trippelte in seine ausgestreckte Hand hinein. Behutsam setzte er sie auf seine linke Schulter.

»Hier gefällt's mir«, wisperte Polly MacMouse in Tobbis Ohr. »Und jetzt darfst du mir noch ein Stückchen Backobst geben.«

Tobbi erfüllte ihren Wunsch.

Es war wirklich sehr interessant in dieser uralten Waffenkammer. Hier gab es alle möglichen Sorten von Ritterrüstungen: Schuppenpanzer, die wie Karpfen oder Tannenzapfen mit lauter Schuppen bedeckt waren – allerdings waren diese Schuppen aus Eisen, Rollkragenpullover, aus winzigen eisernen Maschen gestrickt, lange Eisenhemden, die bis über die Knie reichten, und ungeschlachte Panzeranzüge, die aussahen, als wögen sie mindestens so schwer wie ein Nashorn.

Die Ritterhelme sahen besonders komisch aus. Da gab es Turnierhelme mit spitzen Vogelschnäbeln, merkwürdige Topfhelme, die kleine Luftlöcher und einen schmalen Sehschlitz besaßen, spitze Eisenmützen mit Pickel oder Federbusch, kreisrunde Schüsselhüte mit ulkigen Hahnenkämmen obendrauf und kugelige Spangenhelme, deren Sehschlitze vergittert waren wie die Fenster einer Gefängniszelle.

Die Wände hingen voller Waffen: lange, kurze, breite, spitze, krumme, gezackte, gebogene, geflammte, blanke und verrostete Schwerter; Beile, Hämmer, Keulen und Morgensterne; Lanzen, Speere, Hellebarden, Pfeile und Bogen; runde, viereckige, dreieckige und ovale Schilde; eiserne Handschuhe, eiserne Knieschützer, Wadenschützer, Pulswärmer, Schnabelschuhe und sogar Nasenschoner. Nur eiserne Taschentücher gab es nicht.

»Seht mal dort drüben, die prächtige Rüstung! Sie glänzt wie Silber. Muss mindestens einem Feldherrn oder einem General gehört haben«, sagte Robbi gedämpft, fuhr blitzschnell seinen Teleskoparm aus und tippte den reich verzierten Spangenhelm an.

Das hätte er besser nicht tun sollen! Der Helm hatte anscheinend nur sehr lose auf den Schultern gesessen und polterte nun mit einem wahren Donnergetöse auf den Steinfußboden, sodass es von den Wänden widerhallte.

Einige Augenblicke lang wagte niemand ein Wort zu sprechen. Dann fragte Polly MacMouse neugierig: »Was hat denn der Robbi für einen komischen Arm? Der wurde ja immer länger.«

»Das ist ein sogenannter Teleskoparm«, belehrte Tobbi sie. »Du musst wissen, Polly, ein Roboter hat viele technische Spezialeinrichtungen. Robbi bedient sie mit seinen bunten Tasten ... Nanu?« Er brach mitten im Satz ab.

Etwas, das sich wie ein Hagelwetter anhörte, prasselte über die drei hernieder. Es klirrte gegen die Ritterrüstungen, klickte und klackte gegen Robbis Eisenkörper, und auf dem Fußboden knallte, knackte und kullerte es.

»Das ist Ghosty«, raunte Polly. »Er gespenstert uns sein ›Hagelwetter‹ vor. Ich kenne den Trick: Er lässt lauter steinharte, gelbe Erbsen von oben hageln. Das heißt, manchmal nimmt er auch verschrumpelte grüne Erbsen dazu. Schnell aufsammeln! Das gibt einen schönen Wintervorrat für mich.«

Tobbi kniete nieder, fegte alle Erbsen, die er erreichen konnte, mit den Händen zusammen und stopfte sie in die Hosentasche. Und während er sammelte, regnete es ununterbrochen Erbsen.

Robbi hatte inzwischen herausgefunden, wo das Hagelwetter herkam: von der Zimmerdecke, aus einer dreieckigen Öffnung, die so groß war wie eine Zeitung.

Ssssssss!

Der Teleskoparm zischte heraus. Dreimal klopfte Robbi gegen die Decke.

»Hallo! Sie da oben! Wie wär's, wenn Sie mit dem Hageln aufhörten und uns Ihren Kopf zeigten?«

Kaum hatte Robbi das gesagt, da hörte das Geprassel schlagartig auf. Drei Sekunden lang war es totenstill. Dann aber ertönte ein abscheulich lautes Gespenstergeheul und in den Pausen, die es zum Luftholen brauchte, seufzte das Burggespenst jämmerlich: »Uijiiiiiiiiiiiii ... ooh ... uahuuuuuuuuuuh ... aah ... uijiiiiiiiiiiiii ...«

Tobbi hielt sich beide Ohren zu. Kaum war das markerschütternde Geheul verstummt, da begann auch schon Ghostys Gespenstervorstellung: Ein schneeweißer Kopf tauchte in der Öffnung auf, rund und prall wie ein Luftballon. Ganz langsam, Zentimeter um Zentimeter senkte er sich tiefer. Ein Haarbüschel erschien, das wie eine Flamme einen rötlichen Glutschein ausstrahlte. Dieses Haarbüschel wurde von einer grünlich schimmernden Hand umklammert, die wiederum aus einem weißen Ärmel hervorragte. Von einem Gespensterkörper war nichts zu sehen; aber das, was zu sehen war, sah schon schaurig genug aus. Der Gespensterkopf verbreitete ein derart helles Licht, dass man ohne Taschenlampe sehen konnte.

Tobbi hatte schon den Mund aufgemacht, um einen Entsetzensschrei auszustoßen, da flüsterte Polly ihm ins Ohr: »Pst! Nichts sagen! Gleich redet er!«

Da! Der Kopf überzog sich mit einem prächtigen Apfelsinenrot. Und noch während er seine Farbe wechselte, begann er mit dumpfer, hohler Stimme zu reden, als spräche jemand durch eine Regenröhre:

»Ohooooh ... Ihr seid Fremde! Was wollt ihr auf meiner Burg? Sprecht!«

Das hörte sich nicht besonders liebenswürdig an.

Polly raunte in Tobbis Ohr: »Hihi – Bangemachen gilt nicht! Der gute Ghosty tut ja gerade, als sei er der Besitzer von Plumpudding Castle.«

Tobbi nahm jetzt seinen ganzen Mut zusammen und antwortete:

»Ach, Verzeihung, Herr ... Herr ...« Er war ein wenig in Verlegenheit, weil er nicht wusste, wie man ein Gespenst anreden sollte. Deshalb umging er die Anrede und sagte: »Entschuldigen Sie unser Eindringen in Ihre Burg, aber wir hätten gern ein paar Auskünfte von Ihnen.«

»Auskünfte? Ich gebe keine Auskünfte!«, erklärte das Burggespenst störrisch. Die grün schimmernde Hand schaukelte den Kopf verneinend hin und her und die Farbe des Kopfes verwandelte sich blitzschnell in ein geisterhaftes Hellblau, was sehr gut zu einem Gespensterkopf passte.

Tobbi ließ sich nicht so schnell abweisen.

»Wissen Sie etwas über ein Geheimnis, das es in Plumpudding Castle geben soll?«, fragte er rundheraus.

»Geheimnis?«, kreischte Ghosty mit einem ziegelroten Kopf, »Schluss mit der Fragerei. Das einzige Geheimnis bin ich! Uaah ... uaaaaah ... uaaaaah! Verschwindet! Gleich! Sofort! Auf der Stelle!«

Das war Polly MacMouse aber denn doch zu viel.

»Ghosty! Sei gefälligst nicht so unfreundlich! Wo bleiben deine Manieren!«, piepste sie empört. »Hier handelt es sich um ordentliche Leute, die zudem noch meine Freunde sind!«

»Ach, du bist das, Polly«, sagte das Gespenst kleinlaut.

»Wer sollte das sonst wohl sein!«, meinte Polly und

fuhr energisch fort: »Du solltest dir die Sache überlegen und die Frage beantworten. Es ist wichtig.«

»Nein!«, lautete Ghostys verstockte Antwort. »Ordentliche Leute oder nicht – die Fremden müssen sofort aus der Burg verschwinden. Sonst kriege ich noch Scherereien. Er ...«

Ghosty brach erschrocken ab, als hätte er Angst, zu viel zu sagen. Sein Kopf, der jetzt blassrosa leuchtete, machte einen ängstlichen Eindruck.

Robbi, der bisher noch nicht an der Unterhaltung teilgenommen hatte, verlor plötzlich die Geduld.

»Was heißt hier Scherereien?«, rief er. »Scherereien mit wem? Klick! Und weshalb? Klick! Wer ist dieser geheimnisvolle ›er‹, möchte ich wissen! Hängt er mit dem Geheimnis von Plumpudding Castle zusammen? Nun aber heraus mit der Sprache, wenn ich bitten darf! Klick!«

Der kleine Roboter hatte nicht die geringste Scheu vor Gespenstern – ganz gleich, wie sie auch aussehen mochten – und warf Ghosty seine Fragen förmlich an den Kopf.

Das durfte man allerdings nicht mit Ghosty machen.

»Huahuuuuuuuuuh«, heulte er. »Ich sage dir nichts! Nichts sage ich! Kein Wort! Keine Silbe!« Dabei änderte er seine Kopffarbe in ein giftiges Gurkengrün um. Und kaum hatte er das getan, da schwebte sein Gespensterkörper, den er bisher noch nicht gezeigt hatte, kopfüber aus der dreieckigen Deckenöffnung herab. Sein fließendes, weißes Gewand ähnelte einem weiß glühenden Kometenschweif, grad so, als bestünde es aus Nebel und nicht aus einem festen Stoff. Und noch während Ghosty im Kreis um Tobbi, Robbi und Polly herumschwebte, klemmte er sich seinen Kopf unter den linken Arm.

Robbi zeigte sich nicht beeindruckt.

»Also keine Antwort! Jetzt wird es mir aber zu bunt!«, wetterte er los und legte den Finger auf die Teleskoptaste.

»Halt!«, versuchte Polly MacMouse ihn zurückzuhalten. »Bitte nicht mit Gewalt! Lass mich ...« – Zu spät.

Robbis Teleskoparm sauste haarscharf gezielt auf Ghosty zu und seine Eisenfinger krallten sich in das Gespenstergewand. Aber es war, als hätte er in eine weiße, luftige Wolke gegriffen – mühelos schwebte Ghosty aus Robbis fest geschlossenen Fingern heraus, als gäbe es sie gar nicht. Hilflos hing der Teleskoparm in der Luft.

»Bei allen Computern! Klick! So was habe ich noch nicht erlebt!«, murmelte der kleine Roboter verblüfft, drückte die untere blaue Taste und fuhr den Teleskoparm schleunigst wieder ein.

Ein echtes schottisches Burggespenst lässt sich eben nicht einfangen, selbst nicht mit einem »Spezial-Roboter-Teleskoparm«.

Ghosty war allerdings ernstlich böse.

»Macht, was ihr wollt! Ich habe euch gewarnt! Ihr werdet schon sehen, was ihr davon habt!«, zeterte er wutentbrannt.

»Nun hör mir mal ruhig zu«, versuchte Polly Mac Mouse das ergrimmte Burggespenst zu beschwichtigen. »Lass uns doch noch mal in Ruhe über die ganze Angelegenheit reden ...«

»Nein! Nein! Nein! Ouuuuiiiijiiiiii ... ooh ... ouijihhhhiiiiii ...« Mit diesem durchdringenden Geheul und einem leuchtend violetten Kopf entschwebte Ghosty rücklings durch die dreieckige Türöffnung. Vorher hatte er sich allerdings noch mit einem ärgerlichen Schwung den Gespensterkopf auf die Schulter gestülpt. Eine ganze Weile konnten sie noch seinen schauerlichen Gesang hören, bis er leiser und leiser wurde und schließlich ganz verstummte.

»Nun haben wir den Salat!«, schimpfte Polly MacMouse.

Robbi wackelte missvergnügt mit der Antenne und meinte zerknirscht: »Vielleicht war ich doch ein bisschen zu grob zu Ghosty. Aber ich konnte ja nicht ahnen, dass er gleich beleidigt sein würde. Ich hab's bestimmt nicht böse gemeint. Ich wollte nur, dass er uns eine vernünftige Auskunft gibt.«

»Du hättest besser auf mich hören sollen«, sagte Polly ein wenig vorwurfsvoll. »Ghosty ist ein sehr empfindliches Burggespenst, und wenn man ihm grob kommt, schnappt er ein. Und wenn er erst eingeschnappt ist, wird er störrisch wie ein Maulesel und man kriegt nicht ein einziges Wort mehr aus ihm heraus. Ich kenne das.«

»Aber wie soll's jetzt weitergehen?«, fragte Tobbi niedergeschlagen.

»Wir müssen eben sehen, dass wir Ghosty irgendwo wiederfinden. Ich will euch lieber gleich sagen – das kann unter Umständen Stunden dauern.« Polly bat eindringlich: »Und wenn wir ihn wiedergefunden haben, lasst mich bitte mit ihm verhandeln, ja?«

»Gewiss, Polly«, versprach Tobbi.

»Mein Wort drauf!«, versicherte der kleine Roboter.

Polly MacMouse lutschte eine Weile nachdenklich an ihrer Schwanzspitze herum und meinte dann: »Komisch ... Mit dem guten alten Ghosty muss irgendetwas nicht in Ordnung sein. Seit einem Jahr ist er scheu und lässt sich kaum noch auf ein Plauderstündchen ein, was er früher immer tat. Und wenn man ihn einmal zufällig trifft, hat er es immer eilig und brummelt etwas vor sich hin, das wie ›... hab dringend zu tun! Keine Zeit ...‹ klingt. Nun frage ich euch: Was kann ein ordentliches Burggespenst schon Wichtigeres zu tun haben, als schön zu gespenstern? Aber nein! Wenn man's genau nimmt, muss man sagen, dass Ghostys Gespenstervorstellungen auch schon nachgelassen haben.« Polly schüttelte betrübt das Köpfchen und erklärte abschließend: »Da kann einer sagen, was er will: Auf Plumpudding Castle stimmt irgendetwas nicht!«

»Fragt sich nur was ...«, seufzte Tobbi.

»Wenn wir das wüssten, hätten wir die dritte Roboter-Prüfungsaufgabe gelöst und könnten nach Hause fliegen«, knurrte Robbi.

»Wir kommen schon noch hinter das Geheimnis von Plumpudding Castle«, sagte Polly MacMouse zuversichtlich. »Schließlich möchte ich ja auch wissen, was in meiner eigenen Wohnung vorgeht. Also, vorwärts, Leute!«

Sie mussten zuerst eine abscheulich enge und steile Wendeltreppe hinuntersteigen. Und dreieckig war sie natürlich auch. Aber Dreiecke bedeuteten für Robbi und Tobbi schon nichts Neues mehr. Gewundert hätten sie sich nur, wenn es in Plumpudding Castle eine ganz normale, runde Wendeltreppe gegeben hätte.

Der kleine Roboter setzte vorsichtig einen Fuß vor den anderen. Plötzlich blieb er stehen, lachte und meinte: »Wenn jetzt eine gute Fee zu mir sagen würde: Robbi, mein Sohn, du darfst einen Wunsch tun! – Was glaubt ihr, würde ich mir wohl wünschen?«

»Vielleicht ein Stückchen Zucker?« Polly MacMouse zog Geschmacksfäden.

»Es ist eher ein technischer Wunsch«, riet Tobbi, der seinen Roboterfreund besser kannte.

»Richtig! Etwas Technisches!«, bestätigte Robbi. »Einen Fahrstuhl, der transportabel ist, damit das Treppensteigen endlich mal aufhört! Klick!«

Das sah dem kleinen Roboter ähnlich!

Unten am Treppenfuß machten sie Halt. Aber sosehr sie auch lauschten, von Ghosty war nichts mehr zu hören oder zu sehen. Nirgends schimmerte ein gelber, blauer, roter oder violetter Kopf. Es war leicht, in dem Irrgarten von Plumpudding Castle unterzutauchen. Dazu brauchte man noch nicht einmal ein Gespenst zu sein.

In Tobbis Kopf schwirrte eine Idee herum.

»Hast du ein Stück weiße Wandtafelkreide?«, fragte er Robbi.

»Weiße Wandtafelkreide?«, wiederholte Robbi verständnislos. Er öffnete aber sein oberes, linkes Fach, klaubte ein Stückchen Kreide heraus und reichte es Tobbi. »Wozu brauchst du sie?«, erkundigte er sich gespannt.

»Dazu!« Tobbi bückte sich und malte einen Kreidepfeil auf den Steinfußboden. Er zeigte mit der Spitze in Richtung Wendeltreppe und obendrüber schrieb er noch: »Zur Waffenkammer«.

»Das mache ich von jetzt ab an jeder Ecke«, erklärte er, »dann wissen wir wenigstens, woher wir gekommen und wohin wir gegangen sind, und können uns nicht so leicht verirren.«

»Famoser Einfall!«, sagte Robbi anerkennend.

»Du hast einen hellen Erfinderkopf«, lobte Polly MacMouse ihn und fügte verschämt hinzu: »Die Idee hätte von mir sein können ...«

Mitternacht war längst vorüber. Die drei Freunde marschierten immer noch unverdrossen durch das Gängegewirr von Plumpudding Castle.

Robbi leuchtete in dunkle Winkel, alte Schränke, rußige Kamine, in Zimmer, Säle und Kammern hinein. Und wenn er etwas ganz genau untersuchen wollte, nahm er sein grünes Röntgenauge zu Hilfe.

Tobbi malte unermüdlich Kreuze und Pfeile. Die Kreuze zeigten an, welche Räume sie bereits untersucht hatten. Die Pfeile zeigten geradeaus, links- oder rechtsherum, je nachdem, welche Richtung sie einschlugen.

Polly MacMouse fand das Unternehmen ungeheuer spannend und aufregend. Sie gab unentwegt gute Ratschläge und zwischendurch knabberte sie Backobst. So vergnügt war sie schon lange nicht mehr gewesen; denn außer Ghosty waren Robbi und Tobbi die einzigen wirklich interessanten Leute, die sie bisher kennengelernt hatte. Ab und zu ließ sich Polly von Tobbis Schulter auf den Fußboden setzen, um sich die Beine zu vertreten und selber ein wenig herumzuschnüffeln. Plumpudding Castle war so groß und so weitläufig, dass eine Maus, selbst wenn sie dort wohnte, unmöglich alle Räumlichkeiten kennen konnte.

Da gab es zum Beispiel den »Spinnwebsaal«. Er enthielt nicht ein einziges Möbelstück und war trotzdem bis in den letzten Winkel ausgefüllt, denn er hing voller Spinnweben. Es waren keine gewöhnlichen Spinnennetze, wie man sie jeden Tag und überall zu sehen bekommt, sondern kunstvoll geflochtene Netze aus den allerfeinsten Fäden. In der Mitte hing ein riesiges Spinnennetz, so groß, dass es vom Fußboden bis an die hohe Saaldecke reichte. Die Haltefäden, die das ganze Gebilde tragen mussten, waren wie Mädchenzöpfe aus drei einzelnen Fäden zusammengeflochten. Rechts und links von diesem Riesennetz waren viele kleine Spinnennetze aneinandergereiht, sodass sie in sechs Reihen übereinander wie Girlanden durch den Raum hingen. Aber das Sonderbarste: Nicht eine einzige Spinne war zu sehen. Es schien, als hätten die Spinnen vor vielen Jahren hier einmal eine »Spinnennetzausstellung« abgehalten und wären dann ausgewandert.

Tobbi, Robbi und auch Polly MacMouse waren sich darin einig, dass sie noch niemals eine so kunstvolle Spinnenarbeit gesehen hatten. In dem hellen Schein von Robbis Lichtfinger schimmerten die hauchdünnen Fäden wie gläsernes Feenhaar und an den Knotenpunkten, wo sich zwei oder mehr Fäden kreuzten, glitzerten sie in allen Regenbogenfarben.

Ein wenig später entdeckten sie die »Ritter-Trinkstube«. Polly Mac-Mouse hatte sie schon einmal gesehen. Dreizehn schwere, hochlehnige Stühle standen um einen riesigen, runden Eichentisch herum. Auf der Tischplatte, vor jedem Stuhl, stand ein lederner Becher, etwa so groß wie ein kleiner Wassereimer.

Doch das war noch nicht das Merkwürdigste. Viel merkwürdiger war: Oben, unter der Zimmerdecke, hing ein großes hölzernes Fass. Es war mit drei kräftigen Eisenketten an einem schweren Haken aufgehängt. Vom Boden des Fasses hing wiederum ein dünner Lederschlauch bis auf den Tisch herab, wo er wie ein Gartenschlauch zusammengerollt war. Die Öffnung war mit einem Holzpfropfen zugestöpselt.

»Komischer Apparat«, brummte Robbi.

»Ghosty hat mir erzählt, dass die Ritter früher hier ihre Geburtstagsfeste gefeiert und jeden Freitag noch ein Trinkgelage abgehalten haben«, gab Polly ihren Freunden Auskunft. »Das Fass, das ihr dort oben seht, wurde bis zum Rand mit Wein gefüllt. Und wenn die Ritter ihre Becher leer getrunken hatten, brauchten sie nicht erst aufzustehen. Sie zogen den Stöpsel aus dem Schlauchende und ließen ihre Becher wieder volllaufen. Tolle Erfindung, was?«

»Mhm-m, es geht so«, sagte Robbi vorsichtig. Als Roboter waren ihm wesentlich kompliziertere Erfindungen bekannt.

»Diese ›Weinleitung‹ ist für die damalige Zeit schon eine sehr ordentliche Erfindung«, nahm Tobbi Pollys Partei. Als Erfinder wusste er solche Sachen richtig zu würdigen.

»Wenn ich mir die großen Becher anschaue, müssen die alten Ritter einen ungeheuren Durst gehabt haben«, bemerkte Robbi kopfschüttelnd.

Vorsichtig nahm er einen Lederbecher in beide Hände. Kaum hatte er ihn ein wenig hochgehoben, da zerfiel der Becher zu Staub, der wie feiner, graubrauner Pulverschnee auf die Tischplatte herabrieselte.

»Habt ihr das gesehen!?«, rief der kleine Roboter ganz laut. Und vor lauter Überraschung klopfte er mit der Spitze eines Eisenfingers auf den Tisch.

Aber was war das …? Als hätten sie nur darauf gewartet, lösten sich von der leisen Erschütterung die zwölf anderen Becher ebenfalls in Staub auf. Doch noch nicht genug. Wie von Geisterhand bewegt, löste sich auch das Fass von seinen Ketten und fiel senkrecht mitten auf die Tischplatte, um dort langsam in sich zusammenzusinken. Das alles geschah, ohne dass man außer Robbis Fingerklopfen auch nur einen einzigen Laut hörte. Dreizehn kleine und ein großer Staubhügel blieben von der »Ritter-Erfindung« übrig, dazu noch drei schlaff herunterhängende Kettenenden und ein heiler, runder Tisch. Ein Tisch, der einstmals aus Steineiche angefertigt worden und so zäh war, dass ihm selbst die Jahrhunderte nichts anhaben konnten.

Tobbi und Robbi brachten vor Erstaunen kein Wort hervor und selbst Polly MacMouse sagte nicht »piep«.

Schließlich meinte Tobbi bedauernd: »Schade, dass alles kaputt ist. Ganz sicher hätten sich einmal die Altertumsforscher dafür interessiert.«

»Wer kann auch ahnen, klick«, sagte Robbi ärgerlich,

»dass die Dinger so morsch sind. Ich habe doch nur so eben mit den Fingerspitzen draufgeklopft.«

»Man lernt nie aus!«, piepste Polly MacMouse weise.

Schnell malte Tobbi wieder ein Kreidekreuz vor die »Ritter-Trinkstube«. Dann führte sie ihr Weg durch einen Gang, der im Zickzack verlief.

Als sie bis zur dritten Ecke gekommen waren, rief Robbi: »Da! Ghosty!«

»Schnell!«, flüsterte Polly. »Sonst entwischt er uns wieder.«

Ghosty lugte um die nächste Ecke. Sein Gespensterkopf, der im Augenblick ganz vernünftig auf seinen Schultern saß, glänzte in einem wohlwollenden Gelb. Beschwörend hob er die grün schimmernden Hände und raunte: »Ich bin hier, um euch zu warnen. Es wird gefährlich für euch!« Ghosty zeigte aufgeregt hinter sich in das Dunkel hinein. »Schon zu spät! Sie kommen! Oh, *›er‹* hat sie verzau...« Ghosty schlug sich erschrocken auf den Gespenstermund und verschwand blitzschnell um die Ecke.

Nur einen Augenblick lang schauten sich die drei verständnislos an. Dann vernahmen sie einen sonderbaren Lärm. Es polterte, klapperte und klirrte, als näherten sich schwer bewaffnete Männer.

»Was hat das denn schon wieder zu bedeuten?«, meinte Tobbi nervös.

»Ich werd's feststellen«, sagte Robbi ruhig. »Wartet hier. Ich will mal eben um die Ecke schauen.«

Es dauerte gar nicht lange, da kam er eilig zurückgerannt. Und er wackelte verblüfft mit der Antenne, als er berichtete: »Nicht zu glauben! Die Ritterrüstungen aus der Waffenkammer kommen anmarschiert! Sie sind bis an die Zähne bewaffnet. Und das Allertollste: Es steckt niemand in den Rüstungen! Das verstehe, wer will!«

»Die wollen uns gefangen nehmen oder vielleicht noch Schlimmeres«, stieß Tobbi erschrocken hervor. »Wir müssen fliehen, schnell!«

»Ich werde den Burschen mit meinem Teleskoparm die Beine wegreißen«, knurrte der kleine Roboter wütend. »Ich halte sie auf und ihr flieht.«

»Kommt nicht infrage!«, piepste Polly MacMouse. »Wenn wir fliehen, dann gemeinsam. ›Tapferkeit ist Unsinn, wenn zehn Katzen im Anmarsch sind‹, sagte meine Großmutter immer.«

Das gab den Ausschlag. Sie begannen um ihr Leben zu

rennen. Es war auch allerhöchste Eisenbahn für die Flucht gewesen. Schon bogen die ersten Ritterrüstungen um die Gangecke. Sie marschierten mit dröhnenden Schritten zu dritt nebeneinander und in sieben Reihen hintereinander, wie eine Kompanie Soldaten. Die erste Reihe hielt die langen Hellebarden kampfbereit erhoben, während die zweite drohend die blinkenden Schwerter reckte.

Die Flüchtlinge hatten zwar einen kleinen Vorsprung gewonnen, aber ihre Sache stand schlecht. Plötzlich, als hätten sie einen unhörbaren Befehl erhalten, verfielen die Rüstungen in einen ungelenken Laufschritt. Obwohl sie plump und tollpatschig dabei aussahen, begannen sie aufzuholen.

»Hat keinen Zweck – schneller kann ich nicht laufen«, knirschte Robbi grimmig. »Ich versuche doch sie aufzuhalten ...«

»Nicht nötig!«, keuchte Tobbi und setzte die rettende Idee, die ihm buchstäblich in der allerhöchsten Not eingefallen war, ohne lange Erklärung in die Tat um: Er klaubte eine gute Handvoll von den steinharten, gelben Erbsen aus den Hosentasche und streute sie während des Laufens auf den Boden. Und noch eine Handvoll. Und dann noch eine dritte ...

Schon streckte die erste Reihe der grimmigen Eisenkrieger ihre Hellebarden aus ...

Da! Sie schwankten! Die klobigen Beine rollten ihnen auf den Erbsen davon, ohne dass sie etwas dagegen tun konnten. Mit einem gewaltigen Spektakel stürzten sie auf den Steinfußboden. Die zweite Reihe stolperte über ihre Vordermänner und so ging es weiter mit der dritten, der vierten, der fünften, sechsten und letzten Reihe. Es klirrte, polterte und rumpelte, als sei ein voll beladener Güterzug entgleist. Helme kullerten über den Boden, Hellebarden brachen krachend in zwei Teile, Schwerter und alle möglichen Waffen schepperten, als würde ein ganzer Eisenwarenladen durcheinandergeworfen. Ein Trümmerhaufen von Rüstungen und ein unentwirrbares Knäuel von Eisenzeugs türmte sich bis fast unter die Decke.

»Die sind wir los!«, schrie Tobbi pustend.

»Das war Rettung im letzten Augenblick. Klick!«, stöhnte der kleine Roboter und wackelte erleichtert mit der Antenne. »Ich weiß nicht, was sonst aus uns geworden wäre. Die Übermacht war wirklich zu groß.«

»Ich bin sehr stolz auf dich«, piepste Polly MacMouse. »Übrigens – dieser Einfall mit den Erbsen hätte auch von mir sein können! Hm – warum habe ich ihn eigentlich nicht gehabt ...? Liegt wohl daran, dass ich so gern Erbsen esse ... Gibst du mir noch ein Stückchen Backobst?«

Tobbi reichte ihr eine getrocknete Aprikose und meinte nachdenklich: »Wieso können leere Ritterrüstungen laufen? Das will mir einfach nicht in den Kopf.«

»Sie sind auch nicht ferngesteuert gewesen, sonst hätte ich die Signale mit meiner Antenne empfangen müssen«, murmelte Robbi, der sich diese mysteriöse Angelegenheit auch nicht erklären konnte.

»Das ist Zauberei!«, behauptete Polly steif und fest. »Ich sage ja immer, auf alten, schottischen Burgen passieren die unmöglichsten Sachen. Nur Zuckerstückchen regnet es nicht! Zu dumm! Übrigens glaube ich nicht, dass Ghosty hinter diesem heimtückischen Angriff steckt. Erstens wollte er uns warnen. Zweitens ist er viel zu gutmütig, um so was anzuzetteln. Außerdem kann er nur gespenstern und nicht zaubern.«

In dem »Ritterrüstungs-Gerümpelhaufen« rührte sich immer noch nichts.

»Die haben ausgezaubert!«, sagte Robbi befriedigt.

Trotzdem schritten sie jetzt tüchtig aus, um eine möglichst große Entfernung zwischen sich und diesen unglückseligen Ort zu bringen. Schließlich konnte man nie wissen ...

VIERZEHNTES KAPITEL

*In diesem Kapitel verschwinden Personen und Dinge.
Zuerst tauchen auf geheimnisvolle Weise Silbergeräte auf,
um sofort noch geheimnisvoller wieder zu verschwinden.
Ghosty verschwindet mit dem Kopf voran.
Polly MacMouse verschwindet, weil sie zu vorwitzig ist;
Tobbi und Robbi verschwinden, weil sie ihre
Freundin nicht im Stich lassen wollen.*

Nach diesem unerfreulichen Abenteuer mit den angriffslustigen Ritterrüstungen irrten sie eine ganze Weile in den Gängen umher. Selbst Polly MacMouse hatte keinen blassen Schimmer mehr, wo sie sich befanden. Tobbi war während der Flucht nicht dazu gekommen, Richtungspfeile zu zeichnen, und das war durchaus verständlich.

Endlich, nach ziemlich langer Zeit, entdeckte Robbi mit seinen scharfen Augen ein Kreuz. Kurz darauf einen Pfeil. So konnten sie sich orientieren, und von da an dauerte es kaum fünf Minuten, bis sie den Pfeil mit dem Wort »Waffenkammer« wiedergefunden hatten. Auf Pollys Vorschlag hin kletterten sie dann die vielen Stufen der Wendeltreppe empor bis hinauf zur höchsten Plattform des mittleren Turms.

Der kleine Roboter knurrte und klickte während des Aufstiegs. Als sie endlich auf der Turmspitze angelangt waren, musste er erst einmal seine Gelenke neu einölen.

»Strapazen sind das ...«, brummte er vor sich hin und schlenkerte seine Beine.

Tobbi atmete die köstliche, frische Nachtluft ein. Das tat gut nach all dem Staub und den muffigen Gerüchen in den Gängen und Zimmern von Plumpudding Castle. Ein sanfter Wind kühlte seine erhitzten Backen. Ganz so finster wie im Inneren der Burg war es hier draußen auch nicht; denn am Nachthimmel leuchteten die Sterne wie winzige Laternen, die an einer unendlich großen, schwarzen Käseglocke hingen.

Rings um die Plattform herum verlief eine Brüstungsmauer mit zahlreichen Schießscharten. Genau in der Mitte erhob sich eine Pyramide, die aus kohlkopfgroßen Steinkugeln aufgeschichtet war. Diese Kugeln mussten schon sehr lange hier oben unter freiem Himmel gelagert haben; denn sie waren von Wind und Schnee, Sonnenschein und Regen verwittert und schwarz angelaufen. Etliche waren auch schon gar nicht mehr ganz rund.

»Und solche Kugeln haben sich die Ritter nun gegenseitig auf die Köpfe geschleudert«, meinte Tobbi kopfschüttelnd. »Ziemlich große Brocken sind das.«

»Hm – aber eine längst veraltete Methode«, bemerkte Robbi und warf einen mitleidigen Blick auf die Steinkugeln.

»Sehr richtig!«, mischte sich Polly MacMouse ins Gespräch. »Die riesengroße Schleuder, mit der die Kugeln abgefeuert wurden, steht nämlich schon lange in einem Museum, als ururaltes Altertum. Das hat mir Ghosty übrigens erzählt, und der weiß alles, was auf Plumpudding Castle passiert ist. Außerdem ...«

Polly hörte erschrocken auf zu sprechen, denn sie vernahmen hastige Flügelschläge. Ein großer Vogel mit kalten, gelben Augen ließ sich auf die Brüstungsmauer nieder. Irgendetwas blitzte silbern in der Dunkelheit auf. Ein klirrendes Geräusch ertönte und dann verschwand der Vogel ebenso schnell, wie er gekommen war.

»Was war das?«, fragte Tobbi. Er hatte zwar ein Klirren gehört und auch etwas blitzen sehen, aber nichts Genaues erkennen können.

»Wahrscheinlich war's eine von diesen gefährlichen Nachteulen«, flüsterte Polly MacMouse scheu.

»Stimmt!«, bestätigte der kleine Roboter. Er hatte alles mit seinen Tag-und-Nacht-Augen genau verfolgen können. »Es war eine Eule. Und jetzt werdet ihr staunen: Das, was sie in das runde Loch dort hinten geworfen hat, war eine silberne Suppenkelle! Ich denke, wir sollten zuerst die merkwürdige Öffnung untersuchen.«

Aber noch bevor sie diesen Vorsatz ausführen konnten, kamen kurz nacheinander folgende Vögel angeflogen: ein Rabe, eine Eule und zwei Elstern.

Sie warfen in das Loch: eine runde Puderdose, einen Suppenlöffel, einen Serviettenring und dazu einige Kupfermünzen.

»Höchst sonderbar ...«, sagte Robbi gedehnt. »Wirklich – höchst sonderbar.«

Kaum hatte er das ausgesprochen, da hörten sie einen lang gezogenen Pfiff, einen kurzen Triller und wieder einen langen Pfiff.

Tobbi und Robbi schauten sich fragend an.

»Ghosty ist im Anmarsch«, piepste Polly aufgeregt. »Denkt daran, was ihr mir versprochen habt: Ihr sagt kein Wort!«

Die beiden Freunde konnten gerade noch zustimmend nicken und sich hinter die Steinpyramide ducken, als Ghosty auch schon elegant durch eine Schießscharte schwebte. Er schien guter Laune zu sein, denn sein Kopf glänzte gelb wie eine Zitrone. Gemütlich setzte er sich auf die Mauer und ließ die dürren Gespensterbeine baumeln, die übrigens genauso grün schimmerten wie seine Hände. Dann spitzte er die Lippen und begann ein Liedchen vor sich hin zu pfeifen.

»Es ist so weit«, wisperte Polly MacMouse und sprang mit einem großen Satz auf die oberste Steinkugel.

»Hallo, Ghosty!«, rief sie halblaut.

Das Pfeifkonzert brach jäh ab.

Misstrauisch kniff das Gespenst die Augen zusammen, wobei es seine Kopffarbe ein wenig ins Rötliche veränderte.

»Ist da jemand?«

»Ich bin's – Polly!« Und vorsichtshalber setzte die Maus noch hinzu: »Nun schweb mir bloß nicht gleich wieder davon. Ich möchte ein bisschen mit dir plaudern.«

»Mhm ... plaudern ... soso ...«, murmelte Ghosty unschlüssig vor sich hin. Dabei kratzte er sich mit der grünen Hand nervös das Gespensterkinn. Das heißt – er hatte gar kein Kinn, aber er kratzte sich genau dort, wo bei den Menschen das Kinn sitzt.

»Wir sind doch alte Freunde, nicht wahr, Ghosty?«, eröffnete Polly die Unterhaltung sehr diplomatisch.

»Ja ... hm ... gewiss ...«, brummelte das Burggespenst. Es wusste nicht recht, worauf Polly MacMouse eigentlich hinauswollte.

»Siehst du«, kam Polly auf den Kern der Sache, »und alte Freunde sollten sich gegenseitig alle Geheimnisse anvertrauen. Was ist los mit dir, alter Junge? Du bist seit einiger Zeit so anders, so scheu und bedrückt. Wirklich, Ghosty, du solltest der guten Polly einmal gründlich dein Herz ausschütten. Du wirst staunen, wie gut das tut.« Pollys Stimme klang einschmeichelnd, als sie fortfuhr: »Also, wie verhält sich das mit dieser Silbergeschichte? Ist alles geklaut? Und für wen? Und die Hauptsache: Was ist mit dem Geheimnis von Plumpudd...«

Ghosty fiel ihr entsetzt ins Wort.

»Ich bitte dich, Polly, kein Wort mehr davon!«, flehte er. »Forsche nicht nach dem Geheimnis von Plumpudding Castle, wenn dir dein Leben lieb ist. ›Er‹ erfährt alles! ›Er‹ ist furchtbar! Oh, ›er‹ ist ein ganz gemeiner, ein ganz raffinierter Zau...« Ghosty brach ab und schaute sich furchtsam nach allen Seiten um. Dann zeigte er auf das runde Loch zu seinen Füßen und gerade als er weitersprechen wollte, geschah es!

»Ghosty, wo bist du?«

Die Stimme, die das sagte, klang tief und heiser. So richtig böse. Und es hörte sich an, als ob sie aus dem Loch im Boden käme, aber von ganz, ganz tief unten her.

»Ich bin oben«, heulte das Gespenst in das komische Sprachrohr hinein.

»Hähä ... Wohl wieder auf der Turmspitze, um zu gespenstern, was?«, sagte die Stimme hämisch.

»N-n-nein, bloß um frische L-Luft zu schnappen«, stotterte Ghosty angstschlotternd. »Nur e-ein ganz kleines b-bisschen frische Luft.«

Jetzt klang die heisere Stimme wütend.

»Sofort kommst du nach unten, du Faulpelz! An die Arbeit mit dir! Oder soll ich dir erst Beine machen? Soll ich dir deinen prächtigen Gespensterkopf fest auf die Schultern ...«

»Neiiin! Bitte, neiiiiin!«, wimmerte Ghosty und stürzte sich kopfüber in die runde Öffnung hinein.

»Schon wieder ist er weg!«, schimpfte Polly MacMouse

außer sich. »Ich könnte mir glatt vor Wut die Schwanzspitze abbeißen.«

»Diese Stimme«, sagte Tobbi heiser, »Ghosty hat ja eine fürchterliche Angst vor ihr. Ob das der geheimnisvolle ›er‹ ist?«

»Das kriegen wir auch noch raus«, knurrte der kleine Roboter grimmig. »Aber eins nach dem anderen. Zuerst wollen wir mal dieses merkwürdige Loch untersuchen, in dem zuerst die Silbersachen verschwunden sind und gerade eben auch noch Ghosty.«

Das Loch befand sich ganz in der spitzen Ecke, unmittelbar an der Brüstungsmauer. Es war etwa so groß wie der Deckel von einem Sauerkrautfass. Robbi leuchtete mit der Fingerlampe hinein und dabei stellte er fest, dass es nicht senkrecht, sondern schräg in die Tiefe führte.

»Genau wie mein Mauseloch«, sagte Polly MacMouse verwundert. »Nur dass dieses größer ist und vielleicht ein bisschen schräger.«

Tobbi legte sich platt auf den Bauch und fasste so tief er konnte in das seltsame Loch hinein.

»Die Wandungen fühlen sich so glatt an, als wären sie gebohnert, besonders der Boden. Er ist eine halbrunde Rinne – genau wie eine Rutschbahn. Deshalb sind auch die Silbersachen nach unten geschlittert.«

Pollys Knopfaugen begannen unternehmungslustig zu funkeln.

»Rutschbahn? Ich höre immer Rutschbahn! Das muss ich ganz genau wissen!«, piepste sie aufgeregt. Und bevor Tobbi es verhindern konnte, sprang sie in die Öffnung hinein.

»Polly!«, rief Tobbi erschrocken. »Polly MacMouse, was soll der Unsinn! Sofort kommst du wieder heraus!«

Aber da war es schon zu spät.

»Himmel, ist das glatt ... oh ... meine Füße ... sie rutschen ... ich rutsche ... alles rutscht ...« Pollys Stimme wurde immer schriller, immer ängstlicher. »Ich – ich – oh ... ooh ... Hilfe! Hiiiiilfe!«

Tobbi warf sich blitzschnell auf den Boden, um Polly wieder herauszuholen. Vergebens. Sie war bereits auf der spiegelglatten Rutschbahn in die Tiefe gesaust. Ihr verzweifeltes Piepsen wurde immer leiser.

»Das kommt von dieser verflixten Neugierde! Klick!«, stöhnte der Roboter. Kniend versuchte er mit seinem Teleskoparm ganz tief in die Rinne hineinzugreifen, aber es gelang ihm nicht. »Nichts zu machen, nach zwei Metern geht's schon um die Ecke.«

»Aber wir können Polly doch nicht im Stich lassen«, sagte Tobbi und wischte sich die Schweißperlen von der Stirn.

»Tun wir auch nicht!«, erklärte Robbi bestimmt. »Weißt du was, Tobbi? Wir rutschen ganz einfach hinterher. Für Erwachsene wäre die Rutschbahn zwar ein bisschen eng, aber für uns reicht's gerade.«

»Wo werden wir bloß landen?«, meinte Tobbi zögernd.

»Keine Ahnung, klick!«

»Na, hoffentlich nicht in einem Brunnen mit Wasser oder gar in einem Burgverlies.«

»Mach mich nicht verrückt!«, brummte Robbi unwirsch. »Wasser! Wenn ich das Wort schon höre ... Da ist mir ein Burgverlies entschieden lieber. Ich glaube aber nicht, dass es so schlimm kommen wird. Wir müssen es eben riskieren, das sind wir Polly schuldig. Los!«

Und ohne ein weiteres Wort zu verlieren, kletterte der kleine Roboter in die geheimnisvolle Rutschbahn hinein und rief: »Also: Bis gleich! Klick!«

Dann verschwand er mit einem schnurrenden Geräusch in der Tiefe.

Tobbi nahm seinen ganzen Mut zusammen und kletterte seinem Roboterfreund nach.

Ssssst! Ab!

Nun begann eine rasende Talfahrt. Tobbi hatte das Gefühl, als würde er eine Rennrodelbahn hinabsausen. Linkskurve ... geradeaus ... Linkskurve ... geradeaus. So ging es immer im Dreieck herum. Es konnte gar keinen Zweifel daran geben, dass die Rutschbahn mitten zwischen den meterdicken Mauern des dreieckigen Turmes in die Tiefe führte, und zwar mit einem ziemlichen Gefälle.

Geradeaus ... Linkskurve ...

Tobbi hatte den kleinen Roboter fast eingeholt. Wahrscheinlich, weil sein Hosenboden besser rutschte. Robbi rodelte jetzt knappe zwei Meter vor ihm. Tobbi sah es an dem Schein der Fingerlampe, die Robbi angeknipst hatte. Und noch etwas sah Tobbi: Immer wenn der Roboter in einer Kurve mit seiner Antenne die Mauer streifte, gab es einen Funkenregen.

»Mir wird hinten schon ganz heiß!«, schrie Robbi.

»Wenn das Tante Paula wüsste!«, rief Tobbi zurück.

Linkskurve ... geradeaus ... durch ein rundes Loch ... klirrr!

Die rasende Talfahrt war zu Ende.

Kurz nacheinander waren Robbi und Tobbi unten angekommen, und nicht in einem Brunnen, wie Tobbi befürchtet hatte. Sie saßen auf einem Hügel, der aus silbernen Löffeln, silbernen Gabeln, Tortenhebern, Suppenkellen, Zigarettenspitzen und allen möglichen kleineren Silbergegenständen aufgehäuft war. Dazwischen lagen unzählige Kupfermünzen.

Ja, und zu ihren Füßen, in einem silbernen Brotkörbchen, hockte Polly MacMouse, den Schwanz mit der weißen Spitze lässig über die linke Vorderpfote geschlagen.

»Na, da seid ihr beiden ja«, piepste sie quietschvergnügt. »Ich dachte mir schon, dass ihr kommen würdet. Tolle Rutschpartie, was?«

»Du warst ziemlich leichtsinnig, meine Beste«, brummte Robbi. »Diese Geschichte hätte auch schlimmer ausgehen können.«

Tobbi drehte gedankenvoll einen großen Suppenlöffel in der Hand hin und her.

»Suppenlöffel, Puderdosen, Kupfermünzen ...«, murmelte er kopfschüttelnd. »Da fällt mir etwas ein! Was sagte der nette Polizist, der mich immer ›Sir‹ nannte, noch zu uns? › ... In der Umgegend von Plumpudding Castle verschwinden massenweise Silbersachen und niemand weiß, wohin ... ‹ Jetzt wissen wir es, denn wir sitzen drauf.«

»Stimmt!«, erwiderte Robbi und kletterte steifbeinig von dem Löffelberg herunter.

»Aber wir wissen einige andere Dinge noch nicht«, fuhr Tobbi fort. »Wir wissen noch nicht, wozu das ganze Sil-

berzeugs gebraucht wird. Und wir wissen auch nicht, wer die Eulen, Raben und Elstern dazu angestiftet hat, ihre Beute in Plumpudding Castle abzuliefern.«

»Ghosty ist es bestimmt nicht«, meinte Polly Mac Mouse. »Der ist viel zu gutmütig, um so was zu tun.«

Nun erst schauten sie sich in dem Raum um. Was sie da erblickten, war so seltsam und erstaunlich, dass es allen dreien die Sprache verschlug.

Glutrote Lichter und violette Schatten geisterten auf den Wänden herum. Das wirkte noch viel gespenstischer

als das fahle Mondlicht, welches die Waffenkammer von Plumpudding Castle in eine wahre Schreckenskammer verwandelt hatte. Und trotzdem gab es für diese Beleuchtung eine ganz natürliche Erklärung: Sie rührte von einem lodernden Feuer her, das in einer kaminartigen Feuerstelle unter einem bauchigen Gefäß brannte. Das Gefäß schien ein Schmelztiegel zu sein; es stand auf einem Dreibein, besaß einen langen, bratpfannenähnlichen Griff und einen großen Schnabel zum Ausgießen von Flüssigkeiten.

»Nanu?«, sagte Tobbi halblaut. Aber sein Ausruf galt nicht dem Feuer.

Er galt einer großen, höchst sonderbaren Maschine, welche die ganze rechte Ecke des dreieckigen Raumes bis zur Mitte hin ausfüllte.

Ein walzenförmiger Kessel lagerte auf einem hohen, rechteckigen Mauersockel. In dem Mauersockel befand sich eine Feuerklappe mit einem Schauglas, ähnlich wie bei einem Heizungsofen. Dahinter brannte ein mächtiges Feuer, beinahe weiß glühend. Darunter war noch eine Klappe, um die Asche herauszuholen, und rechts daneben hing ein Handgriff von der Decke herunter, der wohl zu einem Blasebalg gehören mochte. Oben auf dem Kessel, an der ihnen zugewandten Seite, saß ein großer Trichter. Am gegenüberliegenden Ende führte unten vom Kessel aus eine Rinne in eine flache Schüssel. So weit ließ sich die Maschine zur Not mit einem Dampfkessel vergleichen. Dann aber hörte jede Ähnlichkeit auf. Oben, unten, ringsherum wucherte ein Gestrüpp von Rohrleitungen, Schläuchen, Kühlschlangen, Schaugläsern, Hebeln, Stellrädern und Kurbeln. Auf dem Kesselrücken standen auf einer Plattform nahe dem Trichter drei eimergroße Glasballons mit spiralförmig gedrehten Hälsen, von denen Schläuche abgingen. Der linke Ballon war mit einer rosa Flüssigkeit gefüllt, die an Erdbeersaft erinnerte. In dem mittleren Behälter schien gelber Zitronensaft zu sein und der Inhalt des letzten Ballons sah weiß und undurchsichtig aus wie Milch. Dazu perlte die Flüssigkeit auch noch wie Brauselimonade. Aber mit Sicherheit enthielten die gläsernen Behälter weder Milch noch Fruchtsäfte, sondern chemische Säuren und Laugen, die farbig aussahen.

Dreimal wanderten Tobbi und Robbi rings um die Maschine herum. Sie betrachteten alles sehr eingehend. Der kleine Roboter sogar mit dem roten Auge, dem grünen, allen beiden Augen zugleich und auch noch mit dem Röntgenauge. Dann aber schüttelte er Kopf und Antenne.

»Ich habe keine Ahnung, was das für eine Maschine ist. Du etwa?«

»Ich habe erst recht keinen Schimmer«, gab Tobbi zu und fuhr sich mit dem Zeigefinger nachdenklich über die Nase.

»Ein Dieselmotor ist das auf keinen Fall. Der sieht anders aus«, erklärte Robbi. »Und um einen Dieselmotor in Betrieb zu nehmen, braucht man weder Feuer noch Dampf.«

»Eine Dampfmaschine ist das aber genauso wenig«, fand Tobbi. »Eine Dampfmaschine braucht zwar Feuer und heißen Dampf, damit sie läuft, aber sie braucht auch einen Kolben und ein großes Schwungrad. Diese beiden wichtigen Dinge fehlen hier.«

»Wenn man sich die Glasbehälter, den Rohrschlamassel und das ganze Drum und Dran wegdenkt – klick –, erinnert mich dieser komische Apparat an eine Lokomotive ohne Führerstand und Fahrgestell.«

»Und mich«, meinte Tobbi achselzuckend, »erinnert sie an einen riesengroßen Fleischwolf ohne Kurbel.«

»Und mich«, piepste Polly mitten in diese technische Unterhaltung hinein, »erinnert sie an gar nichts. Aber ich wünschte, sie könnte Zuckerwürfel fabrizieren! Darf ich noch ein Häppchen Backobst haben, Tobbi?«

In diesem Augenblick zischte ein Dampfstrahl in die Luft und vom hinteren Ende den Maschine her ertönte ein greller Pfiff. Das war nicht etwa Ghosty, das war die Maschine selber. Neben einem kreisrunden Manometer mit einem schwarzen Zeiger war eine Dampfpfeife montiert. Genau sechs Sekunden lang heulte sie, um dann zu verstummen.

Robbi wollte die Sache gerade näher untersuchen – da flüsterte Polly MacMouse: »Achtung, Leute! Ghosty kommt!«

Sie blieben stocksteif stehen.

Tatsächlich, an der dritten Ecke schwebte Ghosty durch eine dreieckige Türöffnung. Er schwebte ein bisschen schief und weit nach vorn gebeugt, da er sich mit einem Korb voll Kohlen abschleppte. Ohne sich nach rechts oder links umzuschauen, segelte er geradewegs auf das offene Feuer zu, wo er mit einem ärgerlichen Schwung seine Kohlen auskippte. Dann holte er ganz tief Luft, pustete die Backen auf – sein Gespenstergesicht sah nicht mehr kugelrund, sondern birnenförmig aus – und blies in die Glut, bis die Flammen hell aufloderten.

»Der gute, alte Ghosty macht hier den Heizer. Nicht zu glauben!«, staunte Polly MacMouse.

»Und den Blasebalg spielt er auch noch«, ergänzte Tobbi.

Robbi schlenkerte fassungslos mit der Antenne.

»Das wird ja immer bunter«, murmelte er.

Sie kamen nicht mehr dazu, das verschüchterte Burggespenst mit neuen Fragen zu bestürmen. In dieser Sekunde betrat der Mann mit der heiseren, bösen Stimme, der geheimnisvolle »Er« den Raum.

FÜNFZEHNTES KAPITEL

In diesem Kapitel wird es wieder einmal so technisch, dass selbst Tobbi und Robbi vor einem unlösbaren Rätsel stehen. Ghosty übt eine merkwürdige Beschäftigung aus. Polly versteckt sich vorsichtshalber. Tobbi stellt einige wissbegierige Fragen an einen »Großen Magier«. Und Robbi verliert die Geduld und drückt die berühmte goldene Taste ...

»Er« war ein Mann und kein Gespenst. Und er sah sehr sonderbar, um nicht zu sagen – komisch aus.

Er war lang und dünn wie eine Bohnenstange. Auf dem Kopf trug er einen hohen, spitzen Hut, was ihn noch länger erscheinen ließ. Dieser Hut war feuerrot und an der Spitze wurde er von drei übereinanderstehenden Dreiecken gekrönt, aus purem Gold. Dazu trug er ein knielanges Kettenhemd aus besonders feinen Eisenmaschen, das gar nicht zu der seltsamen Kopfbedeckung passte. Noch seltsamer wirkten allerdings die drei Schraubenschlüssel, die anstelle eines Schwertes seitlich an seinem breiten Gürtel herabbaumelten. Was von den Beinen zu sehen war, war nackt. An den Füßen trug er nicht etwa eiserne Schnabelschuhe, sondern sehr bequeme Pantoffeln. Anscheinend liebte er die Bequemlichkeit. Oder ihn quälten Hühneraugen! In der rechten Hand hielt er einen dünnen, nicht besonders langen Stab, mit funkelnden Edelsteinen besetzt. So weit wirkte der Mann eher komisch als Furcht erweckend. Aber sein Gesicht sah böse und verkniffen aus. Von seinem Kinn hing ein nachtschwarzer Spitzbart herab. Auf seiner Oberlippe trug er, unter einer messerscharfen Hakennase, einen schwarzen Schnurrbart. Die Bartenden liefen nadelspitz zu und waren wie Kleiderhaken nach oben gebogen. Das hätte vielleicht noch ganz lustig ausgesehen ohne die Augen – sie blickten finster und stechend unter buschigen Augenbrauen hervor und verliehen dem Gesicht einen teuflischen Ausdruck.

Tobbi erkannte den Mann auf den ersten Blick.

»Der Ahnherr von Plumpudding Castle! Sir Joshua aus der Gemäldegalerie!«, rief er und zeigte auf den hohen, spitzen Hut. »Drei Dreiecke übereinander! Ich erkenn sie genau!«

»Du hast recht«, sagte der kleine Roboter und wackelte aufgeregt mit der Antenne. »Ich erkenne ihn auch wieder. Er hält den gleichen Stab in der Hand wie auf seinem weißen Schattenriss.«

Polly MacMouse sagte gar nichts. Ihr kam die ganze Sache reichlich unheimlich vor. Deshalb warf sie nur einen ganz kurzen Blick auf den Mann, um sich dann hinter Tobbis Hals zu verstecken.

Der Schnurrbärtige grinste höhnisch, während er langsam auf seinen Besuch zuging. Fünf Schritte vor ihnen blieb er stehen und musterte sie mit seinem stechenden Blick. Dann sprach er mit einer heiseren Stimme, die sich aus der Nähe ein wenig verschnupft anhörte: »Richtig geraten! Ich bin Sir Joshua, der Ahnherr aller Plumpuddings. Ich merke schon, ihr seid gar nicht so dumm. Und Leute, die nicht dumm sind, kann ich gut brauchen. Übrigens – damit ihr es gleich wisst: Ich bin nicht nur der Ahnherr von Plumpudding Castle, ich bin viel mehr! Ich bin –«, hier machte der finstere Sir Joshua eine bedeutungsvolle Pause. »Ich bin der berühmte Zaubergraf. Ihr habt mich von jetzt an mit ›Großer Magier‹ anzureden. Verstanden?«

Keiner von den dreien gab eine Antwort. Tobbi verspürte ein eigenartiges Zittern in den Kniekehlen. Am liebsten hätte er sich hingesetzt.

Robbi nahm den Zaubergrafen gründlich unter die Lupe und das leise Zittern seiner Antennenspitze verhieß nichts Gutes für den »Großen Magier«.

Der Zaubergraf hörte sich selber gerne reden. Er fuhr fort: »Meine Ritterrüstungen, die ich ausgeschickt hatte, um euch zu fangen – übrigens ein kleiner Zaubertrick von mir –, haben euch leider nicht erwischt. Aber ich wusste, dass euch eure eigene Neugierde in meine Gewalt bringen würde. Hähähä ...« Er lachte hämisch und zwirbelte sich selbstgefällig die Schnurrbartspitzen. »Du!« Er zeigte auf Robbi. »Du siehst so sonderbar aus. Wer bist du?« Robbi gab ihm keine Antwort. Er sagte nicht einmal »klick«.

»Und du?« Der Zaubergraf schwenkte seinen Zauberstock zu Tobbi hin.

Aber von Tobbi erhielt er auch keine Antwort. Seine Kehle war wie zugeschnürt.

»Ich merke, die Herren sind verstockt. Auch gut!«, sagte der Zaubergraf mit gefährlicher Ruhe und dabei blickten seine Augen heimtückisch. »Aber ich erfahre trotzdem noch alles. Ich habe Zeit – sehr viel Zeit sogar. Ihr dürft diese Burg nämlich nie wieder verlassen. Bis zu eurem Lebensende sollt ihr meine Diener sein und alles tun, was ich verlange. Genau wie Ghosty. Ich kann euch übrigens gut brauchen.« Er zeigte auf die geheimnisvolle Maschine, an der Tobbi und Robbi so lange herumgerätselt hatten, und fuhr mit erhobener Stimme fort: »Ihr beide habt ab sofort diese Maschine hier zu betreuen. Ich rate euch, macht eure Sache gut! Sonst wird es euch übel ergehen, denn diese Maschine ist meine eigene Erfindung.«

Als Tobbi das Wort »Erfindung« hörte, vergaß er sogar für einen Augenblick die gefährliche Lage, in der sie schwebten.

»Was ist das für eine Erfindung?«, fragte er atemlos.

»Nun, ich sehe keinen Grund, weshalb ich es euch nicht erzählen sollte. Ja, es ist sogar ganz nützlich, ihr erfahrt, welche kostbare und wichtige Maschine ihr betreuen und warten sollt.« Der Zaubergraf war über die

Maßen stolz auf seine Erfindung und es schmeichelte ihn, wenn sich jemand danach erkundigte. »Diese Maschine«, sagte er, »ist das Wichtigste, das Bedeutendste, das Größte und Hervorragendste, was je erfunden wurde: eine Goldmaschine!!!«

»Eine Goldmaschine ...?«, sprach Tobbi verblüfft nach.

»Eine Goldmaschine ... klick?«, echote der kleine Roboter verständnislos.

»Goldmaschine ...? Der spinnt!«, piepste Polly MacMouse so leise in Tobbis Ohr, dass nur er allein es hören konnte.

»Jawohl, die Goldmaschine!«, wiederholte der »Große Magier« nachdrücklich. Er warf einen liebevollen Blick auf seine fabelhafte Erfindung, um dann seinen erstaunten Zuhörern zu erklären: »Sie kann Silber in Gold umwandeln, Kupfer ebenfalls und später auch noch andere Metalle.«

»Nun verstehe ich«, sagte Tobbi. »Für Sie müssen die Elstern, Eulen und Raben also die Silbersachen und das Kupfergeld stehlen.«

»Rede mich gefälligst mit ›Großer Magier‹ an!«, fuhr ihm der Ahnherr von Plumpudding Castle über den Mund. »Und was das Stehlen anbetrifft, dieses Wort möchte ich nie wieder hören, verstanden! Hier geht es um die Wissenschaft, da müssen alle Opfer bringen.«

»Aber eins möchte ich doch noch wissen: Funktioniert die Goldmaschine überhaupt?«

Der Zaubergraf bekam einen Hustenanfall vor lauter Wut. Er vergaß sogar, Tobbi zu rügen, weil er schon wieder vergessen hatte »Großer Magier« zu sagen. »Natürlich funktioniert meine Erfindung! Wie kannst du wagen daran zu zweifeln, du kleine freche Kröte!«

Das war eine glatte Lüge. Bisher hatte die fabelhafte »Goldmaschine« noch nicht ein einziges Gramm Gold zuwege gebracht.

Wenn es um Erfindungen ging, vergaß Tobbi immer alles andere. Er überhörte sogar die Beleidigung mit der »kleinen frechen Kröte«.

»Eines begreife ich aber immer noch nicht«, fragte er hartnäckig weiter. »Wieso konstruiert sich ein Zauberer und Großer Magier eine Goldmaschine, wenn er sich viel schneller und einfacher Silber oder Kupfer in Gold umzaubern könnte? Oder können Sie das etwa nicht?«

Der Zaubergraf zitterte vor Grimm. Tobbi hatte genau seine schwache Stelle getroffen: Er konnte Silber nicht in Gold umzaubern und Kupfer genauso wenig. Aber er war viel zu eitel, um das zuzugeben.

»Natürlich kann ich das!«, schrie er mit überschnappender Stimme. »Aber ich will eben nicht! Ich will nicht, weil – weil – weil es viel zu leicht für mich ist. Und weil ich nicht will, basta! Und jetzt hältst du gefälligst deinen vorlauten Mund!«

Der kleine Roboter hatte die ganze Unterhaltung aufmerksam verfolgt. Trotzdem war er merkwürdig still dabei geblieben. Aber er hatte den Zaubergrafen auch nicht eine halbe Sekunde aus den Augen gelassen. Seine Antennenspitze zitterte Unheil verkündend.

»Die Goldmaschine ist Quatsch!«, sagte er plötzlich ganz laut.

Alle hielten den Atem an. Ghosty, der sich bisher am

Feuer aufgehalten hatte, kam eiligst herbei und schwebte hinter dem Rücken des Zaubergrafen bewegungslos in der Luft. Polly MacMouse schielte vorsichtig um Tobbis Hals herum. Und bei Tobbi stellte sich wieder das Herzklopfen ein.

Der »Große Magier« richtete seinen Zauberstab direkt auf Robbi.

»Du wagst es ... Du wagst es, meine Erfindung zu beleidigen?« Und mit Augen, die wie glühende Kohlen funkelten, knirschte er: »Noch ein einziges Wort und ich verwandle dich in eine Wanze, die man mit dem Fuß zertreten kann.«

»Eine Goldmaschine ist Quatsch, klick, Blödsinn, klick, Unfug, klick!«,wiederholte der kleine Roboter noch lauter als zuvor. »Eine Maschine, die Silber in Gold umwandelt, gibt es nicht. Und das wollen Sie ausgerechnet einem kleinen Roboter aus der dritten Robotklasse erzählen und einem kleinen Erfinder, der selber schon eine bedeutende Erfindung gemacht hat? Aber eine, die funktioniert, klick! Goldmaschine ... pah! Bei Ihnen ist eine Leitung durchgeschmort oder Sie haben einen elektronischen Knacks. Sie – klick – Sie – Sie Schwindel-Magier!«

Tobbi wagte nicht zu atmen. Polly MacMouse ging es nicht besser. Ghosty, der noch immer bewegungslos hinter dem Zaubergrafen schwebte, verwandelte seine Kopffarbe in ein entsetztes Tomatenrot. Dabei zeigte er mit dem grünen Gespensterzeigefinger fortwährend auf den Zauberstab, als versuchte er dem kleinen Roboter etwas klarzumachen.

Der Zaubergraf war merkwürdig ruhig. Aber seine Augen funkelten nicht mehr wie glühende Kohlen – sie glitzerten jetzt eiskalt und gefährlich wie ein Eisberg im dunstigen Morgenlicht.

»Jetzt ist es genug«, sagte er, hob langsam und feierlich seinen blitzenden Zauberstab und murmelte einen Zauberspruch vor sich hin, der ziemlich altmodisch klang:

»Saladdudu ... saladdada ... saladdim – derim ...«

Bei »– derim« drückte der kleine Roboter auf die goldene Taste. Dann passierten viele Dinge ganz schnell hintereinander, sodass sich später keiner mehr an den genauen Ablauf der Geschehnisse erinnern konnte.

Orangerote Blitze zuckten aus Robbis Antennenspitze auf den Zauberer zu. Das grüne Roboterauge sprühte einen grünen, das rote Auge einen roten Funkenregen. Es leuchtete, funkelte und zischte, als würde ein Feuerwerk abgebrannt.

Sssssst!

Der Teleskoparm trat in Tätigkeit. Robbis Eisenfinger packten zu. Ein schneller Ruck und der Zaubergraf stand ohne Zauberstab da. Hilflos spreizte er die Finger, während er einen Arm schützend über die Augen gelegt hatte. Mit der Zauberei war es aus und vorbei, denn ein Zauberer ohne Zauberstab ist ein hilfloser Mann.

Wieder ein Druck auf die goldene Taste. Blitze und Funken erloschen. Aus dem »gespenstischen Robbi« wurde wieder der kleine Roboter.

Ghosty zappelte aufgeregt in der Luft herum. Dabei machte er immerzu das gleiche Zeichen: so, als bräche er einen nicht vorhandenen Stab mittendurch.

»Er will dir ohne Worte sagen, dass du den Zauberstab durchbrechen sollst«, flüsterte Tobbi dem Roboter zu.

»Wird gemacht.«

Ein leichter Druck von Robbis Fingern genügte – knack! Der Zauberstab bestand jetzt aus zwei Hälften. Knack – knack ... und nun aus vier Vierteln. Robbi warf die Stücke verächtlich auf den Fußboden.

Aber was war das? Was war mit dem Zaubergrafen von Plumpudding Castle, mit dem »Großen Magier«, geschehen? Dort, wo er gerade eben noch gestanden hatte, war nichts mehr.

Doch – etwas: Ein zartes, gelbes Rauchwölkchen schwebte langsam empor und flatterte auseinander ...

»Er ist weg, klick«, sagte Robbi, als wäre das die selbstverständlichste Sache von der Welt.

»Er ist weg ...« Tobbi sagte das in einem Ton, als ob er immer noch nicht daran glauben könnte.

»Den sind wir los! Der macht uns keine Scherereien mehr!«, quiekte Polly MacMouse vergnügt und kroch aus ihrem Versteck hinter Tobbis Hals wieder hervor.

Ghosty sagte gar nichts. Wie ein Habicht stürzte er sich auf die Reste des Zauberstabes, die am Boden lagen, und sammelte sie auf. Und ehe man bis drei zählen konnte, hatte er sie schon ins offene Feuer geworfen.

Jetzt erst begann Ghosty zu heulen und zu jubeln:

»Er ist weg, huhuuuu! Weg, weg, weg, huhuuuu! Schluss mit der Heizerei! Schluss mit der Goldmacherei! Ab sofort wird wieder gespenstert, jihiiiiiiiii!«

Ghosty war wie umgewandelt, nicht mehr scheu und gedrückt. Er sauste im Kreis herum, machte Saltos vorwärts und rückwärts und wunderschöne Loopings. Doch sein Gespenstertanz wurde jäh unterbrochen.

Die Goldmaschine, auf die in der Aufregung niemand mehr geachtet hatte, blies mit einem lauten Knall Dampf ab. Dazu kreischte die Dampfpfeife durchdringend laut. Weiße Schwaden zogen wie Nebel durch den Raum.

Mit ein paar langen Schritten war der kleine Roboter am Manometer. Und was er dort sah, jagte ihm einen höllischen Schrecken ein: Der schwarze Zeiger des Manometers stand drei Fingerbreit über dem roten Warnstrich.

»Leute, die Maschine kann explodieren«, brüllte er. »Wir müssen sofort das Feuer löschen!«

»Explodieren huhuuuu ... Feuer löschen ... huijiiiiiiiih«, heulte Ghosty und schon war er wie ein weißer Blitz verschwunden. In der unglaublich kurzen Zeit von zehneinhalb Sekunden war er wieder zurück. Mit zwei vollen Wassereimern. So etwas konnte auch nur ein Gespenst fertigbringen.

Robbi riss die Feuerklappe auf und Ghosty goss Wasser auf die Glut. Es zischte fürchterlich. Neue Dampfschwaden füllten den Raum. Tobbi und Polly MacMouse konnten nicht helfen, weil sie in der dicken, weißen Nebelsuppe nichts sehen konnten. Gott sei Dank dauerte es bei Ghostys Tempo nicht lange, bis das Feuer unter der Goldmaschine gelöscht war. Die letzten vier Wassereimer leerte das Gespenst auf das offene Feuer in der linken Ecke.

»Alle Feuer gelöscht, huahuuuu«, jubelte es.

»Die Gefahr ist beseitigt. Aber in dieser Waschküche

können wir nicht bleiben«, sagte Robbi. »Wie kommen wir hier bloß raus?«

»Keine Sorge, ich führe euch hinaus«, erbot Ghosty sich sofort. Er war die Liebenswürdigkeit selber. »Ich kenne da einen ganz kurzen Weg zum Burghof. Bitte folgt mir!«

Robbi nahm Tobbis Hand und mit der anderen ergriff er Ghostys Gespensterhand. Polly hockte wie immer auf Tobbis Schulter. So marschierten sie durch die Nebelsuppe, durch die dreieckige Türöffnung, um zwei Ecken herum, in einen feuchten unterirdischen Gang hinein. Ghosty schwebte ganz langsam voran, damit die andern folgen konnten.

Nach gar nicht langer Zeit hielt er an.

»So, hier geht's nun nach oben«, sagte er. »Hier ist nämlich der Brunnenschacht. Dort sind die Steigeisen, an denen ihr hinaufklettern müsst. Oder soll ich euch hinauftragen?«

»Kannst du das denn?«, erkundigte sich Robbi verblüfft.

»Ich bin stark«, erwiderte Ghosty stolz. »Willst du zuerst?«

Robbi überlegte kurz, ob er sich dem Burggespenst wohl anvertrauen könnte. Da er aber in dieser Nacht schon so viele Treppenstufen hinauf- und hinabgestiegen war und die Kletterei satt hatte, beschloss er es mit Ghosty zu versuchen.

»Lass mich aber um Himmels willen nicht fallen!«, schärfte er dem Burggespenst ein.

Aber die Ermahnung war unnötig. Ghosty fasste Robbi

unter die Arme, schwebte mit ihm nach oben, als ob er gar kein Gewicht hätte, und setzte ihn sanft auf dem mondbeschienenen Burghof ab.

Tobbi und Polly MacMouse holte Robbi mit dem Teleskoparm aus dem Brunnenschacht. Der Arm reichte gerade so weit in die Tiefe, dass er Tobbi beim Kragen packen konnte.

Nun setzten sich alle auf den Brunnenrand, um sich von den letzten anstrengenden Erlebnissen auszuruhen.

»Du könntest uns eigentlich die ganze Geschichte von dem Zaubergrafen erzählen, Ghosty«, bat Tobbi.

Ghosty ließ sich nicht zweimal bitten.

»Was mich anbetrifft«, begann er, »ich wohne seit der Erbauung von Plumpudding Castle hier. Zuvor habe ich auf einer, allerdings ganz gewöhnlichen, rechteckigen Nachbarburg gespenstert. Da es sich aber auf einen ungewöhnlichen, dreieckigen Burg weitaus besser gespenstern lässt, bin ich umgezogen, sobald der letzte Steinquader von Plumpudding Castle aufgesetzt worden war.«

»Was? Seit der Erbauung von Plumpudding Castle?«, rief Tobbi dazwischen. »Dann musst du ja steinalt sein!«

»Das bin ich auch!«, bestätigte Ghosty stolz. »Auf zehn Jahre genau weiß ich mein Alter zwar nicht, aber es müssen mindestens tausend Jahre sein. Wir Gespenster werden nämlich nicht geboren – wir sind plötzlich einfach da. Aber nun zu Sir Joshua, dem ›Zaubergrafen‹. Er war schon zu seinen Lebzeiten ein verrücktes Huhn. Als er noch jung war, zog er andauernd in irgendeinen Krieg. Aber als er ein paar Mal ganz gehörig die Rüstung zerbeult bekam, gab er das auf. Er saß kaum drei Wochen auf seiner Burg – es war noch nicht die dreieckige, sondern die alte Burg, mit normalen runden Türmen –, da kriegte er einen ›Zauberfimmel‹. Er wollte unter allen Umständen das Zaubern erlernen. Er lud alle möglichen Hexen und Zauberer auf seine Burg ein, damit sie ihn das Zaubern lehrten. Vor allem eins interessierte ihn besonders: Er wollte Silber oder Kupfer in Gold umzaubern. Aber das gelang weder ihm noch seinen Hexen und Zauberlehrern. Deshalb setzte er sie eines Tages alle an die Luft, ohne ihnen den restlichen Lohn zu zahlen. Weil er inzwischen schon besser zu zaubern verstand als seine Lehrer, konnten sie nichts dagegen machen. Sie zogen zähneknirschend ab. Kurz darauf ließ Sir Joshua seine alte Burg abreißen, um sich an der gleichen Stelle eine neue aufbauen zu lassen, an der alles dreieckig war – Plumpudding Castle! Er glaubte, dass ihm die ›Gold‹-Zauberei besser in einer dreieckigen Burg gelingen würde, hihihi. Viele Dinge glückten ihm auch. Sogar sehr viele! Er wurde der gefürchtetste Zauberer weit und breit und man nannte ihn scheu den ›Zaubergrafen‹ oder den ›Großen Magier‹. Trotzdem brachte er es nicht fertig, Gold zu zaubern, weder aus Silber und Kupfer noch aus irgendeinem anderen Metall. Darum baute er eine Goldmaschine. Auch damit hatte er kein Glück; denn die Technik zu der Zeit war noch sehr primitiv. Kurz vor seinem Tode schwor er, er würde zu einer späteren Zeit noch einmal auf diese Welt kommen. Zu einer Zeit, da die Technik sehr viel besser sein würde. Und dann – dann stünde dem Bau einen neuen Goldmaschine nichts mehr im Wege. Bergeweise würde er Gold herstellen und bald der reichste Mann der Welt sein ... Nun, einige Jahrhunderte ging alles gut. Sir Joshua, der ›Zaubergraf‹, hing in der Ahnengalerie, angetan mit seiner verrückten ›Zaubereruniform‹, den Zauberstab in den Hand. Er rührte sich nicht. Die Plumpuddings starben nach und nach aus. Und als der Letzte der Sippe gestorben war, stand die Burg leer. Kein Mensch wollte eine dreieckige Burg kaufen ... Aber vor knapp einem Jahr geschah es dann: Der ›Große Magier‹ reckte und streckte sich und kletterte aus seinem Goldrahmen. Unverzüglich begann er mit dem Bau der blödsinnigen ›Goldmaschine‹. Mit der Gemütlichkeit war es nun auf Plumpudding Castle vorbei. Und ich armes Gespenst musste ihm auch noch ausgerechnet auf dem Burghof begegnen! Huhu-huhuuuu-huuuuuuu!«

Ghosty heulte schaurig in Erinnerung an diese schreckliche Begegnung. »Und dann hat er mich zu seinem Sklaven gemacht! Ich musste diese dämliche Goldmaschine mitbauen. Später musste ich sie putzen, Feuer anheizen, Kohlen schleppen, Silbersachen und Kupfergeld sortieren, das Zeug in dem kleinen Schmelztiegel schmelzen, dabei den Blasebalg machen und schließlich alles in den Trichter der Maschine gießen. Schrecklich – einfach schrecklich ...«

»Und das hast du dir gefallen lassen?«, piepste Polly MacMouse empört.

»Mir blieb nichts anderes übrig – ich musste!«, jammerte Ghosty. »Er drohte mir, er würde mir meinen Gespensterkopf fest auf meine Schultern zaubern. Stellt euch vor, meinen Gespensterkopf – fest auf die Schultern! Ich könnte ihn nicht mehr abnehmen! Scheußlich, grässlich, grauslich, gräulich! Damit wäre meine Gespensterlaufbahn zu Ende gewesen! Nicht auszudenken wäre das gewesen! Das hätte ich nicht überlebt! Huhuuuuuuh!«

Ghostys Kopf wurde ganz violett bei dem Gedanken an die Schrecken.

»Das ist natürlich etwas anderes«, murmelte Polly. Sie schien über irgendetwas nachzudenken.

»Hat die Goldmaschine eigentlich jemals funktioniert?«, fragte Tobbi.

»I wo! Kein Gedanke dran!«, erwiderte Ghosty. »Sie hat zwar gezischt und gedampft, aber sie hat nicht ein einziges Gramm Gold zustande gebracht. Deswegen war ja auch der Zaubergraf immer so wütend.«

Jetzt mischte sich Robbi in die Unterhaltung.

»Nach den neuesten technischen Erkenntnissen lohnt sich eine solche Goldmaschine nicht. Klick. Selbst dann nicht, wenn sie funktionieren sollte.« Robbi schaukelte verächtlich mit der Antenne. »Die ganze Sache würde so teuer, dass man das Gold besser kaufen könnte.«

»Und wie hat der Zauberer die Eulen, Raben und Elstern dazu gezwungen, das Versuchsmaterial für ihn zu stehlen?«, wollte Tobbi noch wissen.

»Den Eulen hat er angedroht, er würde ihre Eier verzaubern, sodass kleine Frösche ausschlüpfen würden. Und da haben sie schließlich das getan, was er wollte. Bei den Raben und Elstern hatte er das gar nicht nötig. Denen macht das Stehlen sowieso Spaß. Man wird es ihnen sogar schwerlich wieder abgewöhnen.«

Polly war mit ihrer Nachdenkerei fertig.

»Wo mag bloß der Zaubergraf jetzt stecken«, fragte sie erschrocken. »Ob er wohl wiederkommt?«

»Keine Bange! Er kommt nicht wieder«, beruhigte Ghosty sie. »Er kann nicht mehr aus seinem Bilderrahmen heraussteigen, weil Robbi den Zauberstab zerbrochen und ich die Reste verbrannt habe. Und ohne Zauberstab geht es nun mal nicht.«

»Das wollte ich bloß wissen!«, piepste Polly MacMouse erleichtert.

»Nun mal ganz etwas anderes«, meldete sich Tobbi. »Was geschieht mit den Silberlöffeln, Puderdosen und all dem Zeug?«

»Keine Ahnung, was man damit tun soll«, knurrte der kleine Roboter.

»Wir vergraben alles«, schlug Polly MacMouse vor.

»Als Schatz. Als Burgschatz ... uijiiiiiiiih!«, heulte Ghosty begeistert.

Tobbi schüttelte ablehnend den Kopf.

»Das dürfen wir nicht machen. Bedenkt, die Sachen sind gestohlen! Wisst ihr was? Wir benachrichtigen die Polizei in Littletown. Die kann alles abholen und wird schon wissen, was man mit gestohlenem Silber anfängt.«

»Polizei ... hm – klick – Polizei ...«, murmelte der kleine Roboter unbehaglich. Und ganz überraschend fragte er Tobbi: »Traust du dir schon einen Alleinflug zu? Dann könntest du die Sache mit der Polizei regeln und ich würde inzwischen das ganze Silbergerät verladefertig machen.«

Tobbi überlegte. Er gehörte nicht zu den Leuten, die leichtsinnig etwas versprechen, was sie später nicht halten können. Es war immerhin der erste Alleinflug, den er machen sollte. Und dazu war es noch ein Nachtflug. Das musste bedacht werden. Andererseits war es mondhell und einen Fluss hatte er als Wegweiser. Und irgendeinen Polizisten würde er schon aus dem Bett klingeln. Darüber machte er sich am wenigsten Sorgen.

»Ja. Ich kann's«, sagte er schließlich fest.

»Kannst du das Fliewatüüt allein aus dem Versteck schieben?«, erkundigte sich der Roboter vorsorglich.

»Damit werde ich fertig. Es ist nicht so schwer zu schieben«, lehnte Tobbi jede Hilfe ab.

»Gut. Wenn du zurückkommst, landest du hier auf dem Burghof. Ich gebe dir dann ein Lichtzeichen. Also: guten Flug! Klick!«

»Guten Flug!«, wünschten auch Ghosty und Polly MacMouse.

Robbi ließ den Freund mit dem Teleskoparm über die Burgmauer herab. Und vier Minuten später war Tobbi schon in der Luft.

SECHZEHNTES KAPITEL

Inspektor William MacDoodle rennt wie ein aufgescheuchtes Huhn immer rund um den Schreibtisch herum. Sergeant William MacDaddle hat eine andere dumme Angewohnheit. Tobbi erledigt seinen ersten, nächtlichen Alleinflug, während der kleine Roboter eine eingerostete Zugbrücke repariert und Ghosty seine »Gala-Gespensternummer« vorgespenstert.

In der kleinen Polizeistation von Littletown brannte noch das Licht, obgleich die Mitternachtsstunde längst vorüber war. Das war bisher in zwanzig Jahren nur ein einziges Mal vorgekommen. Und das eine Mal hatte man nur vergessen das Licht auszuschalten.

Inspektor William MacDoodle rannte immer rund um den Schreibtisch herum. Nach jeder dritten Runde blieb er stehen, schlug sich mit der Hand vor die Stirn und stöhnte:

»Was machen wir bloß ...«

Sergeant William MacDaddle saß auf einem Stuhl hinter dem Schreibtisch. Immer wenn der Inspektor gestöhnt hatte, nahm er seinen Bleistiftstummel aus dem Mund und murmelte:

»Keine Ahnung, Chef. Keine Ahnung ...«

Er hatte die dumme Angewohnheit, alles zweimal zu sagen, obgleich das nicht nötig war, denn Inspektor William MacDoodle hörte sehr gut. Aber Sergeant William MacDaddle konnte sich das einfach nicht abgewöhnen.

Es war reiner Zufall, dass die beiden Polizisten von Littletown »William« mit Vornamen hießen. Obwohl es so viele Zufälle in der Welt gibt wie Liebesperlen in eine Badewanne hineingehen, war es kein Zufall, dass alle beide ein »Mac« vor ihrem Familiennamen hatten. Die meisten Schotten haben nämlich ein »Mac« vor ihrem Familiennamen. Deshalb kann man alle Schotten mit Leichtigkeit an ihren Namen erkennen. Das ist ungeheuer praktisch, man braucht sie nicht erst zu fragen, aus welchem Land sie stammen.

Die beiden Polizisten von Littletown hatten ernstliche Sorgen. Und das mit ihren Sorgen war eine ganz dumme Geschichte, die sehr überraschend gekommen war.

Gestern, nach seinem Mittagsschlaf, las der oberste Polizeichef MacDiffle die Zeitung. Und was er las, gefiel ihm gar nicht:

... Wo bleibt die Polizei?

In Littletown und Umgebung verschwinden massenweise silberne Löffel, Gabeln, Messer und ähnliche Dinge. Das ist bedauerlich. Noch bedauerlicher ist die Tatsache, dass diese Diebstähle mittlerweile einen solchen Umfang angenommen haben. Die Vermutung liegt nahe, dass eine ganze Diebesbande dahintersteckt. Am allerbedauerlichsten finden wir die Nachlässigkeit der Polizei, die bisher noch keinen einzigen der Diebe fangen konnte ...

Polizeichef MacDiffle setzte die Brille ab und beschloss wütend zu werden. Und er durfte wütend werden, weil er der oberste Polizist von ganz Schottland war. Er rannte sofort ans Telefon und klingelte den Chefinspektor MacDuffle an.

»Chefinspektor MacDuffle«, rief er in die Sprechmuschel, »warum verschwinden eigentlich so viele Silbersachen in Littletown und Umgebung? Das gefällt mir nicht! Die Zeitungen schreiben schon darüber. Und das gefällt mir noch weniger! Bis morgen Nachmittag möchte ich mir ausbitten, dass die Diebe hinter Schloss und Riegel sind! Dazu einen genauen schriftlichen Bericht. Ende.«

»Jawohl«, antwortete Chefinspektor MacDuffle. Was hätte er auch sonst wohl antworten sollen ...

Nun wurde Chefinspektor MacDuffle auch wütend. Und er durfte wütend werden, weil er der oberste Polizist von halb Schottland war. Sofort rannte er ans Telefon und klingelte Inspektor MacDoodle in Littletown an.

»Inspektor MacDoodle«, rief er in die Sprechmuschel, »warum verschwinden eigentlich so viele Silbersachen in Littletown und Umgebung? Das gefällt mir nicht! Die Zeitungen schreiben schon darüber. Und das gefällt mir noch weniger! Bis morgen Mittag sind die Diebe hinter Schloss und Riegel! Dazu einen genauen schriftlichen Bericht. Ende.«

»Jawohl«, antwortete Inspektor MacDoodle. Was hätte er auch sonst wohl antworten sollen ...

Kein Wunder, dass Inspektor MacDoodle auch wütend wurde, schließlich durfte er das, denn er war der oberste Polizist von Littletown. Aber er brauchte nicht erst ans Telefon zu rennen.

»William«, fauchte er den Sergeanten MacDaddle an, der ihm gegenüber saß, »warum, zum Kuckuck, haben wir die verflixten Diebe, die das ganze Silberzeug stehlen, eigentlich noch nicht eingesperrt?«

»Weil wir bis heute noch keinen davon erwischt haben, Chef. Weil wir bis heute ...«

»Schon gut!«, winkte Inspektor MacDoodle ab. »Wir sollen das bis morgen Mittag erledigt haben. Das gefällt mir nicht! Einen genauen schriftlichen Bericht sollen wir auch schreiben. Und das gefällt mir noch weniger! Hol sofort Federhalter und Papier und dann schreibe schon das Datum und die Überschrift hin.«

»Jawohl, jawohl«, brummte Sergeant MacDaddle. Was hätte er auch sonst brummen sollen. Er war nur der zweitoberste Polizist von Littletown.

So hatten ihre Sorgen angefangen. Jetzt hockten sie noch immer in ihrer kleinen Polizeistation von Littletown. Einen Dieb hatten sie immer noch nicht erwischt und der Briefbogen für den Bericht war leer, bis auf das Datum und die Überschrift ...

Nach der einunddreißigsten Runde um den Schreibtisch stöhnte Inspektor MacDoodle: »Was sollen wir bloß in unseren Bericht hineinschreiben?«

Dann schlug er dreimal mit der Faust auf den Tisch, und das tat er nur einmal im Jahr. Allerhöchstens zweimal. Inspektor MacDoodle war ein dicker, gemütlicher Mann mit einem pausbäckigen Gesicht. Im Augenblick war er allerdings nicht gemütlich.

»Am besten, wir schreiben überhaupt nichts – überhaupt nichts«, stöhnte Sergeant MacDaddle zurück. Er war im Gegensatz zu dem Inspektor lang und dünn und hatte neunundneunzig Falten im Gesicht – wenn nicht gar hundert.

»Unsinn!«, bellte Inspektor MacDoodle.

Genau in diesem Moment wurde die Tür mit einem Ruck aufgerissen. Tobbi stürmte in das Zimmer.

»Sind Sie hier der Oberste?«, fragte er den langen Sergeanten, weil der ihm am nächsten war.

»Nein«, sagte Sergeant MacDaddle und deutete mit seinem Daumen auf den dicken Inspektor, »der da ... der da.«

Inspektor MacDoodle, der gerade bei der zweiunddrei-

ßigsten Runde um den Schreibtisch war, blieb ruckartig stehen. Er starrte verblüfft auf Tobbi.

»Wir haben sie ... die Silberlöffel«, sprudelte Tobbi atemlos heraus, »in Plumpudding Castle ... im Turm ... ganz unten ...«

Tobbi redete in abgerissenen Sätzen, was er sonst nie tat. Vor lauter Eile und Aufregung vergaß er sich vorzustellen, und das passierte ihm auch nur sehr, sehr selten. Aber da er einige gefährliche Abenteuer und seinen ersten Alleinflug hinter sich hatte, war das zu begreifen.

Der Inspektor war mit drei schnellen Schritten bei Tobbi.

»Moment mal, Junge«, sagte er und legte Tobbi die Hand auf die Stirn.

Dann meinte er zu Sergeant MacDaddle gewandt: »Nee, Fieber hat der Junge nicht.«

Sergeant MacDaddle war mit einem einzigen langen Schritt bei Tobbi. Er legte ihm väterlich die Hand auf die Schulter und sagte:

»Eigentlich solltest du ja schon längst im Bett sein – im Bett sein. Aber jetzt erzähle uns alles noch einmal, aber ganz langsam – ganz langsam.«

»Ich bin nicht übergeschnappt, wie Sie das vielleicht meinen«, stieß Tobbi hervor. »Alles, was ich sagte, stimmt.« Dann berichtete er der Reihe nach und so kurz wie möglich, was sie auf Plumpudding Castle erlebt hatten und wie das mit den gestohlenen Silbersachen zusammenhing.

»Raben und Eulen sind die Diebe, kein Wunder, dass

wir sie nicht fangen konnten.« Inspektor MacDoodle machte kugelrunde Augen vor Erstaunen.

»Und Elstern. Und Elstern ...« Sergeant MacDaddle zerkaute vor Überraschung seinen Bleistiftstummel.

Als die Rede aber auf den kleinen Roboter kam, rief Inspektor MacDoodle: »Ein kleiner Roboter ...? Nicht möööööglich!« Dabei verdrehte er die Augen, als wollte er jeden Augenblick in Ohnmacht fallen.

»Aus der dritten Robotklasse ...?«, murmelte Sergeant MacDaddle fassungslos und vergaß sogar die Sache zweimal zu sagen.

Über Ghosty waren die beiden nicht erstaunt, denn dass es auf Plumpudding Castle nicht geheuer war, wussten alle Leute in dieser Gegend.

Als Tobbi seinen Bericht beendet hatte, schauten sich die beiden Polizisten hocherfreut an und riefen in einem Atem: »Hurra, wir sind all unsere Sorgen los! Auf nach Plumpudding Castle!«

Sie stürmten an den Garderobenständer, schnallten ihre Gummiknüppel um und setzten die hohen Polizeihelme auf. Der lange Sergeant MacDaddle stopfte sich die Hosentaschen voller Handschellen. Er tat das aus alter Gewohnheit, denn Eulen, Raben und Elstern ließen sich kaum verhaften, und der Zaubergraf, der eigentliche Anstifter, hing schon wieder in der Ahnengalerie.

Auf dem kleinen Parkplatz vor dem Polizeigebäude gab es noch mal ein großes Köpfeschütteln; denn dort hatte Tobbi das Fliewatüüt geparkt. Natürlich musste er die beiden Beamten schnell über seine Erfindung aufklären.

»Und das Ding fliegt wirklich – fliegt wirklich?«, erkundigte sich Sergeant MacDaddle misstrauisch.

»Und ob!«, gab Tobbi ein wenig beleidigt zur Antwort. »Wollen Sie mitfliegen?«,

»I-ich …? N-nein. Nein! Ich muss unser Motorrad aus dem Schuppen holen«, stotterte der Sergeant entsetzt. Er machte einen Satz von mindestens drei Metern, drehte sich in der Luft um und verschwand hinter der Hausecke, als säße ihm der Teufel im Genick.

»Was hat *der* denn?«, fragte Tobbi erstaunt.

»Er wird schon luftkrank, wenn er nur ein Flugzeug in der Luft brummen hört«, schmunzelte Inspektor MacDoodle.

Zwei Minuten später ertönte ein Donnergetöse.

»Was ist das?« Tobbi schaute sich erschrocken um.

»Das ist die ›Feuerfliege‹ – so heißt nämlich unser Dienstmotorrad«, klärte der Inspektor ihn auf und dann fügte er noch völlig unnötigerweise hinzu: »Sie ist ein bisschen laut.«

Sergeant MacDaddle kam angeknattert. Die Feuerfliege war eine schwere Beiwagenmaschine. Sie trug ihren Namen zu Recht, denn sie war feuerrot lackiert. Inspektor MacDoodle hüpfte wie ein Gummiball in den Beiwagen, und während Sergeant MacDaddle schon Gas gab, brüllte der Inspektor noch:

»Wir treffen uns auf Plumpudding Castle. Bis nachher!«

Tobbi kletterte in das Fliewatüüt und wenig später hing er schon wieder über dem silbernen Fluss.

Auf der dreieckigen Burg hatte sich inzwischen auch allerhand getan.

Der kleine Roboter wanderte hin und her. Dabei murmelte er unruhig vor sich hin: »Vielleicht – klick – hätte ich Tobbi doch lieber nicht allein fliegen lassen sollen. Wo es doch Nacht ist. Klick ...« Aber dann schalt er sich: »Unsinn, klick! Tobbi fliegt ausgezeichnet. Dem passiert schon nichts!«

Und als Robbi sich wieder beruhigt hatte, fragte er Ghosty: »Wie bekommen wir das viele Silber am schnellsten auf den Burghof transportiert?«

Dann fiel ihm ein: »Ach so, die Polizei kann ja gar nicht in die Burg hineingelangen, weil die Zugbrücke nicht funktioniert. Da muss ich doch gleich mal nachsehen ...«

Er rannte auf die uralte Winde zu. Sie bestand aus einer hölzernen Trommel, auf der die schweren Ketten aufgewickelt waren, und drei arg verrosteten Zahnrädern. Das Rad, mit dem man die Trommel drehen musste, ähnelte dem Steuerrad eines Schiffes.

»Total verrostet ...«, brummelte Robbi kopfschüttelnd. »Ob sich das Ding wohl noch bewegen lässt? Immerhin hat man früher sehr solide gebaut ... Am besten – klick – ich probier's mal aus.«

»Du, Robbi«, sagte Ghosty, der hinterhergeschwebt kam, weil ihn der kleine Roboter doch etwas gefragt hatte, »das mit dem Silbertransport erledige ich ganz allein. Ich hole mir einen Korb und fange gleich an.«

»Das wäre mir sehr lieb«, sagte Robbi erfreut. »Dann kann ich mich um die Zugbrücke kümmern.« Er packte seine drei größten Schraubenschlüssel aus, dazu einen schweren und einen leichten Hammer, Drahtbürste und Ölkanne und machte sich unverzüglich an die Reparatur.

Indessen holte Ghosty in einem unvorstellbaren Gespenstertempo die Silbersachen aus dem Keller des dreieckigen Turmes. Er sauste mit Polly MacMouse, die in dem leeren Korb saß, durch den Brunnenschacht nach unten. Und wenn er mit dem gefüllten Korb aus dem Schacht auftauchte, hockte Polly quietschvergnügt oben auf der Silberladung.

Robbi klopfte den Rost von den Kettengliedern und den Zahnrädern. Ganz besonders säuberte er die klobige Welle an den Stellen, wo sie sich drehte. Dann half er mit der Drahtbürste nach und ölte alles gründlich ein.

»Wenn ich jetzt das Bremsrad löse, müsste die Zugbrücke eigentlich von selbst herunterrattern«, sagte er laut.

Er rückte an dem großen Rad mit den Handgriffen. Noch einmal. Es knirschte schon. Und noch ein drittes Mal – es kreischte und dann rollten die Ketten mit ohrenbetäubendem Gepolter ab. Funken sprühten, eine Rostwolke stob empor. Dann gab es einen Bums wie bei einem Autozusammenstoß und die Zugbrücke lag genau da, wo sie hingehörte: quer über dem Burggraben.

»Na also! Klick!«, sagte Robbi befriedigt.

Auch Ghosty war inzwischen mit seiner Arbeit fertig. Und nun setzten sich alle zusammen auf den Brunnenrand, um Tobbis Rückkehr abzuwarten.

»Soll ich euch einmal meine ›Gala-Gespenstervorstellung‹ vorgespenstern?«, fragte Ghosty begierig.

»Nur zu!«, freute sich Polly MacMouse und zu Robbi gewandt meinte sie: »Ghostys Galavorstellung ist wirklich erstklassig; Ich hab sie schon lange nicht mehr gesehen.«

»Willst du nicht lieber damit warten, Ghosty, bis Tobbi zurück ist?«, wandte der kleine Roboter ein. »Er würde deine Vorstellung sicherlich gerne sehen.«

»Oh, dann wiederhole ich sie einfach«, erwiderte Ghosty großzügig. »Das macht mir nichts aus. Jetzt müsst ihr ein bisschen zurücktreten, damit ihr eine bessere Übersicht habt. Die Vorstellung beginnt in wenigen Sekunden.«

Das Burggespenst von Plumpudding Castle schwebte langsam empor, und als es drei Meter über dem Brunnen war, blieb es regungslos in der Luft stehen. Dann machte Ghosty »mi-mi-mih« und »hu-hu-huh» und »ji-jijih«, um seine Gespensterstimme zu prüfen. Genau wie ein Opernsänger, wenn er kurz vor Beginn der Vorstellung feststellen will, ob er die Tonleiter noch gut singen kann. Als er damit fertig war, ließ sich Ghosty auf den Brunnenrand sinken, schlug die Beine übereinander und zupfte sein weißes Gewand zurecht. Nachdem er das erledigt hatte, begann die eigentliche Gespenstervorstellung. Mit einer feierlichen Bewegung nahm er seinen Kopf ab und stellte ihn vorsichtig wie eine zerbrechliche Blumenvase neben sich auf den Brunnenrand. Was dann geschah, war schier unglaublich: Ghosty hob die linke grüne Hand und sein Kopf zählte: »Eins – zwei – drei!« Bei »drei« wurde der Kopf schneeweiß und begann mit grabestiefer, hohler Stimme »Ghostys Nachtlied« zu singen. Die Verse hatte

Ghosty höchstpersönlich gedichtet. Nach jeder Zeile tippte Ghostys rechter Zeigefinger auf die Gespensterstirn – ähnlich, wie wenn man einen Vogel zeigt – und der Kopf wechselte sofort die Farbe. Mit der linken Hand dirigierte er und die Füße trommelten im Takt gegen die Brunnenwand:

»Ich bin Ghosty, huhuuuuuuuh,
ich bin Ghosty, huhuuuuuuuh.
Ich bin grimmig, ich bin hässlich,
ich bin gruslig grausig grässlich,
mein Skelett, das klappert scheußlich,
und mein Kopf, der flimmert gräuslich,
dazu heule ich abscheulich,
und mein Nachthemd flattert gräulich,

dass es allen graust und gruselt
und im Rückgrat saust und suselt.
Auf Pli-Pla-Plum-
pudding Castle geh ich um ...

Ich bin Ghosty, jiiiihiiih!
Ich bin Ghosty, jiiiihiiih!
Wenn die Nächte lind und lau
wird mein Kopf entsetzlich blau,
dabei rasselt mein Gebein
ganz besonders hundsgemein
und mein Haarschopf glüht rot-rötlich,
dazu wimmer ich tod-tödlich,
dass es allen graust und gruselt
und im Rückgrat saust und suselt.
Auf Pli-Pla-Plum-
pudding Castle geh ich um ...«

»Bravo, Ghosty! Bravo! Bravo!«, schrien Robbi und Polly MacMouse um die Wette.

»Na, habe ich dir zu viel versprochen?«, meinte die Maus. »Wirklich, Ghosty hat sich heute selbst übertroffen.«

Das Gespenst von Plumpudding Castle setzte seinen Kopf wieder manierlich auf und schwebte vom Brunnenrand empor. Dann bedankte es sich mit drei tiefen Verbeugungen für den Beifall, wobei es dreimal höflich den Kopf lüftete.

Mittlerweile kam ein leises Brummen schnell näher.

»Tobbi kommt zurück«, sagte Robbi erfreut und zeigte

in den Nachthimmel, wo sich ein Lichtpünktchen näherte. Er knipste seine Fingerlampe an, fuhr den Teleskoparm weit aus und schwenkte ihn im Kreis. »Ich gebe Tobbi ein Zeichen, damit er seinen Landeplatz finden kann«, klärte er Polly MacMouse und Ghosty auf.

»Soll ich leuchten? Ich mache meinen Kopf ganz besonders hell«, erbot sich das Burggespenst.

»Gern!«, willigte der kleine Roboter ein.

Ghosty schwebte nun ein paar Meter in die Höhe und blieb dann stocksteif in der Luft stehen. Sein Kugelkopf leuchtete jetzt so hell wie eine Straßenlaterne und auf den Steinplatten des Burghofes entstand ein zimmergroßer Lichtkreis. Für die Landung eines kleinen Fliewatüüts reichte die Beleuchtung völlig aus.

Tobbi war inzwischen schon ganz nahe herangekommen. Genau um Ghostys Kopf herum flog er einen Kreis. Dann setzte er zur Landung an. Es ging alles glatt. Zwar setzte er mit einem kleinen Bums auf, aber das Fahrgestell konnte einiges aushalten. Berücksichtigte man, dass dies erst Tobbis zweite Nachtlandung war, galt es für eine sehr gute Leistung.

»Fein, dass du wieder da bist – heil und gesund«, empfing der kleine Roboter seinen Freund. »Hat's geklappt mit der Polizei?«

»Das geht in Ordnung. Sie müssen jeden Moment hier sein.« Tobbi wischte sich den Schweiß von der Stirn und fuhr fort: »Zuerst hielten sie mich für leicht übergeschnappt, aber dann konnte ich sie überzeugen.« Er berichtete ganz schnell, wie es ihm ergangen war.

»Ich habe inzwischen die Zugbrücke repariert und

Ghosty hat das Silber auf den Burghof geschafft. Mit Polly zusammen.« Robbi zeigte auf das offene Burgtor und auf den großen Silberhaufen vor dem Brunnen.

»Wie hast du denn das mit der Zugbrücke fertiggekriegt?«, fragte Tobbi erstaunt.

»Ein paar kräftige Schraubenschlüssel, ein bisschen Rostklopfen und eine tüchtige Portion Lebertran tun manchmal Wunder ... Was ist das? Ein Motorrad?«

»Die Polizei kommt!«, erklärte Tobbi.

Es knatterte und das Knattern schwoll sehr schnell zu einem wahren Höllenkonzert an. Dann rumpelte es auf der Zugbrücke – die Feuerfliege donnerte durch das Burgtor von Plumpudding Castle.

Inspektor MacDoodle und Sergeant MacDaddle stiegen von ihrem knallroten Teufelsgefährt.

Tobbi machte die Herrschaften miteinander bekannt.

»Das ist Robbi, der Roboter – Ghosty, das Burggespenst – Polly MacMouse – und ich heiße Tobbi.«

»Angenehm«, murmelte Inspektor MacDoodle und gab allen die Hand. Dabei schaute er besonders den kleinen Roboter neugierig an. Dem Burggespenst warf er einen langen, misstrauischen Blick zu.

»Freut mich ... freut mich«, murmelte der lange Sergeant MacDaddle mit einer höflichen Verbeugung. Und er betrachtete Robbi mit *zwei* neugierigen und das Burggespenst mit *zwei* misstrauischen Blicken.

Da Tobbi bereits auf der Polizeistation von Littletown alles Wissenswerte berichtet hatte und die beiden Polizisten noch in dieser Nacht ihren Bericht beenden sollten, ging die Übergabe der Silbersachen sehr schnell. Ghosty

und Robbi beluden in Windeseile den Beiwagen der »Feuerfliege«. Es stellte sich heraus, dass die Polizisten zweimal fahren mussten, so groß war der Silberhaufen.

Der dicke MacDoodle kletterte auf den Soziussitz, und als Sergeant MacDaddle Gas gab, brüllte er: »Bis gleich!«

Die Feuerfliege brauste los. Tobbi, Robbi, Polly und selbst Ghosty hielten sich die Ohren zu.

»Sie braucht unbedingt einen neuen Schalldämpfer, klick«, meinte der kleine Roboter, als der Lärm verklungen war. Er hatte die technische Krankheit der Feuerfliege sofort erkannt.

Tobbi gähnte. Er fühlte sich plötzlich hundemüde. Das war auch kein Wunder nach all den Anstrengungen in dieser Nacht. Er schwankte. Aber bevor er umfallen konnte, sprang Robbi hinzu. Er nahm seinen Freund auf seine starken Roboterarme, trug ihn zum Brunnen und lehnte ihn gegen die Mauer. Das alles tat er mit so vorsichtigen Bewegungen, als sei er Tobbis Schutzengel und kein eiserner Roboter.

»Mich wundert's«, sagte er mitleidig, »dass er überhaupt so lange wach bleiben konnte.«

»Bei mir ist es genau umgekehrt«, flötete Polly Mac-Mouse. »Ich bin eine typische Nachtmaus. Nachts bin ich munter und tagsüber brauche ich meinen Schlaf ... He! Wo ist denn Ghosty?«

Ghosty hatte sich kopfüber in den Brunnenschacht gestürzt. Nach zwanzig Sekunden tauchte er wieder auf. Unter dem linken Arm trug er seinen Kopf, der herrlich gelb leuchtete, und unter seinem rechten Arm trug er ein hübsches Seidenkissen. »Schlafe wohl und 1000 Träume« stand darauf gestickt.

»Es ist mein eigenes ›Gespenster-Schlummerkissen‹«, sagte Ghosty verschämt und schob es dem schlafenden Tobbi unter den Kopf ...

SIEBZEHNTES KAPITEL

Die knifflige Roboter-Prüfungsaufgabe ist gelöst! Tobbi verschläft den Abschied, kein Wunder nach all den Aufregungen. Die Rückreise verläuft glatt, die Landung in Tütermoor ebenfalls, was den Mond erleichtert aufatmen lässt. Ein Abschied muss sein; aber schließlich hat Robbi eine Telefonnummer ...

Als Tobbi endlich aufwachte, war es bereits Nachmittag.

Die Sonne stand hoch am Himmel. Unter ihnen dehnte sich wieder das weite, blaue Meer. Die Wellen, die klein und friedlich waren, hatten silber-glänzende Rücken. Und ganz hinten am Horizont verschmolzen Schottlands grüne Hügel wieder zu einem blauen Dunststreifen.

Tobbi rieb sich die Augen.

»Wasser ...?« Stockend fragte er: »Ich dachte ... Wo – wo sind wir denn?«

»Auf dem Heimflug, mein Lieber«, klärte Robbi den Freund auf. »Du hast den Abschied von Plumpudding Castle glatt verschlafen. Ich habe versucht dich zu wecken, aber vergeblich. Du schliefst so fest wie ein Igel in seiner warmen Winterhöhle. Da blieb mir eben nichts anderes übrig, als dich schlafend in deinen Kopilotensessel zu setzen und allein zu starten.«

»Schade«, meinte Tobbi ein wenig traurig, »nun habe ich mich gar nicht verabschiedet.«

»Das nehmen sie dir nicht übel«, beruhigte Robbi ihn.

»Ich soll von allen recht herzlich grüßen. Ghosty lässt dir ausrichten, du wärest ihm jederzeit auf Plumpudding Castle willkommen. Er bedauerte sehr, dass du seine ›Gala-Gespenstervorstellung‹ nicht miterlebt hast, und er hofft, das eines Tages nachholen zu können. Die gute Polly MacMouse war sehr traurig. Sie weinte ein paar Mäusetränen und lässt dir sagen, sie würde gern einmal eine Reise mit uns machen. Und du solltest nicht vergessen ihr dann einige Zuckerwürfel mitzubringen. Da fällt mir ein – ich habe ihr den Rest des Backobstes geschenkt, der noch in der Tüte war. Sie isst es doch so gern. Ich hoffe, das ist dir recht?«

»Natürlich!«, erwiderte Tobbi. »Ich werde Polly baldmöglichst ein Päckchen mit Zuckerstückchen schicken. Ihre Adresse hab ich ja.«

»Inspektor MacDoodle und Sergeant MacDaddle lassen ebenfalls grüßen«, fuhr Robbi fort. »Sie haben sich vielmals dafür bedankt, dass wir ihnen aus der Klemme geholfen haben. Sie wollten unbedingt unsere Namen in ihrem Bericht erwähnen. Das habe ich ihnen allerdings ausgeredet. So was geht gleich durch alle Zeitungen, und das wollen wir doch vermeiden. Oder?«

»Auf jeden Fall!«, sagte Tobbi. »Bloß das nicht! Ich weiß so schon nicht, wie ich später meinen Eltern all unsere Abenteuer beichten soll.«

»Ich habe zum Abschied drei Ehrenrunden geflogen. Die beiden Polizisten standen auf dem Burghof und haben ihre Taschentücher geschwenkt. Das heißt, Sergeant MacDaddle – MacDaddle ...« Robbi und Tobbi mussten beide kichern bei dem Gedanken an den langen Sergeanten, der alles zweimal sagte. »Also, der lange Sergeant winkte mit einem Paar Handschellen. Anscheinend konnte er sein Taschentuch nicht finden. Ghosty nahm die kleine Polly MacMouse auf seine Gespensterschulter und schwebte mit ihr hoch hinauf – höher als der mittlere, dreieckige Turm. Polly winkte mit ihrem langen Schwanz und Ghosty heulte wie eine Feuersirene. Natürlich wechselte sein Kopf wieder blitzschnell die Farbe: blau, rot, gelb, grün, rosa, lila – kurz, er leuchtete in allen Farben, die man sich nur denken kann. Es war wirklich ein wundervoller Abschied.«

»Schade, dass nun alles zu Ende ist …«, murmelte Tobbi.

»Alles geht einmal zu Ende«, tröstete Robbi ihn. »Wir haben gemeinsam die Roboter-Prüfungsaufgabe gelöst, und das ist ein großer Erfolg.«

»Ojemine!«, platzte Tobbi nun heraus. »Der Kurzbericht! Den habe ich doch glatt bei all der Aufregung zu schreiben vergessen.«

Er ließ sich von Robbi den Bleistift und ein Heft geben. Dann schrieb er:
Betrifft: Dritte Roboter-Prüfungsfrage

Kurzbericht

Auf der dreieckigen Burg Plumpudding Castle konnte ein kleines und ein großes Geheimnis entdeckt werden. Das kleine Geheimnis hieß Ghosty und war ein Burggespenst. Es war sehr nett, obwohl es zunächst sehr verbittert wirkte. Bei dem Hauptgeheimnis von Plumpudding Castle handelte es sich um eine Goldmaschine. Die sollte Silber oder

Kupfer in Gold umwandeln, was aber nicht funktionierte. Der Erfinder hieß Sir Joshua von Plumpudding Castle, der sich auch »Zaubergraf« nannte. Er entstieg seinem Ahnenbild (wie so was möglich ist, konnte nicht aufgeklärt werden). Er war böse und gefährlich. Er löste sich glücklicherweise in Rauch auf, sobald sein Zauberstab zerbrochen wurde. Später stand er wieder in seinem Bilderrahmen, als ob nichts geschehen wäre. Zu dem allem muss man sagen, dass auf schottischen Burgen eben geheimnisvolle Dinge passieren, die nicht aufzuklären sind. Ghosty, dem Burggespenst, und Polly MacMouse gebührt Dank für ihre freundliche Hilfe.

Robbi (Rob 344-66/III a)

»So, hier hast du deinen Bericht«, sagte Tobbi befriedigt. »Den kannst du später in deine Roboterlochschrift übersetzen.«

Die weitere Heimreise dauerte vier Tage und verlief glatt. Es passierte nichts Besonderes. Robbi und Tobbi wechselten sich beim Steuern ab, wie so oft. Außerdem gab der kleine Roboter seinem Freund und Kopiloten noch den letzten, fliegerischen Schliff. Er zeigte ihm ein paar Kniffe: wie man eine blitzsaubere »Acht« fliegt, eine Linkskurve im Steigflug, eine Rechtskurve im Sinkflug oder umgekehrt. Er zeigte ihm auch, wie man so dicht über dem Meeresspiegel dahinbraust, dass gerade noch ein Zylinderhut dazwischenpasst.

Zwischendurch erinnerten sie sich gegenseitig an ihre Erlebnisse. Weißt du noch, Robbi? Weißt du noch, Tobbi?

Erinnerst du dich noch an den verdrehten Radarturm?
... und an den rabiaten Bootsmann mit der Gemäldegalerie auf den Armen?

... und an den fabelhaften Glücklichen Matthias mit den wasserblauen Seemannsaugen?

... und an Urgroßmutter Nu-nu-tai-tai-tai?

... und an Nu-nu und Na-na?

... und an Fridolin, den »Heringsnimmersatt«?

... und an die gute, alte Nessie, die keine Zahlen behalten konnte?

... und an Zacharias Peter Paul Obenauf, den klugen Nordpolforscher?

... und an den netten Polizisten, der immer so höflich »Sir« sagte?

... und an Ghosty mit dem »Neonkopf«?

... und an Polly MacMouse mit weichem »sss«?

... und ... und ... und

Einundvierzig Minuten nach Mitternacht landeten sie wieder in Tütermoor auf der Wiese hinter dem Obstgarten – fast genau an der Stelle, von der sie gestartet waren.

Und just in diesem Moment zwängte sich auch der Mond wieder zwischen zwei Wolken hindurch, um seinen gewohnten Blick auf Tütermoor und Umgebung zu werfen.

»Sieh mal einer an«, brummte er erfreut und ließ den Wetterhahn golden aufleuchten. »Da sind unsere Weltreisenden ja wieder! Heil und gesund! Na, da wird Tante Paula aber froh sein!«

Das ältere, kinderlose Rotkehlchenpaar in dem alten

Butterbirnenbaum wurde natürlich wieder wach. Sie schimpften zwar, aber nicht so lange wie beim ersten Mal.

Tobbi, der ein wenig steifbeinig aus seinem Kopilotensessel kletterte, rief glücklich: »Hurra, die gute alte Wiese! Wieder daheim bei Tante Paula! Und die Prüfungsaufgabe haben wir schwarz auf weiß. Himmel – meine Ferien! Wie lange hat die Reise überhaupt gedauert?«

»Start Tütermoor: 01 Uhr 28. Landung Tütermoor: 00

Uhr 41. Genaue Reisedauer sechzehn Tage dreiundzwanzig Stunden und dreizehn Minuten – klick!«, antwortete Robbi mit seiner üblichen Robotergenauigkeit. »Du hast sogar noch acht Ferientage übrig.« Er zwinkerte mit dem roten Roboterauge und klemmte sich Tobbis Kleiderbündel unter den linken Roboterarm. Das Kleiderbündel war etwas größer geworden, weil ja noch die Pelzkleider dazugekommen waren, die Tobbi von den Eskimos geschenkt erhalten hatte.

Tobbi trug vorsichtig das Flaschenschiff vom Glücklichen Matthias, dann ging es zurück über die Wiese, auf der die Tautropfen wie Diamanten funkelten. Und durch den Obstgarten, in dem die Bäume schläfrig mit den Blättern raschelten. Und durch Tante Paulas langen, dunklen Hausflur mit dem roten Kokosläufer, wo Robbi noch schnell mit dem Röntgenauge einen Blick in Tante Paulas Schlafzimmer warf.

»Sie schläft«, flüsterte er, »aber sie wirft sich unruhig in ihrem Bett hin und her. Ob sie schlecht träumt?«

»Sie macht sich Sorgen – trotz des Zettels. Und deshalb schläft sie schlecht«, murmelte Tobbi beklommen und bekam wieder einmal Herzklopfen. Aber nicht ganz so schlimm wie bei ihrer Abreise.

Ja, und dann standen sie wieder in Tobbis Zimmer. Sie legten Bleistifte, Zeichenblock, Hefte und Radiergummi zurück in die Nachttischschublade. Die Kleider stapelten sie ganz unten in den Kleiderschrank. Sie mussten sowieso gleich gewaschen werden.

»Die Lösungen der Roboter-Prüfungsfragen hast du alle gut verwahrt?«, erkundigte Tobbi sich vorsorglich.

»Ja, klick. In meinem Fach«, antwortete der kleine Roboter einsilbig und wackelte traurig mit der Antenne. »Ich glaube ... hm ... klick ... ich glaube ... «

»Ja, ich glaube, wir müssen ... « Tobbi sprach nicht aus, was er sagen wollte. Er dachte an den Abschied – genau wie Robbi. Und allen beiden steckte ein dicker Kloß im Hals.

Aber es half nichts. Der Abschied musste sein. Und sie erledigten das wie richtige Männer, obwohl es ihnen schwerfiel.

»Ich danke dir – klick – für alles«, sagte Robbi und umarmte Tobbi mit seinen starken Roboterarmen. »Vergiss nie, dass du mein bester Freund bist und – klick – bleibst. Ohne deine Hilfe hätte ich meine Roboter-Prüfungsaufgabe niemals lösen können. Das werde ich dir nicht vergessen! «

»Ich habe es gern getan«, erwiderte Tobbi gerührt. »Auch du bleibst mein allerbester Freund. Ich möchte nie einen anderen haben! Ohne deine Hilfe hätte es ganz bestimmt noch kein Fliewatüüt gegeben. Und das Fliegen hätte ich auch noch nicht so schnell gelernt.«

Robbi holte ein kleines, silbernes Schildchen aus dem rechten, oberen Fach und überreichte es Tobbi.

»Hier hast du meine Telefonnummer, das heißt, die Nummer von unserer Robotschule. Du wählst sie und verlangst einfach: Rob 344-66. Das III a kannst du weglassen. Dann wird man mich an den Apparat holen. Aber lass dich nicht von unserer Roboter-Telefonvermittlung abwimmeln. Das machen sie gern, wenn viel zu tun ist.«

»Ich lass nicht locker«, versprach Tobbi und legte das Schildchen liebevoll in die Nachttischschublade. »Und vor allem vergiss nicht mich zu benachrichtigen, wenn du mit ›gut‹ oder gar noch besser bestanden hast; denn bestanden hast du ganz bestimmt.«

»Worauf du dich verlassen kannst! Klick! Du liebe Güte, wie bringe ich bloß meinem Klassencomputer schonend bei, dass es in Schottland noch vereinzelt Gespenster gibt und ein ›Zaubergraf‹ glattweg aus seinem Bilderrahmen verschwindet. Der erklärt bestimmt, ich hätte einen Wackelkontakt.«

»Und ich werde die Gespenstergeschichte Tante Paula vorsichtshalber gar nicht erst erzählen«, meinte Tobbi. »Sie schlägt ihre Hände über dem Kopf zusammen und erklärt mich für verrückt! Das Fliewatüüt nimmst du mit, nicht wahr?«

»Ja, ich kann leider nicht zu Fuß gehen«, erwiderte Robbi. »Der Weg ist ziemlich weit. Aber falls du es brauchen solltest – ein Anruf genügt, und ich bringe es her. Auf Wiedersehen! Bis bald! Und schlaf gut! Klick! Ach so – und vergiss nicht Tante Paula unbekannterweise von mir zu grüßen!«

»Auf Wiedersehen! Bald! Und bestell deinem Mathematikcomputer einen schönen Gruß von mir: Er soll euch nicht so viele Kniebeugen machen lassen!« Und dann fügte Tobbi noch hinzu: »Diesmal durchs Fenster?«

»Ja, diesmal durchs Fenster«, schmunzelte Robbi und kniff das grüne Roboterauge zu. »Weißt du, ich habe mich mittlerweile so an das Klettern gewöhnt – hm – klick.« Nach diesen Worten kletterte er ohne Tobbis Hilfe durch das Fenster.

»Eh ich es vergesse!« Er schaute noch einmal in Tobbis Zimmer hinein und schaukelte bedeutungsvoll mit der Antenne. »Lass dir mal durch den Kopf gehen, welche Verbesserungen man noch für das Fliewatüüt erfinden könnte. Bedenke, dass die Technik fortschreitet. Und vergiss nicht mich sofort zu benachrichtigen, damit ich es bauen kann. Hm – klick ... klick.«

Robbi drehte sich um und marschierte mit eiligen Roboterschritten los. Kurz vor der Hausecke sah Tobbi, der sich weit aus dem Fenster lehnte, noch einmal zwei wohlvertraute Lichter aufleuchten: ein rotes und ein grünes ...

Dann schloss er das Fenster, zog sich aus und schichtete seine Kleider fein säuberlich auf dem Stuhl auf. Nachdem er seinen Schlafanzug angezogen hatte, hüpfte er ins Bett.

»Aaaah!«, stöhnte er wohlig, weil er so lange nicht mehr in einem richtigen Bett geschlafen hatte. Dann drehte er seinen Kopf zur Wand, weil das seine beste Schlafstellung war.

Und als Tante Paulas alte Standuhr einmal »ping« sagte, war er schon fest eingeschlafen. Ganz fest ...